Plenge – Linhardt · COGITO ERGO SUMUS

COGITO ERGO SUMUS

Eine Auswahl aus den Schriften von

Johann Plenge

1874 – 1963

über

Wirtschaft und Gesellschaft
Geschichte und Philosophie
Sozialismus und Organisation

besorgt und eingeleitet
von

Hanns Linhardt
o. Prof. der Betriebswirtschaftslehre
an der Friedrich-Alexander-Universität Erlangen-Nürnberg

DUNCKER & HUMBLOT / BERLIN

Gedruckt 1964 bei Albert Sayffaerth, Berlin 61
Printed in Germany

Inhaltsverzeichnis

Vorwort

Cogito ergo sumus! Unter diesem Motto steht die hier der Öffentlichkeit übergebene Anthologie aus dem geistigen Schaffen eines Gelehrten, der nach dem Urteil eines seiner bedeutendsten Fachkollegen die Gaben genauester Beobachtung, schärfsten Verstandes und glänzender Formulierung mit den ungewöhnlich seltenen Gaben eines Künders und Warners verband. Cogito ergo sumus bedeutet nach seinen eigenen Worten, die er an den Anfang und das Ende seines wissenschaftlichen Lebenswerkes setzte, die von ihm tief innerlich erlebte Überzeugung, daß der Mensch als vernunftbegabtes Wesen in die Gesellschaft hineingeboren wird, die vor ihm da ist, von der er die Sprache übernimmt, in der er seiner selbst bewußt wird. Auf solche Weise begreift der Mensch, daß er im Miteinander und nicht anders zu sich selber kommt, auch nicht über „sumus" hinaus, das Plenge an Stelle von Descartes' Cogito ergo sum setzte, das Sein dem Denken überordnend, das Individuum in die Gesellschaft eingliedernd.

Johann Plenge wurde am 7. Juni 1874 in Bremen geboren; er ist am 11. September 1963 in Münster i. W. im 90. Lebensjahr gestorben. Er lebte dort seit seiner Berufung von Leipzig bis zu seinem Tod. In jungen Jahren machte er — noch mit seinem Leipziger Lehrer Karl Bücher zusammen — seine erste Italienreise; seine Studien über den Crédit Mobilier, denen er fünf Jahre oblag — seit der Veröffentlichung seiner Dissertation über die „Westerwälder Hausierer und Landgänger" (Schriften des Vereins für Socialpolitik, Bd. 78, Leipzig 1898) bis zum Erscheinen seines „Crédit Mobilier" (1903) — führten ihn nach Frankreich und Belgien, ein längerer Studienaufenthalt (1910) in den Vereinigten Staaten machte ihn mit den dortigen Wirtschaftsformen, Problemen und Wissenschaftseinrichtungen vertraut.

Nach seiner Berufung an die Universität Münster (1913) hat Plenge keine größeren Auslandsreisen unternommen. Er war als Ordinarius der Wirtschaftlichen Staatswissenschaften Mitglied der Rechts- und Staatswissenschaftlichen Fakultät, geriet in den zwanziger Jahren in einen heftigen Professorenstreit, verlor das von ihm 1919 unter höchstem persönlichen Einsatz geschaffene, in allen Einzelheiten — vom Buchrücken und Lesesaal bis zum Fries aus Baumberger Sandstein — von ihm gestaltete „Staatswissenschaftliche Institut" (1923), erhielt vom Preußischen Kultusministerium ein eigenes Institut für Organisationslehre und Soziologie (1925) an der Universität Münster i. W. und war seitdem in seiner Schaffenskraft gebrochen, er, der gerade in den schwersten Jahren des Krieges und der Inflation mit ihren Entbehrungen und ihrer Bedrückung seine stärksten Leistungen in Schriftenreihen, Vorträgen, Lehrgängen, Einzelschriften hervorbrachte. Freilich war bereits zu erkennen, daß nach seinem Crédit Mobilier, 1903, seinem Marx und Hegel, 1911, seiner Diskontpolitik, 1913, kein in Konzeption, Umfang und urwüchsiger Denkkraft gleichwertiges Werk mehr von ihm zustande kam.

Die erste und zugleich bedeutendste Schaffensperiode Plenges liegt zwischen 1900 und 1913; sie enthält sein „System der Verkehrswirtschaft" und die eben genannten Hauptwerke, zugleich seine Veröffentlichungen zur Finanzwissenschaft (1908/09), die Prof. Woldemar Koch in seinem Jubiläumsbeitrag zum 80. Geburtstag von J. Plenge im Finanz-Archiv (1954) eingehend gewürdigt hat.

Die zweite Schaffensperiode (1914/18) enthält seine Kriegsschriften und die fortführende Kritik der Theorie der Wirtschaftsstufen und der Wirtschaftsentwicklung.

Die dritte Periode von 1919—1923 beginnt mit der Grundlegung der Organisationslehre (1919), zugleich der Eröffnung der im Verlag Baedeker-Essen erscheinenden Schriftenreihe „Staatswissenschaftliche Musterbücher" (1919), gefolgt von „Deutsche Propaganda" (1922) und Einzelveröffentlichungen zur Politik, zur Begründung des wissenschaftlichen Sozialismus; in der gleichen Zeit wird Plenges „Staatswissenschaftliches Institut" gegründet, ausgebaut und in den Dienst der volkswirtschaftlichen Schulung von Studierenden und Erwachsenen (Gewerkschaftskurse, Lehrgänge für Wirtschaftsangestellte und Verwaltungsbeamte) gestellt. Nach seinem Ausscheiden 1923 erfolgt die Umwandlung in ein „Institut für Wirtschafts- und Sozialwissenschaften" (1925), die Errichtung zahlreicher Institute und Seminare, darunter eines Gewerkschaftsseminars, eines Sozialpolitischen Seminars. In wissenschaftlicher Hinsicht bedeutet die Periode von 1924—1932 eine Schaffenspause, lediglich unterbrochen durch einige Einzelvorträge (Tableau Économique, Kapital und Geld — abgedruckt im Weltwirtschaftlichen Archiv, 1926) und wenige Artikel (Hegel, Soziologie) und der letzte Lebensabschnitt (1933—1963) den gescheiterten Versuch (1933 bis 1945), seinen wissenschaftlichen Sozialismus der Organisation zu retten, ihn gegenüber dem Ungeist des Hitlerschen Nationalsozialismus, gegenüber der Vernichtung der Freiheit, der Entartung der Organisation, der „Propaganda der Lüge" in Schutz zu nehmen, gefolgt von zahlreichen, ebenso gescheiterten Versuchen nach 1945 bei Militärgewalthabern, Abgeordneten, Verwaltungsdienststellen und sonstwo, für sein im Krieg zerstörtes Institut eine Ersatzstelle zu finden, für sein wissenschaftliches Anschauungsmaterial („Tafelwerk“) Verständnis zu wecken, seine Kunstsammlung durch eine Stiftung zu erhalten, für seine Ideen zur Ausbildung der Volkswirte, zur Erkenntnis der menschlichen Gesellschaft, zur breitesten Erziehung des Volkes und zur Bildung aller Schichten zu werben — mit seinen Mitteln der Werbung, mit seinen Erkenntnissen der Breitenwirkung, mit seinen Argumenten aus dem Arsenal der Geschichte, Soziologie, Nationalökonomie. Alles umsonst!

Aus dieser letzten Periode (1945—1963) stammen Hunderte von Briefen, Appellen, Programmen, Bittschriften, Vorschlägen — was nicht alles — im Umfang von schätzungsweise 5—10 000 Seiten, darunter gedruckte Rundschreiben und Manuskripte, wovon das Wenigste bis in die bewahrenden Hände einer Institutsbibliothek gelangt, das meiste heute schon verloren sein mag. Letzte Anrufe ohne Echo sind:

„Sein und Geist“, Münster i. W. 1947, 46 S.

„Von der Weltanschauung zum Wirklichkeitsbild“, Münster i. W. 1947, 79 S.

„Die Altersreife des Abendlandes“, Düsseldorf 1948, XLIX & 209 S.

Letzter Hinweis L. v. Wieses auf den vereinsamten, verbitterten Mann: „Zur Metaphysik der Beziehung“ (Auszug aus Briefen von Johann Plenge, mitgeteilt von Leopold von Wiese, Kölner Zeitschrift für Soziologie, 4. Jg., 1951/52, Heft 4, S. 511—523, unter Bezugnahme auf die Diskussion 1931/32, Jg. IX und X).

Plenges geistiges Schaffen von 1913 an war zu stark den Problemen der Gegenwart, freilich in seiner weitgespannten Sicht auf die von ihm richtig erkannte Zukunft hin, gewidmet, daß für eine Fortsetzung seiner wissenschaftlichen Publizistik nach seinem eigenen Grundplan der äußere Abstand, die innere Sammlung und die nötige Ausreifung fehlten. Ob es nun seine Gegenüberstellung der europäischen Schicksalsjahre 1914 und 1789 war, wie er sie geistesgeschichtlich sah, oder die Geburt der Vernunft, die Vertiefung des Sozialismus, die Revolutionierung der Revolutionäre, die Stammformen der vergleichenden Wirtschaftstheorie, die Lehre von der Propaganda, die Begründung der allgemeinen Organisationslehre — um nur einige seiner Themen zwischen 1915 und 1922 zu nennen —, immer waren es geniale Ansätze zum weitgreifenden Brückenschlag zwischen Wirtschaft und Gesellschaft, zwischen Gesellschaft und Staat, zwischen Staat und Kultur, Ansätze, gespickt mit scharfen Attacken gegen die Herrschenden (Mächtige wäre nach ihm zuviel gesagt) in Wirtschaft, Staat und Wissenschaft, beladen mit Kontroversen, aber eben nur Ansätze, die nicht zur Vollendung kamen.

Seine Polemik ist immer scharf, aber treffend, seine Kontroversen sind alles andere als Professorengezänk, sie wachsen unmittelbar aus der Sache und ihrer Problematik, aus der Analyse der Situation und ihrer geistigen Bewältigung heraus.

Während der letzten vierzig Jahre seines Gelehrtendaseins war Plenge schon mehr vergessen als verkannt, weniger verschrien als totgeschwiegen. Das war nicht das wohlverdiente otium cum dignitate, das Refugium am Ende eines erfüllten Lebens, das ist echte Tragik. Wie man auch Schuld und Vorwurf zwischen ihm und seiner Mitwelt aufzuteilen versucht, die größere Schuld bleibt bei der Mitwelt, nicht zuletzt bei jener Sorte von Brotgelehrten, die Friedrich Schiller hinreichend geschildert hat. Man denkt an die letzten Worte im Schlußakt von Goethes Götz von Berlichingen: „Es kommen die Zeiten des Betrugs, es ist ihm Freiheit gegeben. Die Nichtswürdigen werden regieren mit List, und der Edle wird in ihre Netze fallen, ... Die Welt ist ein Gefängnis. ... Wehe dem Jahrhundert, das dich von sich stieß! ... Wehe der Nachkommenschaft, die dich verkennt!" Bestohlen hat man ihn und verleumdet. Nicht nur Gedankensplitter und Wortprägungen sind von ihm übernommen worden und in die Fach- und Umgangssprache eingegangen, ohne daß selbst die Fachwelt ihren Ursprung kennt, ganze Bücher samt ihrem Titel sind — freilich schlechter, dünner — ihm nachgeschrieben, nur allzu schlecht von ihm abgeschrieben worden. Er hat es gewußt. Er hat seine Abschreiber verachtet, gekannt, doch nie genannt.

Von denen aber, die aus nächster Nähe wissen mußten, wie er war, habe ich wohl noch einige Dutzend Personen lange Jahre persönlich gekannt, nicht nur Schüler und Assistenten, auch seinen Institutsdiener, die Bibliothekarin, die Institutssekretärin. Wenn sie von ihm sprachen, war es, wie wenn der Schatten eines Giganten über sie hinweghuschte. Wenn sie an ihn dachten, glitt gleichwohl ein Strahl ehrfurchtsvoller Erinnerung und Verklärung über ihre Züge. Seine Diskontpolitik von etwa 400 Seiten schrieb der Assistent in wenigen Tagen nieder, zehn Diktatstunden am Tag strengten Plenge nicht an, eine Tafel Schokolade war seine Hauptnahrung — so berichtete mir der Mann, der das Diktat in die Schreibmaschine aufnahm —, das meiste aus dem Handgelenk, nur von wenigen Notizen unterstützt. Seine Gegner würden sagen: aus dem Handgelenk, ist auch danach; ja, hätten sie nur so ein Handgelenk!

Plenge unterschätzte den Schwierigkeitsgrad seiner Vorlesungen und Vorträge, er überschätzte das Verständnis seiner Hörer — sowohl der jungen Studenten wie der älteren Berufstätigen —, aber auch seine zweifellos große Lehrbegabung und Vortragskunst. Nach einem Gewerkschaftskursus, um 1920, hielt Plenge eine Schlußansprache an die

Teilnehmer. Sie gipfelte in der Feststellung, er sei überzeugt, daß nun am Ende alle alles verstanden hätten. Darauf antwortete der Obmann des Kursus: „Wenn Herr Professor Plenge eben gesagt hat, daß uns nun alles klar ist, so ist uns klar, daß uns gar nichts klar ist."

Im Verhältnis zu Staat und Behörden, Kollegen und Professoren, Autoren und Verlegern war Plenges Verhalten nicht ausnahmslos unverständig und unverträglich. Unter seinen Fakultätskollegen gab es eine ganze Reihe, die sich nicht an dem Kleinkrieg gegen ihn beteiligten, der sich in manchen Fällen bis in das Verbot an Assistenten fortsetzte, Plenge zu lesen, zu zitieren oder gar gutzuheißen. Mein Ordinarius Prof. W. F. Bruck empfahl mir den Besuch von Plenges Vorlesungen und ermunterte mich dazu; andere Professoren verboten es unter Androhung der Entlassung, weil sie nach dem Stand der Kämpfe darin einen Neutralitätsbruch oder gar eine Illoyalität erblickten.

Plenge war hart in seinem Urteil über die deutsche Universität, er verglich die Professorenschaft oft genug mit einer Handwerkerzunft mit all ihren Grenzen, am heftigsten griff er den Wissenschaftsbetrieb der Wirtschafts- und Sozialwissenschaften an, den Verein für Socialpolitik, ihre Prominenz der Vorkriegszeit — Max Weber und Werner Sombart, später auch Gustav Schmoller —, traf aber sicher darin das Richtige, daß er Uniformität und Denkgewohnheit geißelte, aber auch die mangelnde finanzielle Förderung dieser Disziplinen in sachlicher und personeller Hinsicht seitens der Kultusminister, vollends verglichen mit den Naturwissenschaften. Eine Feststellung, die er immerhin als einer der ersten Kritiker staatlicher Hochschulpolitik zu Recht traf und die leider noch heute gilt. Dabei sparte er nicht mit Vorwürfen gegenüber der Ministerialbürokratie, und er kannte sie genau, noch weniger mit solchen gegenüber den Abgeordneten. Davon sind seine Kampfschriften 1915—1925 voll. Er hat ein gerüttelt Maß beißender Kritik und ätzender Ironie über die Volksvertreter in den Parlamenten und die politischen Parteien ausgegossen. Der Verächtlichmachung des Parlamentarismus, wie sie in der Weimarer Republik bereits gang und gäbe war, um im Dritten Reich gänzlich zu herrschen, hat Plenge bestens vorgearbeitet.

Unter der älteren Generation der heute noch lebenden Nationalökonomen und Soziologen könnte wohl eine Reihe durchaus beachtlicher Namen genannt werden, die entweder gern und freudig gestehen oder etwas unwillig einräumen würden, sie seien von Plenge geprägt, jedenfalls in der Sicht, auch in der Arbeitsweise von ihm stark beeinflußt. Aber eine Plenge-Schule, einen Plenge-Kreis gibt es nicht. Die Letzten, die ihn noch persönlich gekannt und mit ihm, sei es wissenschaftlich diskutiert oder praktisch gearbeitet haben, gehören heute den ältesten Jahrgängen an; mit ihnen schwindet bald auch der letzte Rest persönlicher Erinnerung an den Riesen unter Zwergen.

Die Marxisten hat er geschüttelt, sie haben ihn abgeschüttelt. Die Sozialdemokraten hat er abgestaubt, sie haben seinen Staub von ihren Schuhen gewischt. Professoren und Minister hat er herausgefordert, sie haben ihn die Überlegenheit ihrer Stellung, ihrer Macht fühlen lassen. Die Jugend hat er gesucht, um auf sie und durch sie zu wirken, sie hat ihn verlacht, verspottet und zuletzt gemieden.

Ich selbst könnte mich nie als Plenge-Kenner ausgeben, wie ich mich auch nie als seinen Schüler bezeichnen dürfte. Er sagte einmal im Gespräch, schade, daß ich nicht sein Schüler gewesen sei. Wohl besuchte ich (1925/26) die letzten noch von ihm an der Universität gehaltenen Vorlesungen und lernte die Art seines Vortrages an Hand der von ihm entwickelten Anschauungstafeln kennen, auch noch sein späteres, von ihm so genanntes Tafelwerk, ehe es der Kriegsvernichtung anheim fiel[1].

Seine Kunst- und Musikliebe führte ihn mit vielen hochkultivierten Menschen der Verwaltung, der Wirtschaft, mit bedeutenden schaffenden Künstlern in seinem Haus zusammen, aber er gebrauchte Kunst und Musik als Lockmittel und Lockspeise zum Menschenfang, bis sich die Menschen seines Umgangs, mitunter erst nach Jahren, in einer Art Selbstsicherung und Selbsterhaltung ihm entzogen. Hochfahrend, herausfordernd, abweisend war er eher und öfter als hilfreich, geduldig und verständig. Aber einfachen Menschen gegenüber konnte er und nicht nur gelegentlich aus Laune, sondern dauernd und nachhaltig Schonung und Geduld, einfühlendes echtes Verständnis aufbringen. Seine Kunststudien verleiteten ihn, aus dem Streben nach Überkompensation gegenüber dem ihm versagten wissenschaftlichen Wirken, auch durch den Wunsch nach echten Kunstfunden, zu Fehlgriffen und Mißdeutungen eigener Erwerbungen, aber sie führten ihn in das Gebiet der Kunstsoziologie, in dem er sicherlich methodologisch Beachtliches schuf und sich gleichzeitig mit Kunstkennern, Sammlern, Kunstgeschichtlern, Museumsdirektoren auf breitester Front völlig überwarf. Dies gelang ihm auch, als ein so feinsinniger Kunsthistoriker wie Martin Wackernagel auf die Frage, ob ein ihm gezeigtes Bild ein Raffael

---

1 Vgl. meine Veröffentlichungen zum Leben und Wirken von Johann Plenge: Managertum von morgen, in: Betriebswirtschaftliche Forschung und Praxis (BFuP), 2. Jg., 1950, S. 443—444; Zum 80. Geburtstag von Johann Plenge, in BFuP, 6. Jg., 1954, S. 368—373, dazu W. Hasenack, Hrsg.; Plenges System der Verkehrswirtschaft, in: Finanzarchiv, N.F., Bd. 15, 1954, Heft 1, S. 21—71; Zum 89. Geburtstag von Johann Plenge am 7. 6. 1963, in: BFuP, 15. Jg., 1963, S. 366—370; Johann Plenge. Zum Tod eines schöpferischen Organisationstheoretikers und Soziologen, in: BFuP, 15. Jg., 1963, S. 720—724, dazu W. Hasenack, Hrsg.; Johann Plenge — Hanns Linhardt: Das System der Verkehrswirtschaft, Tübingen 1964.

sei, verneinte, mit der unübertrefflichen Begründung: „Für einen Raffael ist das Bild zu schön.“

Aber seine Kunststudien lenkten ihn auf die Lebensbahn eines Künstlers, den er über Dürer, Raffael und Michelangelo stellte: Mathias Grünewald. Den Abschluß seiner Grünewaldstudien betrachtete er als Krönung seines Lebenswerkes. Gelungen ist er ihm nicht. Was hierüber an Einzelstudien vorliegt, läßt nur ungefähr die Richtung und den Umfang seiner geistigen Spekulation und den Bruchstückcharakter seiner Beweismittel ahnen. Mag er geirrt haben, auch im Irrtum war er groß und übertraf alle seine Kritiker an Blickweite, wo sie im Detail recht haben mochten.

Plenge war kein Stubengelehrter, er war wie keiner seiner Zeit und seines Zeichens ein homo politicus. Dafür hat er gekämpft, gelitten und gebüßt. Ein Meister des gedruckten Wortes, wollte er durchaus unmittelbar in Wort und Gebärde auf die Mitmenschen wirken, sie für seine Idee gewinnen, unter ihnen dafür werben. Betrachtete er doch die Propaganda als einen neuen Zweig der Gesellschaftswissenschaft, die Organisation gar als die künftige Grundwissenschaft, in der die Philosophie ausmünden würde. Daß er in seinen besten Schaffensjahren von der akademischen Jugend abgeschnitten war und seine weitreichenden Reformvorschläge zur Ausbildung der Volkswirte, zur Volkserziehung verkommen sah, hat er nie verwinden können.

Nicht dann und wann, eigentlich unausgesetzt befaßte sich Plenge mit programmatischen Schriften zur Erziehung des Volkes, zur Ausbildung der Gewerkschaftsfunktionäre, Wirtschaftspraktiker, Verwaltungsbeamten, zur Reform des Volkswirtschaftlichen Studiums im Sinn einer politischen Aktivierung und der von ihm längst so genannten und geforderten Politischen Wissenschaft. Er selbst suchte seit 1913/14 die Synthese zwischen Nationalismus und Sozialismus und gebrauchte in Verbindung mit Hegel bereits 1911 den Ausdruck Nationalsozialismus, der vor ihm bereits durch Friedrich Naumann geprägt worden war. Das, so meinte er, sei verfrüht gewesen, vor allem nicht durch eine gründliche Kenntnis von Wirtschaft und Gesellschaft im wissenschaftlichen Sinn fundiert. Der von ihm vertretene wissenschaftliche Sozialismus der Organisation als Synthese von Nationalismus und Sozialismus sollte den Kapitalismus nicht abschaffen, sondern fortsetzen, er sollte soviel Freiheit wie möglich, soviel Staatszwang wie nötig enthalten, aber auch das soziale Verständnis beiderseits, das zur Überwindung des Klassenkampfes erforderlich war; die Unternehmer mußten die Arbeiter verstehen und schätzen lernen, die Arbeiter für die Führungsaufgaben in der Wirtschaft Verständnis haben, beide dazu erzogen, dafür geschult werden. Die Macht der Verbände, die Gefahr der Bürokratisierung, die Notwendigkeit der politischen Durchdringung der Wirtschafts- und Sozialwissenschaften, aber auch der politischen Schulung der Massen, der Erziehung einer Führerschicht, die Rolle des Managers, all das hat Plenge vor einem halben Jahrhundert richtig gesehen und treffend geschildert, ohne daß es von der Schulweisheit seiner Fachkollegen aufgenommen worden wäre.

Schließlich fand er sich in seiner Terminologie von den Wortführern des Dritten Reiches bestohlen und ausgebeutet, in dem zur Wirklichkeit gewordenen Nationalsozialismus betrogen und hintergangen, von Freunden verlassen, von Jungen gemieden. Goebbels hat ihn im Frühjahr 1923 in Münster besucht, länger mit ihm korrespondiert („Altersreife des Abendlandes", 1948). Kurt Schumacher hat bei ihm promoviert, Moeller van den Bruck („Das Dritte Reich", 1923) kannte ihn persönlich und seine politischen Schriften.

Zwei Urteile aus dem Mund zweier namhafter Gelehrter sollen hier stehen, deren Namen internationale Geltung haben. Das eine stammt von dem Heidelberger Philosophen und Theologen Ernst Troeltsch. Es steht in einem Besprechungsaufsatz „Plenges Ideen von 1914"[2]:

> „Ich habe mich angesichts dieser Vereinigung von außerordentlicher empirischer Kenntnis, konstruktiver Geschichtsdeutung und ethisch-politisch-sozialem Gestaltungswillen zu der von dem Herausgeber dieser Zeitschrift erbetenen Anzeige damals nicht entschließen können, weil ich mich der Aufgabe nicht recht gewachsen fühlte (S. 308) ... Was uns der Verfasser darüber zu sagen hat, darf auf Aufmerksamkeit heute rechnen, wo die bloßen gedankenlosen Fortschritts- und Aufklärungsideen, sowie überhaupt jeder einfache optimistische Entwicklungsbegriff sonnenklar Bankrott gemacht haben (S. 310) ... Es ist nur selbstverständlich, daß dieser Gesamtumwälzung dann auch eine Erneuerung der Philosophie entspricht (S. 318/319) ... Der neue Charakter des Deutschen, den Plenge voraussetzt, muß wirklich erst noch werden (S. 321) ... Die Dialektik Plenges ist empirisch-realistisch, analogisch-regressiv und vor allem intermittierend und ungleich verteilt (S. 329) ... Plenge hat zwei Seelen, eine realistisch- produktionsgläubig-dualistische und eine rein logisch-dialektisch-monistische ... So lehrreich, kenntnisreich, scharfsinnig und geistvoll Plenges Darlegungen sind, so bedeutsam scheint mir auch das Heraustreten dieser Doppelseeligkeit an den beiden praktisch entscheidenden Punkten (S. 335) ... Er ist kein Träumer und Phantast. Er erhebt die

---

[2] In: Annalen für soziale Politik und Gesetzgebung, hrsg. v. H. Braun, 5. Bd., 1917, S. 308—343.

Wahrscheinlichkeit durch Anwendung seiner makroskopischen Methode, seiner empirischen Dialektik zu dem höchsten möglichen Grade, wo sie nahe an Gewißheit und wissenschaftliche Einsicht grenzt (S. 336) ... Der Glaube an das Zukunftsideal des vollständig organisierten Sozialstaates und der Glaube an die Leistungsfähigkeit unseres Volkes fließen für den Verfasser zusammen ... Und der schaffende Wille soll das derart wissenschaftlich begründete Ziel auch mit allen Mitteln bewußter und planmäßiger, wissenschaftlich geschulter sozialer Technik verwirklichen (S. 339) ... Darüber hinaus vermag ich hier nur zu sagen, daß der soziologische Realismus Plenges und dessen ideengeschichtliche Vertiefung im Grundsatz meine volle Zustimmung hat (S. 340/341) ... Er ist mit seinem Sinn für echte Probleme ein weißer Rabe unter vielen, die die Entwickelungs- und Zielbegriffe hinnehmen wie Selbstverständlichkeiten und dabei die gröbsten Widersprüche und fraglichsten Voraussetzungen gar nicht bemerken, weil sie mit altem Schulgut arbeiten, das man in eigenstem Interesse nicht gerne in Frage stellt" (S. 343).

Das zweite hier festgehaltene Urteil über Plenge stammt von dem noch lebenden Altmeister der deutschen Soziologie, Prof. Dr. Leopold von Wiese[3]:

„Zudem geht das, was ich bei seinem Werke empfinde, weit über die bloße Bereitwilligkeit zum Geltenlassen hinaus. Ich wünschte, es käme auf den folgenden Seiten nicht nur die Bewunderung für seine Leistung, sondern auch ein wenig die Ergriffenheit zum Ausdrucke, mit der ich seine Ausführungen immer wieder lese. Vielleicht ist heute die Zahl der Menschen nicht mehr sehr groß, die instinktiv das Echte vom Unechten, das Geniale vom Gemacht-Originellen, das Schöpferische vom Produkte bloßer Neuerungssucht zu unterscheiden wissen. Bei Plenge spüre ich einen Überreichtum an fruchtbaren Einfällen, an blitzartigen Erleuchtungen, an Kombinationen und wirklicher Wesensschau, die manche modischen Geistesgrößen der Gegenwart weit hinter sich läßt. ... Man erschrickt bei der Erinnerung, daß es beinahe gelungen wäre, diese vielleicht reichste Begabung im heutigen Deutschland in die Dunkelheit erzwungenen Schweigens an unbeachteter Stelle zu drängen, und daß es noch heute mancher Heroldsrufe bedürfen wird, um die gebührende Aufmerksamkeit für ihn zu erzwingen. ... Gerade auch die pädagogische Aufgabe, die er mit seinem System und seiner Methode verfolgt, zwingt ihn eindringlicher zu sein, damit es nicht zu spät werde (S. 538/539) ...

[3] L. v. Wiese: Bemerkungen zu Johann Plenges Ausbau der Beziehungslehre, in: Kölner Vierteljahreshefte für Soziologie, N.F., X. Jg., 1931/32, S. 537—558.

Sein wissenschaftliches Programm umfaßt alles, von den letzten Fragen über das Wesen der Gottheit, über den Seins-, aber auch den Wertzusammenhang aller Dinge im Kosmos bis zu kleinen Alltagsproblemchen der Gegenwartskunde; er verbindet Soziologie, Individuologie, Charakterologie, Psychologie; allgemeine und spezielle Wissenschaft mit Ontologie bis zum Mythos hin. ... Ich kann fast alles, was er ausführt, als richtig anerkennen, werde aber recht viel von ihm in meinen Arbeitsrahmen nicht übernehmen können (S. 540) ... Der Unterschied zwischen Plenges und meiner Lehre beruht also vor allem darauf, daß er die Theorie der Beziehung gibt, ich aber die Theorie von den sozialen Prozessen lehre" (S. 546).

Die erste Berührung mit Plenges Schriften liegt bei mir nun fast vierzig Jahre zurück. Die ersten Anfänge, aus seinen Veröffentlichungen Auszüge zu besorgen, begannen vor zwanzig Jahren. Damals bestand keine Absicht einer Veröffentlichung, diese kam erst vor zehn Jahren. Hieraus erklärt sich die Außerachtlassung solcher Äußerlichkeiten wie Sperrdruck oder Kursivschrift, die beim Vergleich mit dem Originaltext nicht mehr nachgeholt werden sollte, nachdem der Nachdruck in den Korrekturen vorlag. Der Textvergleich selbst wurde ausnahmslos mit der gebotenen Sorgfalt durchgeführt, wobei sich nur ganz geringfügige Änderungen ergaben und an der Plenge'schen Schreibweise bestimmter Eigennamen (z. B. Pereire, Verein für Socialpolitik) nichts geändert wurde.

Die jetzt hier gebotene Auswahl ist frei von einer bestimmten Absicht oder Tendenz, Plenge in günstigem oder ungünstigem Licht erscheinen zu lassen, sie ist gewiß nicht frei von subjektiven Entscheidungsgründen, allein schon aus der eigenen fachlichen Herkunft und Orientierung des Herausgebers. Dabei haben die Schriften über Organisation, Kapitalismus, über Ausbildungsfragen in Wissenschaft und Wirtschaft das Hauptinteresse gefunden, weniger solche über Finanzpolitik, Staatshaushalt und Kriegswirtschaft; wiederum die Schriften über Kredit- und Währungsprobleme mehr Interesse als andere über Staatslehre, Politik und Erziehung zum Sozialismus.

Jede Art der Auswahl ist mißlich, immer werden Fäden zerissen und Zusammenhänge zerstört, die dem Leser durchaus fehlen, während demjenigen, der aus den unverkürzten Texten seine Auswahl trifft und der dabei den ganzen Zusammenhang vor sich hat, nicht auffällt, daß dem anderen etwas unverständlich bleibt, weil ihm wichtige Verbindungsstücke im Gedankenbau fehlen. Das bleibt ein um so größerer Mangel, je stärker die Kürzungen, je größer demzufolge die Lücken bei der Auswahl sind. Tröstlich ist lediglich der Gedanke, daß bestimmte Formulierungen deshalb ausgewählt wurden, weil sie wegen ihrer Substanz und wegen ihrer Form geeignet schienen, herausgenommen zu werden.

Zwei Beiträge wurden unverkürzt übernommen, die beiden im gleichen Jahr im Weltwirtschaftlichen Archiv, 1926, erschienenen, miteinander eng verwandten Artikel über das „Tableau Économique“ und über „Kapital und Geld“. Dieser ist mit sechs Tafeln versehen, die einen guten Eindruck von Plenges Tafelwerk und seiner Anwendung im theoretischen Lehrbereich vermitteln. Sie geben Plenge in seiner besten Form wieder; zugleich sind es mit die letzten Äußerungen auf dem engeren Fachgebiet. Beide Artikel habe ich 1954 an der Freien Universität Berlin für Unterrichtszwecke in 500 Stück vervielfältigen lassen. Das „System der Verkehrswirtschaft“ (1903) mit meinem Kommentar (1954) wurde 1963 neu gedruckt. Weitere Nachdrucke sind vorgesehen.

Von ausführlicherer Wiedergabe der späteren Schriften 1932—1960, insbesondere zur Kunst- und Kulturgeschichte, Philosophie, wurde abgesehen, weil diese entweder nur als Manuskript oder nur in Maschinenschrift erschienen, so daß ohne Vorlage eine Nachprüfung ausgeschlossen wäre. Bedeutende Einzelschriften, wie die Herausgabe der Aufklärungsschrift „Für die Pflichtexemplare“, Leipzig 1908, seine „Denkschrift über eine Unterrichtsanstalt zur Ausbildung praktischer Volkswirte“, Münster i. W. 1915 (darin vorgesehen eine „Abteilung für Privatwirtschaftslehre, am besten von vornherein mit zwei Fachvertretern, einem für Betriebsorganisation und einem für Abrechnung und Finanzen“ sowie eine „Sektion für Konjunkturbeobachtung und Konjunkturforschung“, S. 8/9; Jahresetat aus privaten Mitteln mindestens 200 000 M, später „sehr viel höher“, S. 15), sein Anti-Blüher (1930/31), blieben unberücksichtigt, lediglich um den vereinbarten Umfang einzuhalten.

Bisher hat sich niemand gefunden, Plenges Schrifttum zu sammeln und zu ordnen. Der Umfang seines der wissenschaftlichen Fachwelt übergebenen Schrifttums dürfte gut 4—6000 Druckseiten umfassen, aber ich glaube, das ist eine vage und womöglich unzureichende Schätzung. Den Umfang seiner nicht gedruckten, aber verschickten Manuskripte allein seit 1933 bis 1963 schätze ich auf etwa 5000 Seiten, gemessen an den Bruchstücken, die mir zugänglich wurden.

In den Wirtschaftswissenschaften war Plenge wegweisend für die Konjunktur- und Kreislauftheorie, Geld-, Kredit- und Währungstheorie, für Organisation, Ausbildung, Unternehmensführung, nicht zuletzt für die theoretische Eingliederung der Einkommenstheorie und des Verbrauchs, für die Erfassung der Wirtschaftsverbände, der Marktformen, Marktforschung, der Manager. In der Soziologie zeichnete er sich durch die innigste Verbindung von Gesellschaft und Wirtschaft aus, hier ganz anders vorgehend als Leopold von Wiese, was von beiden erkannt war; seine Soziologie war nicht neutral, sie war wirtschaftlich und politisch durchtränkt, nicht nur gesehen als Beziehungs- und Handlungsfeld, sondern stets als Kampffeld der Ideen, der Ideologien (beides trennte er sehr scharf) und der Interessen. Befreundet mit Ferdinand Tönnies, schätzte er Franklin H. Giddings, nannte ihn auch in seinen Schriften, warnte aber vor Georg Simmel und seiner „Literaten-Literatur", wie er schon als frischgebackener Privatdozent in seiner Antrittsvorlesung (System der Verkehrswirtschaft, 1903) die großen Kompendien von Gustav Schmoller, Werner Sombart entschieden ablehnte und später unter scharfer Kritik von seinem Leipziger Lehrer abrückte, dessen „Entstehung der Volkswirtschaft" er aus Kurzsichtigkeit und aus mangelndem Verständnis für die moderne Technik erklärte.

Die Wirtschaftsgeschichte und die politische Geschichte verdanken Plenge neue Aspekte der Entwicklung, der Stufentheorie, des Ausblicks auf die Zukunft aus historischer Sicht. Den treibenden Ideen gab er stets den Vorrang vor den Realitäten. Philosophisch geschult, kreuzte er eine scharfe Klinge mit G. v. Schulze-Gaevernitz, Freiburg (1910), und seiner Kant-Interpretation, mit Gerhard Lehmann als Repräsentanten der modernen Philosophie (1931). Selbst der Seinslehre eng verbunden, lehnte er Martin Heidegger ebenso entschieden ab wie die ganze Richtung des Existentialismus. Aufs freieste Denken gerichtet kreisten nicht erst zuletzt, sondern schon in den Frühschriften seine Gedanken um die Gottesidee, den Gottesbegriff, wovon zahlreiche Sentenzen Zeugnis geben, in denen zwar offizielle Vertreter der Theologie schlecht wegkommen, aber keine religiösen Gefühle oder Überzeugungen verletzt werden.

Ein geistreicher Kritiker hat einmal von einer Neuerscheinung gesagt: „Dieses Buch wird man nicht weglegen, man wird es in die Ecke schleudern."

Mag man das Gleiche mit meiner Plenge-Anthologie tun, aber erst wenn man mit den Originalschriften Plenges vertraut geworden ist; dann hätte es meine Anthologie so verdient und ich hätte ein Gefühl der Befriedigung, wie es mir keine meiner Veröffentlichungen in vierzig Jahren je verschafft hat.

Nürnberg, November 1964.

H. Linhardt

Marx und Hegel

(1911)

Die Grundprobleme dieser Arbeit wurzeln in der Zeit, als ich den Crédit mobilier schrieb, und mich dabei mit St. Simon beschäftigte. Weiter zurückliegende logische und geschichtsphilosophische Einflüsse sind in der Vorrede zu meinem System der Verkehrswirtschaft hinreichend hervorgehoben. S. 3 (Vorwort).

... Es gäbe kein Problem „Marx und Hegel", wenn die Hegelei sozusagen eine Jugendsünde von Marx wäre. Die Bedeutung dieses Problems liegt darin, daß Marx und Hegel, wie etwa in entgegengesetzter Stellung Leibniz und Spinoza, einen der großen Kontraste der Geistesgeschichte bedeuten, der gleichzeitig innigster Zusammenhang ist. ... S. 18/19.

Dafür ist aber zunächst eine Legende jahrzehntelanger ingrimmiger Verleumdung zu zerstören.

Alle die bekannten populären Vorstellungen über Hegel sind falsch. Der Denker, der nur „das Konkrete und schlechthin Gegenwärtige" als Objekt der Philosophie ansah, der nur „aus dem Bewußtsein der Lebendigkeit" heraus schaffen konnte, gilt als der abstrakteste aller Ideologen. ... S. 20.

... Und im objektiven Entwicklungsgange dieser unserer „wirklichen" Welt, wie er sich für das Bewußtsein durch die denkende Vereinigung all der unzähligen Daten der Sinne, als Resultat sogenannter „Beobachtung", ergibt, erscheint für das menschliche Bewußtsein als letzte Ausblühung des Lebens, als höchstes Entwicklungsprodukt des Werdens, eben das Denken in seiner ursprünglichen Gestaltungsfähigkeit: der Geist, d. h. das bewußte menschliche Gesellschaftsleben, das im Geschichtsprozeß abläuft, Kunst, Religion und Wissenschaft produziert, das seine Lebensmöglichkeiten verwirklicht und sie dann als Teile der durch die Wissenschaft erkannten Wirklichkeit in das bewußte gesellschaftliche Geistesleben zurücknimmt, das dadurch gesellschaftliches Selbstbewußtsein wird. ... S. 22.

... Der Geist ist Wille, Tat und Leben, nur so ist für Hegel der Gedanke das in sich selbst hell werdende innerste Wesen des Weltprozesses. S. 23.

... Wenn Hegel von der Wirklichkeit der Idee spricht, meint er ein mit bewußter Selbstgestaltung verbundenes Gattungsleben, entwickeltes menschlich gesellschaftliches Leben. „Idee ist Gattung", Gattung ist Allgemeines, Allgemeines ist Gedanke: selbstbewußte Gattung ist der Gedanke, der sich selbst erfaßt, das Allgemeine, das in sich hell wird.

... *Cogito, ergo sumus.* Ich denke, also bin ich Glied eines gesellschaftlichen Ganzen, das in solchen allgemeinen Bestimmungen lebt, wie ich sie denkend fasse. Ich denke, also bin ich eingeordneter Teil in einer organisierten Gesellschaft, oder wie Hegel glaubte es fassen zu müssen: ich bin Bürger des Staates. S. 24.

... Alle unsere Denkbestimmungen sind für Hegel Reflexions-, Beziehungsbegriffe, Quantität ist nicht ohne Qualität, endlich nicht ohne unendlich, Ding an sich nicht ohne Erscheinung, Subjekt nicht ohne Objekt denkbar. ... S. 29.

... Fast alle Theorien von Marx haben denselben Grundmangel, daß er, wo nur eine partielle Abhängigkeit beweisbar ist, zwingende und eindeutige Abhängigkeit behauptet, so bei der Entstehung des Mehrwertes aus Ausbeutung der Arbeit, so bei der eindeutigen Abhängigkeit der Ideologie vom ökonomisch-technischen Unterbau. ... S. 32.

Daß die Staatslehre als Lehre von der notwendigen Organisation der Gesellschaft und ihrer gesetzlichen Freiheit den innersten Kern der Geistesphilosophie ausmacht, ist der für uns ohne weiteres verständliche notwendige Aufbau auf jener unter der Terminologie des „Allgemeinen" versteckten Grundlehre vom Logos, daß freies Denken nur in der organisierten Gattung möglich ist. ... S. 38/39.

... Gediegene Ethik ist für Hegel nur die antike Sittlichkeit der fest organisierten Gesellschaft, nur als Glied einer organisierten Gesellschaft, im Staate kann der einzelne zu objektiven Werten gelangen: *„die Bestimmung des Individuums ist, ein allgemeines Leben zu führen"*. ... S. 39/40.

... Hegels Rechtsphilosophie schildert in sicherer Entgegensetzung die bürgerliche Gesellschaft des wirtschaftlichen Eigennutzes als das Korrelat des modernen Staates, eins so notwendig zum Aufbau des lebendigen sozialen Ganzen, wie das andere. ... S. 40.

Der bekannte Satz, daß die Weltgeschichte der Fortschritt im Bewußtsein der Freiheit ist, rückt diesen Staat in den Mittelpunkt der Geschichtsbetrachtung, wobei wir Heutige unter „Staat" immer wieder „organisierte Gesellschaft" zu verstehen haben. ... S. 41.

... Er überträgt die in der reinen Logik berechtigte Isolierung des Gedankens zu sehr auf die Betrachtung des gesellschaftlichen Geschehens. ... Daß aber die Menschheit in harter zeitraubender Arbeit aus der ungefügen Natur sachliche Unterlagen für alle physischen und geistigen Daseinszwecke produzieren muß, daß sich ihr Geist an ihrer Arbeit entwickelt, daß die Art der Arbeitsverfassung und die Arbeitstechnik die ganze Kultur färbt und bedingt, hat er nur recht dunkel gesehen und jedenfalls nicht so beachtet, daß eine Zeit, die einen großen wirtschaftlichen Umschwung mit den entsprechenden Begleitveränderungen erlebte, die Eigenart ihrer Lebensbeschwerden und ihrer Regenerationsaufgaben bei Hegel irgendwie angedeutet findet. Hier war also sichtbar die große Lücke, die Marx auszufüllen unternahm, und die wir heute so deutlich sehen. S. 46/47.

... Hegel predigt den starken sozialen Glauben, wo man nur dadurch Gott gibt, was Gottes ist, daß man dem Kaiser gibt, was des Kaisers ist, und was des Kaisers ist, das Prinzip des Staates, das ist die Freiheit. Hegel lehrte *„das dritte Reich"*, das in „Kaiser und Galiläer" Maximus, der geheimnisvolle Ephesier, verkündet. S. 50.

... Seine (Hegels — *H. L.*) Staatslehre wurde zu einem Instrument der Reaktion. Seine Ethik widersprach dem bürgerlichen Individualismus. Jeder Fortschritt der Naturwissenschaft bedeutete den Triumph der Empirie über die Spekulation.

Der schwere Staub der Mißverständnisse legte sich dichter und dichter auf seine kühnen Gedanken, und wer noch etwa versuchte, hindurchzudringen, blieb in den Dornen hängen. Hinter der Hecke der Konstruktionen, hinter dem Gestrüpp der scholastischen Terminologie und der kompromittierenden Irrtümer über die Forderung des Tages, schlief das größte und tiefste System des deutschen Gedankens einen bald hundertjährigen Schlaf. S. 52.

Hinter dem witzigen Spiel der dialektischen Form erscheint so von Anfang an die charakteristische Sterilität aller marxistischen Politik. S. 56.

... Es hat etwas Dilettantisches, von dem geistigen Typ einer Rasse zu reden, aber der Hinweis drängt sich so gebieterisch auf, daß er auch ausgesprochen sein mag: Karl Marx ist unverkennbar Jude. Weil er derselbe leidenschaftliche Jude war und blieb, deshalb die Einheit in seinem politischen Programm in seiner bürgerlichen und in seiner proletarischen Periode. Wer diesen Gedanken auf die äußerste Zuspitzung bringen wollte, könnte, wie wir noch sehen werden, von einer Erneuerung der Hegelschen Philosophie aus jüdischem Geiste sprechen. S. 57.

Das Verhältnis zu Lorenz Stein ist eines der reizvollsten Probleme in der Entwicklung von Karl Marx. Marx selber hat darüber nichts verraten, und doch ist es überwiegend wahrscheinlich, daß das glänzende Buch Steins für Marx die große entscheidende Wendung in seiner Weltanschauung herbeigeführt hat. S. 65.

... Man kann für intellektualistische Perioden, wie die unsere eine ist, eine erste und eine zweite Stufe menschlicher „Wirklichkeiten" unterscheiden: eine Wirklichkeit der mikrokosmischen Individualitäten und eine Wirklichkeit des gesellschaftlichen Makrokosmos und der überindividuellen Zusammenhänge und Gesetze. ... S. 74.

... Unser 19. Jahrhundert sah den wirklichen Menschen im wesentlichen so, wie ein Bürger den andern sieht, und konnte bei dieser Betrachtungsweise seines gesunden Menschenverstandes so ziemlich sicher bleiben, weil es eine für die atomisierte Welt des organisationslosen Kapitalismus völlig angemessene Weise war, wirkliche Menschen zu sehen. S. 75.

... Marx hat aber die unglückselige Bezeichnung der „Wirklichkeit" in jeder Hinsicht so mißbraucht, wie sie sich nur irgend mißbrauchen läßt. S. 81.

Marx' aggressive Wirklichkeitslehre ist also eine reine Ideologie unter einem falschen Namen. ... S. 82.

... Marx naturalisiert die Gesellschaftswissenschaft im Sinne eines geistlosen, mechanistischen Zusammenhangs, wie Hegel sie der Sprache nach theologisiert hatte. ... S. 88.

Man darf sagen, diese „Naturalisierung" seiner Gedankenwelt hat Marx um seine größte Einsicht betrogen. ... „In der Praxis muß die Menschheit die Wahrheit, d. h. die Wirklichkeit und Macht, die Diesseitigkeit ihres Denkens beweisen." „Die Philosophen haben die Welt nur verschieden interpretiert, es kommt aber darauf an, sie zu verändern." S. 90/91.

Die rücksichtslose Naturalisierung des Geschichtsprozesses unter ausschließlicher Betonung der Wirkung der ökonomisch-technischen Faktoren konnte den Erfolg eines kommunistischen Agitators im 19. Jahrhundert wesentlich verstärken, Marx als Denker ist daran verkümmert. Freilich bleibt ihm auch so der Ruhm, das königliche Problem der gesellschaftlichen Willensbildung in realistischer Fassung aufgeworfen zu haben, und so einseitig seine ausschließliche Beobachtung der ökonomisch-technischen Faktoren sein mag, so bleibt sie doch eine Hypothese von unermeßlichem Erkenntniswert. S. 92.

Eins bleibt dabei freilich ein merkwürdiges Rätsel. Wie kommt es, daß der Begründer der materialistischen Geschichtsauffassung nicht sehen konnte, daß zwar in der atomisierten kapitalistischen Gesellschaft mechanistische Naturwissenschaft als Weltanschauung möglich ist, daß aber in einer etwaigen sozialistischen Gesellschaft als in einer Gesellschaft der planmäßigen Organisation und des höchsten sozialen Selbstbewußtseins der Standpunkt einer toten Mechanisierung innerlich unmöglich ist. ... S. 94.

... Marx ist seiner neuen Anschauung so intensiv *gewiß*, daß er ihre *Wahrheit* nicht mehr untersucht. ... S. 102.

... Nicht die geringste Ahnung davon, daß sich das Denken als eine autonome Gesetzlichkeit des lebendigen Seins fassen läßt! Nicht die geringste Ahnung davon, daß das Denken als Prozeß der Verallgemeinerung durch seine eigenste Natur ein überindividuelles Geschehen ist. Vollendete singularistische, pseudonaturwissenschaftliche Naivität! S. 105.

Mit anderen Worten, jene Identität des Subjektiven und des Objektiven ist im exakten Sinne von vornherein unmöglich. ... Das heißt, da wir eine gesellschaftliche Gegenwart notwendig nur als Entwicklungsübergang aus einer Vergangenheit in eine Zukunft hinein begreifen können: es ist für alle Zeiten durch die Natur der Aufgabe formal unmöglich, eine exakte Wissenschaft von der Gesellschaft zu entwikkeln. ... S. 107.

... Jedenfalls zeigt die einfachste Überlegung dieser Wahrscheinlichkeiten, daß die soziologische Prognose in der Zeit einer herannahenden Neuorganisation der Gesellschaft am unsichersten werden muß, und zwar um so unsicherer, je weniger der allgemeine Organisationswille durch klare Pläne determiniert ist, um so planloser ein großer sozialer Mutationsprozeß der Notwendigkeit einer reorganisatorischen Erneuerung der ganzen sozialen Struktur entgegenbraust. ... S. 108.

... Entstehung einer sozialistischen Organisation der Menschheit wäre aber vor allen andern, was sich in der Geschichte ereignen kann, ein Vorgang von universalhistorischer Singularität. Nicht nur, daß sie auf der weltwirtschaftlichen Basis des Kapitalismus entstehen muß, soll sie sich ganz ausdrücklich als der Umschlag des vorher quasi kausalen Gesamtprozesses der nur im einzelnen zwecktätigen Individuen in planmäßige gesellschaftliche Selbstgestaltung vollziehen, demnach als etwas, was nie und nirgend geschehen ist, und von vornherein als Ereignis von unerhörter Besonderheit, als Weltenwende in der Geschichte der Menschheit erscheint. ... S. 110.

Indem sich also Marx mit dem königlichen Mantel einer zur letzten Erkenntnis fortgeschrittenen Identitätsphilosophie bekleidet, nimmt er ein Gewand um, auf das er kein Recht hat. ... S. 111.

... Marx hat seine „moralinfreie" Geschichtsbetrachtung, seine ethische Notwendigkeitslehre von Hegel gelernt.

... Jeder hat notwendig den Geist seiner Zeit, und jede Zeit steht notwendig im Entwicklungsprozeß der Gattung. Damit ist für den schöpferischen Menschen die Aufgabe gestellt, sich universalhistorisch „einzufühlen“, die Notwendigkeit der eigenen Lebensaufgabe im weltgeschichtlichen Zusammenhange zu begreifen. ... S. 118.

... Wäre es nicht kritischer gewesen, statt nur emphatisch zu versichern, etwa zu fragen: in welcher Organisationsweise und wie weit kann die allgemeine Regelung des sozialen Lebens durch die Gesellschaft über das von der Staatsphilosophie für endgültig angesehene Verhältnis hinaus weiter vorgetrieben werden, ohne durch die Lahmlegung der freien Lebensbewegung der einzelnen Subjekte zugunsten einer allgemeinen Regelung des sozialen Geschehens die Altersstarre der gesellschaftlichen Organisation herbeizuführen? ... S. 123.

... Im Zusammenhang unserer sozialen Willensgeschichte ist diese Klassenethik der erste prinzipielle Versuch, eine notwendige neue Sittenbildung durch soziologische Einsicht bewußt zu orientieren. ... S. 126.

Und damit sind alle Organisationsfragen glücklich beiseite geschoben, alle Gedanken gehören dem politischen Kampf. Wenn der Sieg da ist, wird man beginnen zu organisieren. ... S. 129.

... Hegels Freiheitsprinzip war gleichzeitig notwendig Organisationsprinzip, weil in seiner Philosophie des Konkreten der Geist, der zur Freiheit streben muß, in seiner dialektischen Bewegung in der ewigen Unruhe einer aufbauenden Gestaltung lebt. ... S. 130.

... Je größer aber die Organisationsformen werden, die der Kapitalismus ausgebildet hat, um so mehr wird es deutlich, daß auch ein marktmäßig aufgebautes Wirtschaftsleben nicht nur auf das eine Schlagwort des Interessengegensatzes großer Marktparteien zurückgeführt werden kann. ... S. 133.

Was also bleibt, ist jener sichere Instinkt, daß eine revolutionäre Theorie, die ... an die Lebenslage einer großen leidenden Klasse angepaßt ist, an dieser Klasse den Brennstoff zu einem ungeheuren Brande finden kann. Diesem Instinkte hat die Geschichte recht gegeben. Eine eingetroffene sozialwissenschaftliche Prognose ist das nicht. ... S. 148.

Auch wenn das Unwahrscheinliche wirklich Ereignis würde und das Proletariat den großen politischen Sieg erringt, ...: Marx würde damit nicht zum Ergründer der Zukunft. Er hat vergessen vorherzusagen, was darauf folgen muß. ... Man weiß nicht, soll man spotten oder soll man sich entsetzen, so dumm, so grauenhaft barbarisch ist diese Phantasie. So mögen einst die Stämme der arabischen Wüste das Land der

Verheißung erobert haben. Wir wollen die Macht, nichts weiter als die Macht. ... S. 149.

... Max Adler hat vollkommen recht, wenn er sagt, daß „als die spezifische Leistung der Dialektik so ziemlich alles anzusehen ist, was die wissenschaftliche Größe des Marxismus ausmacht".

Die Beweise, die Adler für diese Auffassung gibt, sind schlagend. Der kapitalistische Wert in seinem konkreten Doppelcharakter als Gebrauchswert und Tauschwert! Die Verkehrsbewegung der Waren in ihrem konkreten Doppelcharakter als sachlicher Stellenwechsel von Gut und Gegengut und als persönliche Tauschrelation zweier Warenbesitzer! Der kapitalistische Versorgungsprozeß in seinem konkreten Doppelcharakter als gesamter sozialwirtschaftlicher Produktionsprozeß und als privatkapitalistischer Verwertungsprozeß im ausschließlichen Interesse des Profits! Der marktmäßige Aufbau der kapitalistischen Gesellschaft in seinem konkreten Doppelcharakter als organisatorischer Aufbau hochrationeller Fabrikationsbetriebe mit reich gegliedertem Maschinenkörper einerseits, und andererseits als der formlose Verkehrszusammenhang im ewigen Wechsel einer völlig problematischen Konjunktur, die alle vorübergehend noch so zweckmäßigen Formen mit raschester Zerstörung bedroht! Und endlich der konkrete Doppelcharakter der ganzen kapitalistischen Gesellschaft: eine einzige innig verflochtene Lebensgemeinschaft der Menschheit und wütender Klassenkampf! S. 151/152.

... Objektiver Wert im Sinne der kapitalistischen Praxis ist die notwendigste kalkulatorische Hilfshypothese unseres ganzen Wirtschaftsverfahrens, denn nur die Durchführung einer vollständigen Geldbewertung macht Kapitalismus möglich. Man kann in unserem System des allseitigen Geldverkehrs trotz einer in immer neuem Wechsel sich verändernden Konjunktur mit wahrscheinlichen Austauschmöglichkeiten von Ware gegen Geld rechnen, mit Austauschkonstanten von begrenzter Verläßlichkeit. Diese präsumierten Austauschkonstanten von Ware gegen Geld sind unsere wirtschaftlichen Werte. Bei jedem scharfen Konjunkturwechsel muß dieser Versuch der Konstantisierung der ihrer Natur nach stets veränderlichen Marktrelation schwere Störungen erleben. ... S. 161.

... Der Kapitalismus, von dem Marx nur die quasi mechanischen Marktgesetzlichkeiten sah, kennt kein spontanes Entstehen neuer Organisationen in Fabrik und Kontor, wohl aber ist er in Deutschland und in Amerika zu immer bewußterer, immer gründlicherer wissenschaftlicher Erwägung und Überlegung seiner Organisationsaufgaben fortgeschritten, so daß wir heute nicht nur Spezialisten in Organisationsfragen haben, sondern auch schon eine ganze Reihe von Zeitschriften und eine umfangreiche Literatur über mancherlei Probleme der großindustriellen Organisation. ... S. 170.

Wenn aus dem Schatten der Geschichte Hegel neben Marx hintritt, dann tritt der alte Hexenmeister neben den Zauberlehrling, der mit halbverstandenen Beschwörungsworten eine ungeheure Flut entfesselte, die kaum mehr zu bändigen schien. Und die Brust wird von jener quälenden Angst befreit, die einem unaufhaltsamen Verderben ratlos zusieht. S. 175.

... Was wüßten wir von Hegel, wenn Karl Marx nicht gewesen wäre. ... So klein Karl Marx gegen Hegel erscheint, so groß ist er unter den zwerghaften Erben der Hegelschen Tradition. S. 176.

Die Zukunft in Amerika

(1912)

Hätten wir eine Sozialwissenschaft, die ihren Namen verdient, so wäre es unnötig, über ihre Methode und ihren Gegenstand, d. h. über das weltgeschichtliche Geistesleben, in dem wir selber stehen, so beiläufig in ungenügenden Exkursen zu sprechen. ... Aber wir haben diese Sozialwissenschaft noch nicht. ... S. 5.

... Der Amerikaner lebt schon heute schematischer wie wir. Auf schematischen Farmen, in schematischen Staats- und Bezirksgrenzen oder in schematischen Großstädten ohne historische Verschiedenheit, schematischer in dem Erzeugnis seiner Arbeit, schematischer im Verbrauch seiner Güter. ... S. 51.

Sein Sprung vom Individuum zum nationalen Willen ist uns zu weit und widerspricht wohl begründeten „materialistischen" Denkgewohnheiten.

Wir wollen das stärker in sich kämpfende Willensleben einer gegliederten Gesellschaft sehen. ... S. 58.

... Denn das Bürgertum ist eine emanzipierte Klasse, die nicht aufgestiegen ist, um politisch zu herrschen, sondern um sich von der Herrschaft zu befreien und den privaten Interessen zu leben. ... S. 61.

... Weniger als irgendwo wird in den Vereinigten Staaten die Wissenschaft geachtet. ... Der Laienverstand hat das Wort. ... Wo ist da die straffe Disziplin und die gefaßte Beharrlichkeit zur ruhigen organisatorischen Arbeit? S. 64.

... Jener Geist der Erfüllung aller individualistischen Träume des 18. Jahrhunderts, der schon Lothario in „Wilhelm Meister" sagen läßt: „hier oder nirgends in Amerika". Dieser Geist war das Glück der Amerikaner. ... S. 65.

... Wenn wir in Deutschland neben dem positiven Staatsrecht wieder eine eigentliche Staatswissenschaft (political science) bekommen werden, worauf manche erfreuliche Zeichen deuten, so wird der Einfluß der amerikanischen Staatsverfassung auf die amerikanische Gesellschaftsentwicklung ein besonders lehrreiches Thema ihrer Untersuchungen werden. ... S. 67.

... Man denke doch nur, was für eine gehässige und neidische Kleinbürgergesinnung uns sogar aus allen Blättern des demokratischen Sozialismus entgegen schlägt! Kleinbürgerkultur und Kleinbürgerideale trotz aller wissenschaftlichen Geschichtsperspektive. Wie viel mehr ist nicht von der organisatorischen Tatkraft des Amerikaners zu erwarten, wenn die Zukunft organisierte Gesellschaft heißt. Der Amerikaner kennt sein 19. Jahrhundert; bei uns gehört das äußerlichste Verständnis der eigenen Zeit weder zur Volksbildung noch zur allgemeinen Kultur! Wie nahe steht Mensch zu Mensch im amerikanischen Westen! Was für eine Unterlage für einen bewußt sozialen Geist könnte dies urwüchsige Zusammenhangsgefühl der neuen Bevölkerung auf ihrem neuen Boden abgeben. Wie viel eher läßt sich in dieses durch Klassengrenzen noch nicht zerrissene demokratische Bewußtsein die Notwendigkeit und die Berechtigung menschlicher Wertunterschiede hineinbilden, wenn diese Wertunterschiede auf der verschiedenen funktionellen Bedeutung im sozialen Zusammenhang beruhen, als sich unser zur extremsten Einseitigkeit entartetes Klassenbewußtsein zu einem auch über diese Unterschiede stehenden sozialen Gemeinbewußtsein erweitern läßt. ... S. 69/70.

... Unsere Studenten sehen die Welt in den engen Perspektiven der Vergangenheit, und unsere Professoren, nun ja, die Universität hat eine Zunftverfassung und der Wissenschaftsbetrieb erinnert in der Geisteswissenschaft mehr an das ehrliche Handwerk wie an weitblikkende Technik. Was hilft der echteste Forschersinn, wenn wir die Gegenwart nicht kennen, in der wir leben. Darin steckt auf gesellschaftswissenschaftlichem Gebiete die mögliche Überlegenheit der amerikanischen Universität, die sich eins mit dem Leben fühlt und Bürger der Gegenwart ist. „Die amerikanischen Universitäten sind sich ganz offenbar bewußt, welche Rolle sie in der Zukunft Amerikas erwartet.“ S. 73.

Von der Diskontpolitik zur Herrschaft über den Geldmarkt

(1913)

... Ich wundere mich eigentlich vor allem, daß dieses Buch nicht längst von einem unserer besonderen Kenner der Reichsbank geschrieben ist. S. XIV.

Mir scheint es besonders wesentlich, daß alle meine Geld- und Bankarbeiten aus Konjunkturstudien herausgewachsen sind, weil das die natürliche Unterlage einer zeitgemäßen Forschung und eines zeitgemäßen Unterrichts in der Wirtschaftswissenschaft ist. Wir werden dadurch gezwungen, die Volkswirtschaft in ihrer ganzen Breite zu sehen und den Umbau aller wichtigen Organisationen von Jahr zu Jahr zu verfolgen, soweit das den begrenzten Kräften des einzelnen wissenschaftlichen Arbeiters möglich ist.

Wenn die Praxis in diesem Buche bei allen unvermeidlichen Mängeln und Irrtümern im einzelnen in der Gesamtbehandlung des Gegenstandes einen Geist findet, wie sie ihn für sich selbst von einem wünschenswerten Nachwuchs erwartet, so möchte ich auffordern, einmal darüber nachzudenken, was ein Institut für Konjunkturforschung leisten könnte, das in dem Geiste dieses Buches geleitet wird, wenn für ein solches Institut die Mittel bewilligt werden die für die Naturwissenschaft heute ohne weiteres zur Verfügung stehen. S. XV.

Vor einem Jahre, im Februar-März 1912, begann ein bemerkenswerter Reformfeldzug der Reichsbank, der in ihrer Geschichte eine Epoche bedeutet. „Von der Diskontpolitik zur Beherrschung des Geldmarktes.“ ... S. 1.

... Um die Zentralbank herum ist ein riesiges System der Kreditwirtschaft entstanden, das die Ersparnis an Kassenbeständen mit der äußersten Rücksichtslosigkeit betrieben hat. Das ist das Ergebnis der letzten 20 Jahre deutscher Volkswirtschaft: der riesige Bau unseres Hochkapitalismus steht auf dem Fundament des Kredites. Wir kennen die schauderhaften Nächte jenes Ingenieurs, der sich damit quält, ob er den Winddruck richtig berechnet hat, den seine stolze Brücke auszuhalten hat. Ist unser deutsches Kreditsystem mit seinen besonders schwachen Kassen einem Orkan gewachsen? ... S. 2.

...Im ganzen wäre mehr Kritik gerade von solchen zu wünschen gewesen, die eine gründliche Verstärkung des deutschen Geld- und Kreditsystems für dringend notwendig erachten und die mit ihrer Kritik auch die positiven Vorschläge verbinden, wie am besten zu helfen ist. S. 3.

...Es ist ja selbstverständlich, daß die Reichsbank, indem sie zur Regulierung der anderen Banken fortschreitet, damit die Kritik auf sich selber richtet, und zwar die grundsätzliche Kritik, die von neuem fragt, welche Stellung die Zentralbank in einer ganz veränderten Wirtschaftswelt denn eigentlich haben soll. ... S. 4.

Vom Standpunkt der Reichsbank war es eine Vermessenheit, den deutschen Geldmarkt „beherrschen" zu wollen. Der bloße Ausdruck hätte nicht fallen dürfen. Ein Syndikat unter der Führung unserer großen Kreditbanken darf den Versuch wagen. Und wenn neben das Konditionenkartell zur Regulierung des regulären Geschäftes im Laufe der Zeit auch das allerdings sehr viel schwerer zu schaffende und zu leitende allgemeine Emissionssyndikat treten sollte, wäre in der Tat so etwas wie eine Kontrolle über den zentralsten Markt eines kapitalistischen Wirtschaftsgebietes erreicht. S. 9/10.

Auf dem Boden der Tatsachen ist festzustellen, daß die regulären Kredite, die durch das Bankenkartell gewährt werden, sehr viel umfangreicher sind als die Kredite der Reichsbank, daß die Kartellbanken eine sehr viel engere Fühlung mit Handel und Industrie haben, als die „Bank der Banken" und daß die Kartellbanken darum auch ein sehr viel besseres Urteil über den Gang der Konjunktur gewinnen können, als es der Reichsbank durch ihre berühmte Wechselkontrolle möglich ist. Darum ist ein Kartell der Kreditbanken in unserer modernen Wirtschaftsverfassung prinzipiell ein viel urteilsfähigerer Träger der inneren zur Regulierung der Konjunktur bestimmten Diskontpolitik wie die Zentralnotenbank. ... S. 10.

...Im übrigen wird man erwarten können, daß der Zentralausschuß der Reichsbank und die zur „fortlaufenden speziellen Kontrolle über die Verwaltung der Reichsbank" berechtigten Deputierten dieses Zentralausschusses einen ganz anderen Sinn und eine ganz andere Bedeutung für das Geschäftsgebaren der Reichsbank bekommen, wenn ein kräftiges und machtbewußtes Bankenkartell entsteht und seine Auffassung der Konjunktur durch die Politik der Reichsbank zu Geltung bringen will. ... S. 11.

Wenn man die Entwicklungslinien der Geldverfassung, des Kreditsystems, der allgemeinen kapitalistischen Struktur und der politischen Verhältnisse zusammenfaßt, so ergibt sich in der Gegenwart eine so vollkommen veränderte Gesamtverumständung für die deutsche Zentralbank gegenüber der Zeit, in der sie entstand und in der sie die Tradition ihrer Geschäftsmethoden entwickelte, daß daraus ohne weiteres erhellt, mit der quantitativen Anpassung ihrer Leistungen an ein riesenhaft vergrößertes Wirtschaftsleben ist es nicht getan, sie muß sich qualitativ ändern. ... S. 13.

Der große Metallschatz dieses Geldsystems steht in der Verwaltung einer großen Zentralnotenbank, die ihn zunächst nur um ihrer eigenen Sicherheit willen bereit halten muß. Aber aus der Geschäftsführung dieser Zentralnotenbank erwächst mit der Zeit die Diskontpolitik und das immer bessere Verständnis für die Anpassung des Notenumlaufes an die Bedürfnisse des wirtschaftlichen Verkehrs. Mit andern Worten: die Geschäftsführung der Zentralnotenbank wird zu einem System der nationalen Geldverwaltung nach der doppelten Seite der hinreichenden Versorgung des inneren Umlaufs mit wechselnden Mengen von Zirkulationsmitteln einerseits und anderseits der Regulierung der Wechselkurse unter dem leitenden Gesichtspunkt einer genügenden Geldmetallversorgung der Nation ohne alle volkswirtschaftliche Vergeudung. Die Banknotenära löst also die Probleme, die von der Epoche des staatlichen Papiergeldes nicht bewältigt werden konnten: das Problem der richtigen quantitativen Abmessung der Umlaufsmittel und das Problem der konstanten Wechselkurse bei einem großen Teile nicht aus Hartgeld bestehendem Umlauf. ... S. 17.

... Für die reichliche Kreditversorgung unserer Volkswirtschaft sind viele Organe wetteifernd tätig, die ihre Leistungsfähigkeit auch noch weiter steigern können, für die gute Geldverwaltung ist nur die eine Zentralbank da. S. 22.

... Die große Katastrophe des europäischen Krieges ist nicht notwendig, im Gegenteil, sie wäre völlig umsonst, weil die europäischen Gegensätze zu den Lokalinteressen der Weltgeschichte geworden sind, aus denen nur die außereuropäischen Glieder des Weltsystems der großen Wirtschaftsmächte definitiv gewinnen können. ... S. 29.

... Die Reichsbank hat eine außerordentlich gute Theorie. Sie hat eine außerordentlich gute Presse. Sie kann den Diskont erhöhen oder heraufsetzen, sie kann tun, was sie will, die Meldungen darüber werden so gut wie stets von irgend einem kleinen Kompliment über ihre „zielbewußte Leistung" oder über ihre „richtige Voraussicht" begleitet. S. 41.

... So ist die Legende entstanden, aus guten Gründen und aus der Neigung, die Reichsbank für einen reichlich großen Teil unseres Gedeihens verantwortlich zu machen, und andrerseits diesem Gedeihen, nicht aber der Kreditpolitik oder Reichsbank die Verschlechterung ihres Deckungsverhältnisses im wesentlichen zuzuschreiben.

Diese Legende übertreibt. Die Reichsbank kann Fehler machen und hat sie gemacht. Sie hat selber einen guten Teil Schuld an ihrer schlechten Lage. ... S. 41/42.

Denn wenn zwei dasselbe tun, ist es doch nicht ohne weiteres dasselbe. Wenn das Kohlensyndikat den Kohlenhandel reglementiert, so wird zwar genau so ein wichtiger Teil unseres Wirtschaftslebens unter praktisch zwingende allgemeine Normen gestellt, wie wenn die Reichsbank den Kreditbanken ihre Ansichten von solidem Geschäftsbetrieb als verbindliche Regeln aufzulegen sucht, beides ist somit *Gesetzgebung unter der Hand*. ... S. 51.

... Wer seine Macht dazu benutzt, um der Wirtschaftsgesellschaft auf diesem oder jenem Wege neue grundsätzliche Regeln ihres Verhaltens aufzulegen, gibt ihr tatsächlich neue Gesetze. ... Die Frage der Geldmarktverfassung ist für die hochkapitalistische Gesellschaft eine Verfassungsfrage allerersten Ranges.

Hat der Reichsbankpräsident die verfassungsmäßige Aufgabe, ein Surrogat für ein Depositenbankgesetz zu schaffen? Ist er die Instanz, der es obliegt, die Kartellbildung im Großbankbetriebe zu fördern? Gehört es zu seiner Kompetenz, so stark in den Börsenverkehr einzugreifen wie nur irgendein Börsengesetz? Das sind doch eigentlich alles staatsrechtliche Unmöglichkeiten, und daß sie so gut wie unbemerkt vorübergehen, zeigt, daß es an der Politisierung der deutschen Öffentlichkeit noch ganz erheblich fehlt.

Wir haben gesehen, welche Gründe die Großbanken dafür haben, sich nicht auf den Boden des Rechts zu stellen und nicht bei aller Bereitschaft zu sachlichen Reformen das eingeschlagene Verfahren einer Reglementierung durch ein freiwilliges Aufsichtsorgan zurückzuweisen: Sie fürchten die offizielle Gesetzgebung, wenn sie der offiziösen Regulierung nicht nachgeben. ... S. 52.

... Das Ziel kann nur ein Zusammenarbeiten von Kreditbanken und Zentralbank sein, aber in keiner Weise einfache Unterordnung. Deswegen erscheint es als ein organisatorischer Fehler, wenn die Reichsbank durch Gesetz das allgemeine Aufsichtsorgan unseres Bankwesens würde, und es ist auch nicht gerade gut, daß die Kreditbanken die Entwicklung in dieser Richtung unter der Hand beginnen lassen. S. 53.

... Ringsum feindliche „Entwicklungen“ um die schutzlose Reichsbank! Ja, wenn die Großbanken nicht wären, wenn die Börse nicht wäre, wenn die Auslandsgelder nicht wären, wenn das Akzeptgeschäft nicht wäre, wenn man nicht soviel Emissionen machte, wie vortrefflich wollte es die Reichsbank verstehen, sich nach dem theoretisch so einleuchtenden Exerzierreglement der Diskontpolitik auch in der Praxis zu richten. Wie viel leichter wäre es, wenn es im Gelände zuginge wie auf dem Exerzierplatz, und wenn man dem Feinde vorschreiben könnte, was er zu tun hat, damit wir ihn besiegen können! S. 75.

Da aber die Reichsbank die Aufgabe zur Diskontpolitik hatte und hat, war diese Verschlechterung des Deckungsverhältnisses kein Verhängnis, das man hinnehmen mußte, sondern das Ergebnis verantwortlicher Entscheidung. S. 77.

... Eine Festung ist nur so stark, wie die schwächste Stelle in ihrem Verteidigungsgürtel. Eine Bank nur so stark, wie ihre Leistungsfähigkeit an ihrem schlechtesten normalen Ausweistage. ... S. 87.

... Die Zentralbank ist im wesentlichen Organ des Zahlungsmechanismus und soll das Geldwesen in Ordnung und bei gesunder Kraft erhalten. Sie ist keineswegs an erster Stelle dazu da, einen möglichst großen Teil des Kreditgeschäftes zu besorgen oder möglichst große Teile des Wirtschaftslebens mit billigem Kapital zu versehen. ... S. 88.

..., wie eine schärfere Kontrolle des echten Warenwechselcharakters der diskontierten Wechsel nichts mehr zu tadeln finden würde, so wird es um so klarer, daß die Reichsbank durch ihre Diskontpolitik zuviel Wechselmaterial an sich gezogen hat.

... Der kaiserliche Bankdirektor Dr. Arnold fragte sogar emphatisch: „Wann und unter welchen Umständen hätte denn die Reichsbank in den 36½ Jahren ihres Bestehens mit einem Höherhalten ihres Diskontes ihren Status tiefer greifend verbessern können?" Die einfache Antwort heißt: stets und immer. Stets und immer hätte ein höherer Bankdiskont das Wechselmaterial mehr an den allgemeinen Geldmarkt und an die Kreditbanken verwiesen. ... S. 102.

Darum ist unbedingt daran festzuhalten, daß die Reichsbank durch ihre eigene Kreditpolitik, weil sie sich nicht wesentlich als Hüterin unseres Geldwesens gefühlt hat, in ihr schlechtes Deckungsverhältnis hineingeraten ist. Durch die übermäßige Kreditgewährung im einzelnen, und durch ihre Diskontpolitik und als Konkurrentin der Kreditbanken im ganzen! S. 103.

Wir haben bisher keinen konzentrierten Goldbestand von genügender Höhe, weil die Reichsbank die Aufgabe der Zeit nicht erkannt hat, weil sie sogar die alten Mittel, über die sie verfügte, statt zur Goldbeschaffung zur Kreditgewährung verwendet hat, geschweige denn, daß sie dafür gesorgt hätte, rechtzeitig neue Mittel der Goldbeschaffung in dem Stile anzuwenden, der allein Erfolg verspricht. S. 133.

... Wenn es nicht anders ginge, wäre es ernsthaft zu überlegen, ob die verhältnismäßig kleine Last des Zinsendienstes für eine Währungsanleihe in Höhe von sagen wir einer Milliarde für die Volkswirtschaft als Ganzes nicht weit erträglicher wäre, als die Unruhe und der Druck der vermeidbaren Diskonterhöhungen in normaler Zeit und die ungenügende Rüstung unseres Geldsystems für außergewöhnliche Zeiten. S. 134/135.

...Länder mit Zentralbanken sollen Länder mit systematischer Geldverwaltung sein. ... Der bekannte Versuch der Reichsbank, die Quartalsanspannung durch spezifische Lombardverteuerung zurückzuschrecken, war plump und ungeschickt, weil er einen volkswirtschaftlich so tief begründeten Vorgang durch einen so kleinen und äußerlichen Druck beseitigen wollte. S. 166.

Der selbständige Geldmarkt ist gerade mit der Eigenwilligkeit seiner Zinsbildung ein überaus wichtiger, *konstitutioneller Teil unseres Wirtschaftssystems,* der sich zwar wie alles im Laufe der Zeit ändert und geändert hat und der seine heutige Bedeutung einmal verlieren kann, an dem man aber nicht wegen kleiner Erschwerungen der Zentralbankpolitik herumoperieren darf, als wenn es ohne ihn besser ginge. Vom Standpunkt einer bureaukratischen Reichsbankverwaltung mag es ordnungsgemäßer scheinen, den unbequemen Geldmarkt von oben her ein für allemal zu reglementieren, statt in sein mit vollem Sachverständnis beobachtetes Leben mit den seiner eigenen Technik entnommenen Methoden regulierend einzugreifen, ohne ihn zu lähmen. Aber den Geldmarkt von der Reichsbank abhängig machen, weil sich die Reichsbank nicht hat liquide halten können, heißt ein wertvolles Organ des Wirtschaftskörpers künstlich zur Erstarrung bringen, ... S. 182.

Gewiß, die Voraussetzungen der Diskontpolitik haben sich quantitativ und qualitativ geändert, aber *veränderte Voraussetzungen* der Diskontpolitik heißen nicht *Unmöglichkeit* der Diskontpolitik. ... S. 192.

...Sie treibt *Politik der direkten Kreditierung,* statt mit einem repräsentativ geltenden, möglichst niedrigen Diskontsatz *indirekte Zinspolitik* zu treiben. Oder besser, sie treibt beides: ausgedehnte direkte Geschäftstätigkeit und gleichzeitig niedriger Diskont trotz verschlechterter Liquidität. S. 196.

...Und es dürfte auch die Zeit nahe sein, wo die tatenlustigen Bearbeiter der immer wieder angekündigten Privatwirtschaftslehre müde werden, über Methoden zu streiten, in mathematischen Formeln oder organischen Vergleichen die Wissenschaftlichkeit zu erblicken oder mit demselben Ehrgeiz echter Wissenschaftlichkeit die öde Unergiebigkeit der bloßen monographischen Darstellung eines Betriebes aus dem heutigen Dissertationsbetrieb zu übernehmen. So bereitet sich auf diesem Gebiet ein großer Umschwung in unserer wirtschaftswissenschaftlichen Ausbildung sichtbar vor, der uns eines Tages mit seinen Resultaten verhältnismäßig schnell überraschen kann. Aber für die Gegenwart wissen wir von den wirklichen Tatsachen der Kreditverwendung und Kreditüberspannung noch außerordentlich wenig, was über die Kenntnis der Bankbilanzen hinausgeht. Was aber die Leiter der Banken im geheimsten Inneren über die Sicherheit ihrer verschiedenen Konten denken, steht bekanntlich nicht dabei.

... Die Großbanken sind Partei, man kann ihre Autorität als befangen ablehnen. Aber die Reichsbank ist auch Partei, denn sie will die Kreditbanken zur Erhöhung der Kassenbestände veranlassen... Die Reichsbank ist namentlich nicht schon deshalb die beste Autorität, weil sie die Reichsbank ist. Daß die Zentralbank durch ihr großes Wechselgeschäft eine besonders genaue Kontrolle des ganzen Kreditgebarens ausüben kann, gehört allerdings zu dem alten Bestande der Bankliteratur. Aber ist diese Kontrolle der Volkswirtschaft durch das Wechselgeschäft der Zentralbank nicht wesentlich eine Legende? Die Verschlechterung des Status der Reichsbank seit der Mitte der neunziger Jahre beweist eigentlich, daß man ihrer Autorität in Konjunkturfragen nicht unbedingt trauen darf. Der Umfang ihrer Wechselankäufe und ihres Wechselportefeuilles genügt zu einer wirksamen Diskontpolitik, reicht aber doch kaum aus, um ihr ein besseres Urteil über die allgemeine Kreditsituation zu geben, als es die Großbanken haben. S. 212/213.

Daß nur für kurze Zeit verfügbares Kapital nur für kurzen Bedarf verwendet werden darf, daß alles dauernd benötigte Kapital auch dauernd gesichert sein soll, gehört freilich zu den volkswirtschaftlichen Wahrheiten, die in ihrer elementaren Selbstverständlichkeit als die Bauernregeln des XIX. Jahrhunderts gelten können. ... S. 219.

... Das durch Banknoten und Depositen gewonnene Kreditgeldkapital der Banken ist das Schulbeispiel für kurzfristiges leihbares Kapital, die Ersparnisse, die eine dauernde Anlage finden sollen, der entsprechende Fall für langfristiges Kapital. Diese einfache Überlegung zeigt nebenbei, wie verkehrt es für die Länder mit entwickelter Bankverfassung ist, wenn die theoretische Nationalökonomie noch immer die veralteten Sätze fortschleppt, daß das neue Leihkapital nur aus Ersparnissen entsteht und daß der Kredit kein Kapital erschaffen könne. ... S. 220.

... Eine Krediteinschränkung aber, die nur unternommen wird, um den Barbestand der Zentralbank nachzufüllen, und die umfangreich genug ist, um diesen Zweck zu erfüllen, wäre das, als was wir sie in unserem ersten Aufsatz gekennzeichnet haben: eine volkswirtschaftliche Eisenbartkur. S. 231.

Der Grundfehler in der Betrachtung des Reichsbankpräsidenten und aller derer, die unsern Kapitalexport und unsere Auslandsgelder einfach gegeneinander aufrechnen, ist eine zu uniforme Schematisierung des komplizierten Ineinanders der entwickelten Weltwirtschaft. Man macht einfache Rechnung von Aktiva und Passiva gegen *das* Ausland. Damit fertig! Schuld ist Schuld! Ausland ist Ausland! S. 259.

... Der Kapitalismus schwächt gleichzeitig, wo er mächtig macht. ... S. 260.

... Eine Diskontveränderung der Reichsbank sucht die automatische Bewegung des kurzen internationalen Kapitals zu beeinflussen. Ihr Devisenportefeuille und ihre Auslandsguthaben gestatten eine unmittelbare Veränderung der internationalen Verschuldung ohne Veränderung des Leihsatzes. ...

Die *dauernde volkswirtschaftliche Bedeutung* der Auslandsgelder liegt natürlich in einem Ausgleich der Zinssätze der zentralen Geldmärkte. ... S. 263.

... Was die Banken gegen das Ausland tun, macht das Publikum ihnen nach. S. 268.

Das Hauptprogramm für die Reform unseres Kapitalmarktes heißt Entwicklung und nicht Verknappung seiner Mittel. S. 271.

Aber wir wollen der Reichsbank und ihrem literarischen Vertreter nicht die volle Verantwortung für etwas aufbürden, woran auch die Wissenschaft ihren Teil Schuld trägt, und wobei im letzten Grunde die Entstehungsgeschichte unserer ganzen Bankliteratur mitbeteiligt ist.

... und Herr v. Lumm bekennt sich ausdrücklich zu der Auffassung, daß eine Verpflichtung der Reichsbank, den übrigen Banken im Falle einer Kalamität zu Hilfe zu kommen, nicht anzuerkennen sei. So ist alles umsonst gewesen, was die Wilson und Bagehot in England, was A. Wagner in Deutschland über diese Dinge geschrieben hat. ... S. 278.

Der Natur der Sache nach ist die *Anlagedeckung der Banknoten im Kriege* eine andere als im Frieden.

Zunächst einfach darum, weil der *Warenwechsel*, der bei uns als Friedensdeckung erstrebt wird, im Kriege seinen wirtschaftlichen Charakter ändert. ... S. 330.

... Deswegen ist es durchaus zu rechtfertigen, wenn man verlangt, daß die Zentralbank in einer Zeit, wo auch der Warenwechsel die Eigenschaften des Finanzwechsels bekommt, ausgesprochene *Finanzwechsel* ruhig nehmen soll. ... S. 331.

... Auch der Gläubiger muß in einem großen Kriege zu seinem Recht kommen und die möglichste Verfügung über sein Kapital behalten. Aber es wird bei einem künftigen schweren Kriege so etwas wie eine *Dienstpflicht der Geldbesitzer* geben. Die kriegsmäßige Verfügbarkeit der Bankkassen usw. wird im Falle der Not anders sein als die friedensmäßige Verfügbarkeit, damit ein allgemeiner Zusammenbruch unserer Wirtschaftsorganisation vermieden wird. Eine kleine Pflicht gegenüber der Pflicht, mit Leib und Leben für das Vaterland einzustehen. S. 339.

Es ist unmöglich, dem Wirtschaftssystem der Gegenwart seine besonders große Empfindlichkeit gegen den Krieg zu nehmen. Aber es ist möglich, ihm eine solche Widerstandsfähigkeit zu geben, daß seine Empfindlichkeit nicht zur politischen Ohnmacht führt. S. 345.

Wie jedes Resultat, so hat auch das Ergebnis dieser Aufsätze ein positives und ein negatives Gesicht.

Das Positive überwiegt, aber das Negative darf auch bei der abschließenden Zusammenfassung nicht vergessen werden.

Es ist eine Kritik der Reichsbank. Eine Kritik ihrer Einrichtungen; eine Kritik der Handhabung dieser Einrichtungen; eine Kritik ihrer Reformaktion und eine Kritik der Persönlichkeiten, die sie leiten.

Bei der *Handhabung ihrer Mittel* hat sich die Reichsbank zu sehr von dem Ideal des niedrigen Zinses bestimmen lassen, im Interesse der ganzen Volkswirtschaft und — im Interesse des Kurses unserer Staatspapiere. ... S. 347.

... Und die Unterlassungen bei der Reorganisation der Bankverfassung, die Fehlgriffe in der Handhabung der Mittel, die formalen und materialen Ungeschicklichkeiten bei der Durchführung der neueren Reformaktion sind nicht die Handlungen einer unpersönlichen Institution, sondern die persönlichen Taten derer, die bei der Reichsbank die Entscheidung haben und die Unterlagen für diese Entscheidung vorbereiten. S. 348.

Die künftige Diskontpolitik muß straffer sein, eine Wiederholung der übermäßigen Kreditgewährung muß ausgeschlossen bleiben. ... S. 352.

Die *nationale Geldverwaltung* ist die Hauptfunktion der Reichsbank, ihre ganze Geschäftstätigkeit ist danach zu orientieren. S. 353.

Revision der Stellung der Zentralbank im Banksystem heißt also Verzicht auf die materiale Leitung der Kreditinstitute und damit *Verzicht auf die Herrschaft über den Geldmarkt.* Dazu ist die Reichsbank auf die Dauer nicht berufen. S. 356.

Der Krieg und die Volkswirtschaft

(1915)

... *Krieg erzeugt Wirtschaft, Wirtschaft Krieg.* S. 13.

So empfängt tatsächlich die ganze Weltwirtschaft mit voller Wucht den Stoß des drohenden, des kommenden Weltkrieges. Überall Ende Juli wilder Kursfall, überall vom 27. bis 30. Juli Einstellung des Börsenverkehrs. Überall Kreditkündigungen, überall starke Kreditansprüche, Kreditnot, vielfach Moratorium. Überall wilde Zahlbewegungen von Land zu Land. Man will die Guthaben in sicherere Länder verlegen, ohne auf den langsamen Geldtransport warten zu können. Man kauft um jeden Preis Wechsel oder Schecks. Überall sprunghafte unregelmäßige Schwankungen der Wechselkurse. S. 28.

Es wäre unvorsichtig zu glauben, daß dieser furchtbare Stoß gegen das Geld- und Kreditsystem der Weltwirtschaft nicht wiederkommen könnte. ... S. 30.

... Durch die Zerreißung des Weltverkehrs bilden sich isolierte Gebiete des Mangels und des Überflusses, *Gebiete mit Tiefpreisen* und Gebiete *mit Hochpreisen.* S. 34.

Das kommende Bild der Weltwirtschaft ist also auf jeden Fall auf Jahre hinaus recht dunkel und kann unter Umständen sehr schwarz und trübe werden. Schlimm für die Neutralen! ... S. 40.

Das deutsche Heer dieses Krieges ist *die größte Verbrauchswirtschaft, die die Welt je gesehen hat.* ... S. 52.

Solange es Kriege gibt, gab es Kriegslieferungen und Lieferantengewinne; das ist von je her eine der stärksten Quellen des privaten Reichtums gewesen. S. 55.

Havenstein verdient dafür, daß er in so kurzer Zeit die Widerstandskraft der Reichsbank so entscheidend gestärkt hat, den Namen des „Reichsgeldmarschalls", den ihm der Börsenwitz scherzhaft gegeben hat. Dabei ist es ein besonderes seltenes Verdienst gewesen, daß er es verstanden hat, eine rücksichtslose offene Kritik richtig aufzunehmen und seinen Plan auf Grund der kritischen Einwürfe entsprechend zu ändern. Und wir dürfen darum mit Stolz hervorheben, daß die Wissenschaft diesem Geldmarschall als Generalstab zur Seite gestanden hat. S. 74.

Das Geld macht man sich schlimmsten Falles. Das haben wir bei Beginn des Krieges getan, und wir haben gesehen, daß uns das von Nutzen gewesen ist. Wir verstehen es heutzutage, auf Grund einer guten Bankverfassung sicheres Papiergeld zu machen. Man tut das Geld in die Volkswirtschaft hinein, die sich selbst genügt und holt es durch Steuern und Anleihen wieder heraus, damit es nicht zuviel wird, und gibt es dann von neuem aus. So hält es das Wirtschaftsleben in Gang und wird immer wieder frei und gibt dem Reich Mittel für den Krieg. Nicht auf das Geld kommt es an, sondern auf das, was die Arbeit der Nation hergeben kann, und unsere große Aufmerksamkeit muß sein, daß keine mögliche Arbeit ungetan bleibt, daß keine verwendbare Arbeitskraft brachliegt, daß nichts überflüssig hergestellt und nichts unnütz vergeudet wird. ... S. 105.

Volkswirtschaftlich gesehen ist die tiefste Einwirkung des Krieges die *Erschütterung aller Werte.* ... S. 108.

... *Die nachhaltige Dauer der wirtschaftlichen Wirkungen des Krieges mit ihren schnell auftauchenden und schnell zu behandelnden Aufgaben wird uns eine fortgesetzte nationale Erziehungsperiode bringen, wo wir wenig reden und viel handeln und durch den Zwang der Geschichte die neue Einheit von Wirtschaft und Staat auch in die Zukunft erhalten.* S. 134.

Am wenigsten waren die Eingriffe des Staates in die Volkswirtschaft vorbereitet. Sowohl für die „Stützungspolitik", wie für die „Regelungspolitik" fehlten die festen Grundsätze. S. 149.

Und überall mußte man, schematisch gesehen, zwei Reihen von Maßregeln bereithalten: *Eingriffe bei leichter Störung und Eingriffe bei schwerer Störung.*

Beim Warenmarkt heißt das etwa: bei leichter Störung des Lebensmittelmarktes Höchstpreise, Vorratsbildung und Vorratsverteilung; bei schwerer Störung Verstaatlichung der wichtigsten Lebensmittel. Beim Arbeitsmarkt: bei leichter Störung Arbeitsnachweis und Arbeiterunterstützung; bei schwerer Störung umfangreiche Notstandsarbeiten. Beim Häusermarkt: bei leichter Störung Mietzuschüsse; bei schwerer Störung liquide Ersatzeinnahmen für die Hausbesitzer, um den Hypothekenmarkt zu sichern. Auf dem Kapitalmarkt: bei leichter Störung große Kreditbereitschaft; bei schwerer Störung zeitgemäßes Moratorium. S. 150.

Wie war der Markt zu beherrschen? Die Kriegsverwaltung mußte die Herrschaft über den Markt bekommen, den die Friedensverwaltung wesentlich sich selbst überläßt.

Das wäre 1870 ein ganz unerhörter Gedanke gewesen. Heute ist er uns selbstverständlich, weil uns die Zeit der Kartelle und Trusts daran gewöhnt hat, daß man überall nach *„Herrschaft über den Markt"* strebt. Die Vereinigungen der Produzenten tun es im privaten Interesse. Die Kriegsverwaltung muß es zum allgemeinen Nutzen tun.

Wie kann man den Markt beherrschen? Es gibt absoluten und relativen Marktzwang. Absoluter Marktzwang durch völlige Monopolisierung, indem man mehr oder weniger tiefgreifend nur die auf den Markt kommende Ware oder auch die Herstellung selbst oder sogar die Verbrauchszuteilung in Alleinbetrieb nimmt. Relativer Marktzwang, indem man bestimmend in die Preisgestaltung eingreift und dazu noch einen Teil der Marktvorräte in seine Hand bringt, um durch die Verwendung dieser Vorräte die Versorgung weiter zu leiten. Kartelle und Trusts streben schon im Frieden nach einem absoluten Marktzwang, während die Reichsbank mit ihrer Diskontpolitik im Frieden ein besonderes System des relativen Marktzwanges versucht. S. 159/160.

Über die Verstaatlichung ist nicht mehr zu streiten: die *Verstaatlichung ist beschlossen, also ist sie gut.* ... S. 167.

... *Die zunehmende Staatstätigkeit der Volkswirtschaft* ist an der Tagesordnung. *So soll es in den Frieden hinübergehen.* S. 172.

Wir dürfen das Beispiel aufnehmen. Seit 1789 hat es in der Welt keine solche Revolution gegeben, wie die deutsche Revolution von 1914. *Die Revolution des Aufbaus und des Zusammenschlusses aller staatlichen Kräfte im 20. Jahrhundert gegenüber der Revolution der zerstörenden Befreiung im 18. Jahrhundert.* ... S. 173.

... Rückkehr zur vollen Goldwährung sollte zweckmäßiger Weise nicht in Frage kommen und würde auch nur wenige Milliarden beanspruchen. S. 182.

Was wir aber brauchen, sind die Aktien und Anteilscheine von Eisenbahnen und Hafenanlagen, Bergwerken und Fabriken, Stauwerken usw. in der Türkei und in China, am Kongo, bedingungsweise in Südamerika usw. Daneben Staatspapiere der uns nächstbefreundeten Mächte. ... S. 184.

Die Prognose der inneren Wirtschaftskonjunktur und ihre fortschreitende Veränderung muß gleichfalls die große Wichtigkeit aller Fragen des Kreditsystems betonen. Erst nach dem Kriege wissen wir, wie unsere Banken wirklich stehen. Sie werden auch nach dem Kriege ganz zweifellos durchhalten. Es fragt sich nur, was für Maßregeln dafür angewendet werden müssen. S. 196/197.

Grundlegung der vergleichenden Wirtschaftstheorie

(1917)

...Es erscheint darum nunmehr zweckmäßig, daß „1789 und 1914“ als vorläufigen *Versuch einer vergleichenden Ideenlehre* möglichst eine *„Grundlegung der vergleichenden Wirtschaftstheorie“* gegenübergestellt wird, damit mein altes Programm „Marx und Hegel“ gewahrt bleibt und neben dem Idealismus auch der Realismus zu seinem Recht kommt. ... S. 39.

...wenn bei *Ricardo* und seiner Schule die kosmischen Gesetzlichkeiten *Newtons* etwas verspätet, aber um so nachdrücklicher ihre wirtschafts-theoretische Nachwirkung in dem freien Gleichgewichtsspiel der gegeneinanderstrebenden Kräfte des Marktes fanden und zu der Aufstellung von Preis-, Lohn- und Zinsgesetzen führten, so steht eine ganz ausdrücklich als solche erstrebte Darstellung der *Entstehung der Volkswirtschaft* unter dem Zeichen *Darwins.* S. 40.

..Denn wenn die Einsicht in die Entwicklung auf menschlich-gesellschaftlichem Gebiete letzthin vor allem Einsicht in das Wesen von Organisationsformen wird, die aus schöpferischem Geist geschaffen und durchgesetzt sind, so wird man nur zu leicht zu der Überzeugung kommen, daß die Entwicklung dieser Wirtschaftsformen mit der Entstehung der Volkswirtschaft kaum an ihrem Ende ist. ... S. 41/42.

...Der „Panökonomismus der Theorie“, wie *Jerusalem* das ganz bezeichnend genannt hat, entspricht nur dem Panökonomismus der Praxis. S. 43.

...Denn es gibt keine „wertfreie Nationalökonomie“ und keine „wertfreie Soziologie“. Es gibt kein Denken über die menschliche Gesellschaft, das nicht Arbeit für die menschliche Gesellschaft wäre und sich vor sich selbst als diese Arbeit rechtfertigen müßte. ... S. 44.

...Aber es kommt notwendig der Augenblick, wo auch diese verschiedenen menschlichen Organisationsarten wie alle andern Teile des Lebens erkannt und benannt sein wollen. ...

Die Entstehung der *Organisationsarten* geht uns selbst noch sehr viel näher an, als die Entstehung der *organischen Arten.* S. 53.

So steckt in der Unterscheidung der Organisationsarten von den organischen Arten in der Tat ein grundlegender Unterschied, der uns daran denken läßt, daß Geistes- und Gesellschaftswissenschaft notwendig *politische Wissenschaft* ist und damit noch etwas mehr, als wenn man betont, daß sie notwendig *Wert*maßstäbe anwendet, um die Wichtigkeit der verschiedenen Tatsachen zu bestimmen. ... S. 54/55.

... Ja, in der Notwendigkeit, diesen schnellen Organisationswechsel zu begreifen und auf die Dauer zu meistern, liegt gegenwärtig die höchste Rechtfertigung für eine Beschäftigung mit der vergleichenden Theorie der wirtschaftlichen Organisationsformen. Es ist die geschichtliche Probe dieser Theorie, ob sie uns unsere gegenwärtige Organisationsaufgabe erleichtern kann. S. 56.

Damit offenbart sich das Doppelgesicht der Organisationsarten, die einerseits dauernde, auch zeitlich überindividuelle, arthafte Lebenszustände sind und doch andererseits im größeren Gesamtleben der Gesellschaft als untergeordnete vorübergehende Durchgangsstufen erscheinen. Sie wirken anders, ob man sie *orthoskopisch* als Einzelindividuum oder *makroskopisch* als Soziologe betrachtet. S. 59.

Alle solchen geschichtlichen Organisationsformen oder Gesellschaftsstufen bekommen damit ein wichtiges Merkmal, das für ihr wirkliches Verständnis niemals vergessen werden darf. Sie sind ihrer Natur nach *metamorphisch:* Dauer im Übergang, Übergang in der Dauer! ... S. 60.

... Die einzelne Organisationsart wird so in ihrer besonderen Entstehung erklärt und das *„Entwicklungsgesetz“* der aufeinanderfolgenden Organisationsarten gleichzeitig ausgesprochen. ... S. 62.

Es ist das einer von den Irrtümern, zu denen ein naturwissenschaftliches Zeitalter den unkritischen Nachahmer auf gesellschafts-wissenschaftlichem Gebiete verführen konnte. Solche starren Entwicklungsformeln sind innerlich durchaus ungeistig. Denn die gesellschaftliche Entwicklung geht nicht immer dieselbe Bahn, weil ihr die bewegliche Anpassungsfähigkeit und die plastische Gestaltungsfülle des Geistes in dem ganzen Reichtum seiner individuellen Kräfte zugrunde liegt. S. 62/63.

... Unser ganzer Begriff der eigentümlichen *Organisationsart* verschiebt sich sogar. Die besondere Ablaufsreihe, in der die gesellschaftliche Lebensordnung eines Volkes sich verändert, also das besondere „Entwicklungsgesetz“, unter dem eine Kultur zu stehen scheint, wird nun das eigentliche Merkmal, nach dem wir suchen müssen, um die besondere Eigenart eines Volkes als Geschichtsindividuum umfassend zu kennzeichnen. Die vorübergehenden Organisationszustände, die dabei im einzelnen nach diesem Entwicklungsgesetz durchlaufen werden, werden zu Unterformen. ... S. 63/64.

... *Geistesleben ist wesentlich Synthese: Unterwerfung zur Einheit und Zusammenschluß in der Einheit.* Gesellschaftsentwicklung ist darum wesentlich und durchgehend *Zusammengliederung*. Der äußere Ablauf des Geschichtslebens entspricht der Betätigung des in unserem Innern lebendigen Prinzips. S. 65.

Man kann sich ebenso wenig in den Vergleich mit den Lebensaltern ganz mehr hineinfinden, denn in dem Organisationsaufstieg der Menschheit wird das Erleben ganzer Völker zu einem kurzen Zwischenspiel. ... S. 66.

Man kommt schließlich aus erneuter Erfahrung auf die alte Auffassung zurück, daß das Leben der Natur eine reiche Auseinanderfaltung der verschiedenen Formen zeigt, aber das Leben des geschichtlichen Geistes die Richtung zur Einheit hat. S. 67.

... Es gibt also im engeren Sinne *volksgeschichtliche Organisationsstufen*, die sich vielleicht mannigfach gleichsehen können. Aber da, wo die lebendigste Wechselbeziehung der entscheidenden Zusammenfassungen oder der entscheidenden Auseinanderbrüche der Völker eintritt, sehen wir durchaus weltgeschichtliche Entwicklungszustände und *weltgeschichtliche Organisationsarten*. ... S. 68.

... Jede Wiederholung einer soziologischen Entwicklung ist darum abgewandelte Wiederholung und muß unter den Bedingungen dieser Abwandlung erfaßt werden. ...

Vor allem aber: die weltgeschichtliche Entwicklungsreihe hat keinen Abschluß! Bei der Organisationsreihe einer Volksgeschichte können wir an eine vollkommen abgeschlossene Entwicklung denken ... Eine unbekannte Zukunftsordnung, oder noch genauer, eine aufeinanderfolgende Reihe unbekannter Ordnungen, die einmal auseinander herauswachsen werden, bilden also den unsicheren Abschluß jeder vergleichenden Wirtschaftstheorie. Unbekannte Arten, die noch nicht geboren sind! ... S. 69.

Von außen gesehen ist die Weltgeschichte der Fortschritt in der planvollen Arbeit an der sozialen Organisation. S. 71.

... Die Geschichte wird so zu einer *subjektivistischen Impression*. Ein bunter Zug verwirrender Gestalten! Von Grund aus Einziges für den von Grund aus Einzigen! Oder auch zu einer ebenso *subjektivistischen Expression*. Ein Banner der *Werte* wird aufgesteckt, zu denen der einzelne Geschichtsschreiber sich bekennen zu müssen glaubt. ...

... Weder zwei *objektive* geschichtliche Lagen noch zwei *subjektive* geschichtliche Ansichten über dieselbe Lage können jemals völlig kommensurabel sein. S. 72.

Für die Theorie von den gesellschaftlichen Organisationsarten folgt daraus die Forderung, daß eine solche Theorie mit allen Mitteln unseres Denkens soweit auszubilden ist, als sie notwendig ist, um eine gesteigert vollständige gemeinsame Geschichtserkenntnis möglich zu machen oder doch zu erleichtern... Es ist die einzig mögliche Weise, die Veränderung des Gesellschaftslebens in seiner ganzen Vielseitigkeit einheitlich zu verfolgen, wenn wir von Zeit zu Zeit durch die ganze Breite der Geschichte eines Volkes oder eines Weltkulturzusammenhangs feststellen, wie sich die sämtlichen zusammenbestehenden Lebesverhältnisse verändert haben... Wir müssen das, was vorübereilt, vorübergehend als dauernd denken, um die Bewegung einer Entwicklung aller Lebensverhältnisse in ihrer Gesamtheit als *Bewegung* von *Zustand zu Zustand* und durch eine Folge solcher Zustände hindurch zu begreifen. S. 73/74.

...Eine solche *Geschichtsbehandlung der Bestandsaufnahme* des im Raume gleichzeitig vorhandenen und zusammenwirkenden ergibt aber ein gesellschaftliches Zustandsbild, das heißt eine Organisationsart oder eine Gesellschaftstufe. S. 74.

...Es gibt nicht nur *stabile* oder *stationäre* Gesellschaftsstufen, die sich zwar gewiß auch langsam weiter entwickeln, aber doch nur in einer allmählichen Umänderung die für die Mitlebenden kaum merklich ist, sondern es gibt auch *evolutionäre* und *labile* Gesellschaftsstufen, wo es zur Grunderkenntnis der Zeitgenossen gehört, daß ihre Zeit nicht stille steht, sondern im Eiltempo läuft. ... S. 76.

...Erst wenn wir den Blick zu einer die Erdzeitalter umspannenden Weite auszudehnen wissen, sehen wir Artenentstehung und Artenveränderung als den großen, immer bewegten Fluß des aufsteigenden Lebens... Und schließlich wird der eigentliche *Mutationszustand zum gesellschaftlich-organisatorischen Artzustand*. ... S. 77/78.

...Wie Tier und Pflanze die Form haben, die sie behalten, so haben die sozialen Verhältnisse jeweils ihre feste Form. ...

Innerhalb der festbleibenden Ordnung vollzieht sich für die Praxis des naiven Lebens das bunte Spiel der einzelnen Lebensschicksale mit all seinen Wechselfällen, Aufstiegen und Niedergängen. Aber die soziale Ordnung, in der der einzelne seinen Lebensweg im Hin und Her zu suchen hat, bleibt erhalten. ... S. 79.

...Der Fortschritt wird dann als der Geist der Zeit erfaßt, aber die Ordnung besteht auch im Fortschritt weiter und der Fortschritt wird ein Teil von ihr. ...

...Auch die *„Ordnung der Freiheit"* ist eine Ordnung. ... S. 80.

Während wir also von dem *geistigen Grundstandpunkt* der notwendigen Erkennbarkeit der geschichtlichen Entwicklung die unabweisbare methodische Aufforderung bekommen, Querschnitte durch die Entwicklung zu konstruieren, um Zustandsbilder zu gewinnen und durch Vergleich veränderter Zustände den Ablauf der sozialen Entwicklung zu erfassen, gibt uns die *lebendige Organisationspraxis* aller geschichtlichen Gegenwart und insbesondere unserer geschichtlichen Gegenwart die Gewißheit, daß es Zeiten gibt, die Form in sich haben, und daß also die notwendigen Querschnitte so gelegt werden müssen, daß die Zeiten der deutlich ausgeprägten gesellschaftlichen Lebensformen möglichst klar herauskommen und die Abwandlung von natürlicher Form zu natürlicher Form dann in einleuchtender Deutlichkeit verfolgt werden kann. S. 83.

Vor dem *Darwinproblem* der Entstehung der Arten steht das *Linnéproblem* der Bestimmung und Einteilung der Arten.

Wenn also als letztes Ziel die Entstehung der wirtschaftlichen Organisationsarten darzustellen ist, so ist die *erste* Frage, woran unterscheidet man die Arten, die *zweite* Frage, die nahe damit zusammenhängt, wieviel Arten lassen sich unterscheiden, die *dritte* Frage, wie haben sich diese Arten ausgebreitet, wo und wann kommen sie vor, die *vierte* und *fünfte* Frage endlich, wie ist der Stammbaum der Arten zu ordnen und wie ist die Umbildung der Arten im einzelnen und im ganzen zu erklären. ... S. 84.

... Daß es so sein wird, ist schon darum wahrscheinlich, weil die Fragen unserer Gegenwart und unserer Zukunft wesentlich die höchste organisatorische Zusammenfassung von Staat und Wirtschaft betreffen. Aber wir halten uns zunächst im Rahmen der gewohnten, wesentlich gesellschaftlichen Auffassung, daß das Wirtschaftsleben neben dem Staat seine eigenen Organisationsformen entwickelt. ... S. 85.

... Der Wirtschaftsgeist einer Zeit muß sich in dem Wirtschaftskörper dieser Zeit verraten, den er sich gebaut hat, wenn wir ihn in sachlicher Beschreibung festhalten sollen. ... S. 86.

Organisationsarten organisieren Menschen mit irgend einem Organisationsmittel und gliedern ihr Zusammenwirken in einen Organisationskörper aus, in dem die verschiedenen Organe ihre besonderen Funktionen im Dienst des Ganzen haben. Wir haben also *erstens* den *Menschen* innerhalb einer Organisationsart sozusagen als das hervorstechendste Einzelorgan dieser Organisation, wir haben *zweitens* das *Organisationsmittel*, das die Organisation zusammenhält, wir haben *drittens* den ganzen *Gliederbau des ganzen Organisationskörpers* mit den Unterschieden aller Organe und aller ihrer Tätigkeiten ... Der Vergleich leitet sehr weit. Bei den Organisationsarten ergibt das erste Merkmal eine Unterscheidung der Gesellschaftsstufen nach dem wichtigsten Mannesberuf einer Periode, das zweite Merkmal eine Unterscheidung nach der Art des Geldgebrauchs, das dritte eine Unterscheidung nach dem gesamten Aufbau und dem gesamten Prozesse des Wirtschaftslebens, wobei mehr noch wie der *äußere* Umfang die *innere* Gliederung des Wirtschaftskörpers in Frage kommt. S. 86/87.

... Es ist ein falscher und einseitiger Übereifer, daß die Theorie von dem Hirten, Ackerbauern usw. oder die Theorie von der Natural-, Geld- und Kreditwirtschaft deshalb zum alten Eisen geworfen werden soll, weil die Gegenüberstellung von Haus-, Stadt- und Volkswirtschaft schon jetzt so viel vollständigere Vergleiche in den verschiedensten Teilen des Wirtschaftslebens möglich gemacht hat ... Was in den Dingen selbst liegt, läßt sich immer nur vorübergehend unterdrücken und drängt auf die Dauer die Vorherrschaft einer einseitigen Theorie immer wieder beiseite. S. 87.

... Lists Seherauge hat immer das große lebendige Kräftesystem der nationalen Volkswirtschaft vor Augen, die er zu einer ausgeglichenen Vollentwicklung steigern will. „Agrikultur", „Manufaktur" und „Handel" sind für ihn so die besonderen Kraftsysteme, die da sein müssen, damit das allseitig ineinandergreifende Vollsystem der Volkswirtschaft in allen seinen Teilen das höchste Maß von befruchtender Wechselwirkung erreicht. List hat also die Theorie von den Mannesberufen vollkommen ins *„Makroskopische"* umgesetzt, um von dem hohen Standpunkt einer für das Wohl der ganzen Nation sich verantwortlich fühlenden Entscheidung ein Urteil über die vergleichsweise Bedeutung der verschiedenen großen Wirtschaftsinteressen fällen zu können. ... S. 87/88.

... Eine Summe natürlicher Lebensweisheit wird darin zusammengefaßt: die Menschen leben und wirtschaften verschieden, und mit der Verschiedenheit ihrer Wirtschaft ändern sich alle ihre Sitten und ihre ganze Geistesart ... (man denke dafür immer nur an Sokrates, den Handwerker mit der ständigen Wiederholung der Moral der Arbeitsteilung, daß jeder seine besondere Kunst verstehen soll!), ... S. 90/91.

... Diese Endliquidation der Naturalwirtschaft stellte Naturalabgaben und Geldgebrauch einander scharf gegenüber und ließ z. B. auch *Hoffmann* von einer Zeit der „Geldwirtschaft" sprechen. Die *zweite* große zeitgeschichtliche Voraussetzung war einerseits die zunehmende Entwicklung des Bankwesens und die lebhafte Erörterung bankpolitischer Fragen in den vierziger bis sechziger Jahren ebensowohl in Deutschland, wie in England und Frankreich, andererseits die Kreditphantasien des französischen Sozialismus, namentlich bei den *St. Simonisten* und ganz vor allem bei *Proudhon* mit seiner Forderung der Tauschbank und des zinslosen Kredits. Daraus erhob sich für *Bruno Hildebrand* das Phantasiebild einer möglichen, wenn auch noch nicht wirklichen „Kreditwirtschaft", die die meisten sozialen Übel der Sondereigentumsordnung beseitigen sollte. ... S. 92.

... Will man alle Funktionen des Geldes *in einem* nennen, so ist das Geld *das Mittel der wirtschaftlichen Zusammenfassung*, und damit das Mittel der Wirtschaftlichkeit schlechthin, weil Wirtschaften in der zusammenfassenden Entscheidung und Verfügung über Werte besteht. Die *äußere* wirtschaftliche Zusammenfassung erfolgt von Wirtschaft zu Wirtschaft durch Kauf und Verkauf, Leistung und Zahlung, die *innere* wirtschaftliche Zusammenfassung in der durch Zahlen und Schrift unterstützten Rechnung über die wirtschaftlichen Werte und in der Vereinheitlichung alles wirtschaftlichen Strebens durch das allgemeine und überwiegende Streben nach einer möglichsten Menge eines allgemein anerkannten Wertgutes. Hier Tauschmittel und Wertaufbewahrungsmittel, dort Preis- und Wertmesser und allgemeines Wirtschaftsziel: so entfaltet das Geld überall dieselbe *synthetische* Kraft und offenbart damit seine von Grund aus geistige Natur. Deshalb treffen Unterscheidungen der wirtschaftlichen Organisationsarten nach dem Geldgebrauch das Wirtschaftsleben in seinem innersten Kern, weil Geld das wirtschaftliche Organisationsmittel schlechthin ausmacht. S. 94.

... Dann erhalten wir den Ansatz: einfache Geldwirtschaft — gesteigerte Geldwirtschaft = *einfache Geldwirtschaft — Kapitalwirtschaft. Einfache Geldwirtschaft* ist eine Wirtschaft, wo das Geld seinen Dienst als äußeres Bindemittel von Wirtschaft zu Wirtschaft erfüllt und innerhalb der Einzelwirtschaft als bereite Handkasse oder stilliegender Schatz im wesentlichen nur ruhig auf seine gelegentliche Verwendung wartet. *Kapitalismus* ist eine Geldwirtschaft, wo das Geld auch das ganze Innere der Einzelwirtschaft durchdringt, die ihren ganzen Wirtschaftsbestand als den in seiner Bewegung zu erhaltenden Gegenwert eines in die Wirtschaft hineingesteckten Geldkapitals ansieht, dieses Geldkapital in allen seinen Veränderungen buchhalterisch genau verfolgt, es auf möglichsten Gewinn hin mit spekulativem Weitblick bewirtschaftet und darum bei jedem einzelnen Geschäftsvorgang, auch wenn es sich um Menschenkräfte handelt, die genaueste Geldkostenrechnung anstellt. Eine besondere Seite der kapitalistischen Wirtschaft ist natürlich die ausgesprochene Wirtschaft mit Leihkapital und die Entwicklung einer großen Bank- und Kreditorganisation, so daß „Kapitalwirtschaft" in der Tat von einer Seite her *auch* „Kreditwirtschaft" ist, freilich eine ganz und gar unutopische Kreditwirtschaft, während demgegenüber die Zeiten der einfachen Geldwirtschaft noch sehr unentwickelte Kreditverhältnisse haben. S. 94/95.

1. Der Versuch, die wirtschaftlichen Organisationsarten nicht nach dem Geldgebrauch, sondern nach der Güterbewegung zu unterscheiden, und gleichsam die verschiedene Ausbildung des wirtschaftlichen *Stoffwechseltrakts* mit der Reihe seiner Organe und Funktionen von Stufe

zu Stufe zu vergleichen, führt nicht so tief, wie die Unterscheidung nach der Art der Geldbenutzung. ... S. 95.

... Man konnte endlich erwarten, daß man bald dazu übergegangen wäre, die ganze Weltgeschichte nach eigenartigen Wirtschaftsstufen und Organisationsformen zu durchforschen, und daneben alle vom europäischen Kapitalismus noch nicht ganz ergriffenen Wirtschaftsgebiete mit erhaltenen älteren Wirtschaftszuständen im Sinne der vergleichenden Wirtschaftstheorie sorgfältig zu beschreiben. ... S. 97.

... Eine größere kulturgeschichtliche Blindheit als die Annahme, die Kultur der klassischen Mittelmeervölker auf der Höhe ihrer politischen Kämpfe sei im wesentlichen Hauswirtschaft gewesen, läßt sich ja kaum ausdenken ... Wer sie aber als geschulter Philologe wiederholen will, muß dem Dichten und Denken der Antike ebenso fremd gegenüberstehen, wie ihrem politischen Willen und Handeln. ... S. 493/494.

Nach dieser Ausscheidung der Wirtschaft der Naturvölker wird der Vergleich der alten Theorien scheinbar ganz außerordentlich übersichtlich. Es bleiben drei einfache dreigliedrige Reihen

	I.	II.	III.
A.	Ackerbauer	Ackerbauer — Gewerbsleute	Ackerbauer — Gewerbsleute — Händler
B.	Geldlose Wirtschaft	Geldwirtschaft	Kapitalismus
C.	Hauswirtschaft	Stadtwirtschaft	Volkswirtschaft

S. 498.

... Jede deutsche Stadt mit geschichtlicher Vergangenheit kann uns noch heute irgendwie die Bauringe dieser großen Kulturschichten zeigen, namentlich etwa eine Stadt wie Münster, ... S. 499.

... Für *Friedrich List* aber, der seine Gedanken wieder aufnahm, war die ganze Stufentheorie so sehr Nebensache und bloße Einleitung für seine Forderung einer allseitigen Entwicklung der nationalen Produktivkräfte, die ihn mit der sorgsamen Staatswirtschaft des 18. Jahrhunderts verband, weil sie auch die Produktivkräfte, wenn auch aus zu enger fikalistischer Ansicht gepflegt hatte, daß er durch diese zweifellos vorhandene Ähnlichkeit seines nationalen Kapitalismus mit der Staatswirtschaft über den Unterschied der Zeiten leicht getäuscht werden konnte ... Er hätte zustimmen können, daß diese *weltpolitische Merkantilperiode* ihrer innerstaatlichen und gesellschaftlichen ökonomischen Struktur nach in eine Periode der Staatswirtschaft, in eine Zeit des Kapitalismus und vielleicht in Zukunft in eine Zeit des nationalen Sozialismus zerfallen kann. Er hatte daraus gelernt, und dann doch als die Hauptsache betont: solange die weltpolitische Struktur dieselbe bleibt, setzen sich dieselben wirtschaftspolitischen Grundaufgaben einer Nation immer wieder durch. Das ist der eine große Punkt, auf den es ankommt. Auch euer Nationalsozialismus der Zukunft muß Handelspolitik treiben und daneben Agrarpolitik und Gewerbepolitik. Damit hätte Friedrich List recht, wenn es auch die Sache nicht erschöpft. S. 500/501.

Bei der alten *Hildebrandschen* Theorie liegt der Fehler natürlich an der entgegengesetzten Stelle. Mit ihrer *Kreditwirtschaft* sucht sie die Eigenart des 19. Jahrhunderts zu packen, und wenn man Kreditwirtschaft in *Kapitalismus* umdenkt, ist die Aufgabe gelöst. Aber die einfache Geldwirtschaft blühte doch zum mindesten schon im 15. Jahrhundert. Was liegt also zwischen Geldwirtschaft und Kreditwirtschaft? ... S. 501.

... Aber Bücher hat von Marx so gut wie nichts gelernt, weder die expansive Entwicklung des Kapitalismus, noch die Unrast des Klassenkampfes klingt in das geruhige Stilleben der „Entstehung der Volkswirtschaft“ herüber ... Aber Bücher war in seiner Freude an kleinen Handwerksfragen usw. so blind gegen die moderne Technik, wie er vollständig blind für die bewegte Konjunkturschwankung des Kapitalismus gewesen ist. Solche großen Vorgänge kann er nach der Anlage seines Auges nicht sehen, und so zog er sich auf das kritische Ergebnis der Prähistoriker zurück, daß veränderte Technik nicht gleich veränderte Kultur bedeutet, Steinzeit und Eisenzeit nicht große Epochen des Gesellschaftslebens bedeuten. ... S. 502.

... Gleichzeitig schnelle und sichere Fortschritte sind dabei durch den Vergleich nach dem Organisationsmittel zu erwarten. Der Vergleich nach dem Mannesberuf gibt die erste flüchtige Aufklärung. Der Vergleich des ganzen Organisationskörpers und seiner Tätigkeit muß schließlich den endgültigen Formbestand der Stufen aufnehmen, deren organisatorische Eigentümlichkeit einleuchtend herausgekommen ist. S. 503.

... Der *Schreiber,* der auf den altägyptischen Wandgemälden die Herden aufzeichnet, ist ohne weiteres der Repräsentant einer besonderen Wirtschaftsordnung, die keine Bauernwirtschaft ist. ... S. 504.

... Die grundsätzliche Antwort heißt: *einfache Geldwirtschaft ist nicht eindeutig.* Es kommt bei der Geldwirtschaft darauf an, *wie weit der Kreis des regelmäßigen Geldverkehrs* gezogen ist, wie groß der Wirtschaftskörper ist, zwischen dessen Gliedern ein regelmäßiger Geldkreislauf mit dem regelmäßigen Geben und Nehmen im Hin und Her des Tausches stattfindet. ... S. 506.

Wollen wir nun systematisch weitergehen, so geht der Blick von der einfachen Geldwirtschaft naturgemäß auf den Kapitalismus zurück.

Wir haben den Unterschied bisher so angegeben, daß in der einfachen Geldwirtschaft das Geld die Einzelwirtschaften äußerlich verbindet, während es im Kapitalismus die ganze wirtschaftliche Überlegung der produktiven Einzelwirtschaft völlig durchsetzt, so daß die Tätigkeit einer Einzelwirtschaft zu einem in den allgemeinen Verkehr ausströmenden, aber beständig in sich zurückkehrenden Eigengeldkreislauf wird, in dem Geld Mehrgeld erzeugen soll. Wenn aber die verschiedenen einfachen Geldwirtschaften nach dem äußeren Ablauf ihres Geldkreislaufes verschieden sind, so muß auch der Kapitalismus einen anderen äußeren Geldkreislauf haben, wie die einfache Geldwirtschaft.

Das ist in der Tat der Fall.

Infolge der allseitigen und vollständigen Ausbildung von Kredit und Leihkapital wird aus dem einfachen volkswirtschaftlichen Geldkreislauf, der durch Kaufen und Verkaufen im wechselseitigen Bedürfnis immer wieder in sich zurückfließt, im Kapitalismus der *Doppelkreislauf des Geldes,* wie ihn *Lahn* in seinen merkwürdigen Figuren nachzuzeichnen versucht hat. ... S. 508.

... Ein anderer Teil des Geldes wird vom Sparer als Kapital beiseite gelegt und auch durch die Geschäftstätigkeit der Banken als Banknote usw. neu geschaffen, tritt in die Bankorganisation und unter die Herrschaft des Finanzkapitals, zirkuliert so durch den Kapitalmarkt hindurch, bis es in den Produktionsprozeß durch die Ausgaben der Kapitalverwender, die es anleihen, wieder eintritt ... Aber in voller Ausbildung ist die Doppelung des Geldkreislaufes ein Kennzeichen des Kapitalismus, der dadurch in der Tat eine Zeit der Kreditwirtschaft ist. Aber diese Kreditwirtschaft ist eben in der rauhen Wirklichkeit Finanzkapital und entspricht darum nicht ganz den Illusionen, mit denen Hildebrand sie begrüßen wollte. S. 509.

... Es kommt hier nur darauf an, daß auch eine geldlose Wirtschaft eine Wirtschaft mit großer einzelwirtschaftlicher Organisationsmacht sein kann, daß es im Sinne der ganzen Vergleichsmethode nach dem Organisationsmittel liegt, diese Organisationsform neben die Formen der Geldorganisation zu stellen.

Statt der alten Formel „von der Naturalwirtschaft durch die Geldwirtschaft zur Kreditwirtschaft" heißt es also jetzt: von der Zeit der Bodenorganisation durch die einfachen Geldwirtschaften zur vollendeten Geldorganisation des Kapitalismus. ... S. 511.

... Wenn unser Weg also zu einem Sozialismus ginge, der nicht nur eine dem Kriegssozialismus irgendwie ähnliche Organisationsform ist, geht er nicht zu einer noch so organisierten Art Naturalwirtschaft zurück, sondern zu irgendeiner Organisationsform hinauf, die die durchgeführte Geldwirtschaft des Kapitalismus weiterbildet.

... Der Kapitalismus ist kein geschichtlicher Zufall und keine Fehlbildung, sondern eine Entwicklungsnotwendigkeit, freilich damit noch keineswegs der notwendige Abschluß in der Aufeinanderfolge der Wirtschaftsstufen. S. 513.

... Die drei alten Vergleichstheorien sind in ihrer bisherigen Fassung staatsblind. S. 514.

Geldlose Bodenorganisation mit staatlicher Zusammenfassung ...

Geldlose Bodenorganisation ohne staatlichen Zwang ...

Einfache Geldwirtschaft mit und ohne Durchorganisierung ... S. 515.

Demgegenüber ist die *Hegemonialwirtschaft* ein Gesellschaftssystem, ... Eine *durchorganisierte Hegemonialwirtschaft* mit straffer innerer Wirtschaftsgliederung ist als Umbildung der Stadtwirtschaft geschichtlich nicht eingetreten, weil die Wiedertäuferstadt in Münster, die diese Entwicklung hätte nehmen können, zu früh gebändigt wurde. Sie könnte aber als weltgeschichtliche Parallele größten Stiles zur antiken unorganisierten Hegemonialwirtschaft in einer organisatorischen Umbildung unseres Kapitalismus zur Wirklichkeit werden, wenn uns dieser Krieg aus dem Haß der Nationen etwa dauernd die Rolle des eigentlichen Militärvolkes und Herrenvolkes aufzwingen sollte. ... S. 516.

Und darum endlich *Kapitalismus mit und ohne Durchorganisierung* ... Aber einsetzende Organisierung ist nicht durchgeführte Organisierung ...

Wie über die Stadtwirtschaft hinaus ebenso wohl Hegemonialwirtschaft wie Staatswirtschaft entstehen kann, so kann also der allgemeinen Möglichkeit nach über den Kapitalismus hinaus ebensowohl eine höhere Form der Hegemonialwirtschaft, wie die durchgeführte Organisationsverfassung eines „nationalen Sozialismus" entstehen ... S. 517.

Dieser möglicherweise kommende *durchorganisierte Kapitalismus* oder Sozialismus wird natürlich mit allen früheren durchorganisierten Wirtschaftsstufen seine Übereinstimmung haben. Er wird eine große *Schreibwirtschaft und Magazinverwaltung* sein, wie die Königsspeicherwirtschaft, ... Er wird eine *volksmäßige Arbeitsgenossenschaft* sein, in der jeder ein Amt hat und in einer Korporation steht, wie einst in der Stadtwirtschaft. Er wird eine ausgebildete *Wirtschaftsbürokratie* nötig haben, wie die merkantilistische Staatswirtschaft und vielfach mit den alten Mitteln der Monopole und der Preisaufsicht zu arbeiten suchen. Er wird das alles sein, wie unser Kriegssozialismus das alles war, ... S. 517/18.

Die Revolutionierung der Revolutionäre

(1918)

Vorwort

Deutsche Sozialdemokratie löst sich in die drei Bestandteile auf: Deutschland, Demokratie und Sozialismus. ... S. III.

Deutschland bedeutet Volksfreiheit und echte Genossenschaftlichkeit, kraftvollste Wirtschaft, stärksten Staat, tiefsten und lebendigsten Geist. ... S. IV.

Sozialismus ist Organisation, die bewußt auf's Ganze geht und dabei die Gesundheit aller ihrer Glieder vor Augen hat, aus denen sie zusammenwächst und ohne deren bereite Mitarbeit sie nicht wirken kann. ... S. V.

... Das Land des Sozialismus steht darum weltgeschichtlich höher, als die Länder der reinen Demokratie. Ihm gehört die Führung unter den Völkern.

... Der Sozialismus ist eine übermächtige Sehnsucht nach einer höheren, überlegteren, allseitigeren Ordnung. ... S. VI.

... Man kann nach beiden Seiten sagen, wir werden wohl oder übel „Sozialisten" werden müssen. Wir kommen in ein Zeitalter der Organisation. Wir brauchen „Organisatoren". Wir brauchen Organisationsverständnis bei den Führern und bei der Masse. Organisationsverständnis heißt in diesem Sinne Verständnis des ganzen Gesellschaftslebens und bringt genossenschaftlichen Geist, auch wenn es zum Führer bildet. S. X.

Der Anfangspunkt aller innerpolitischen Überlegungen unserer Gegenwart ist die Frage: treibt uns die Macht der Gesamtumstände unseres Gesellschaftslebens in höhere Organisationsverhältnisse hinein, und müssen wir dabei die Kräfte unseres Volkes in möglichster Einheitlichkeit zusammenfassen, auch wenn wir als einzelne ein Höchstmaß von Freiheit wollen. Wenn das der Fall ist, hilft kein Maulspitzen. Dann braucht das Unternehmertum einen Nachwuchs, der auch die Arbeiterschaft ganz genau versteht und aus vollem Verständnis für ihre Interessen mit ihr fertig zu werden weiß. Dann hat die Arbeiterschaft alles Interesse daran, daß in einer Welt der Organisation auch

Organisatoren da sind, die im ganzen Umkreis des ökonomischen, staatlichen und sozialen Wissens geschult sind. ... S. XI.

... Der Sozialismus braucht zwar eine starke allgemeine Volksvertretung neben dem Volksbeamtentum und neben allen großen Sonderorganen seines gegliederten Arbeitslebens und ihrer etwaigen Zusammenfassung, aber gewiß keinen Parlamentarismus, der doch ein Ausbeutungssystem der Berufspolitiker ist. ... S. XIII.

... Denn als Wissenschaft verlangt wirklicher Sozialismus ein Wissen vom Menschen und vom vielverflochtenen Gesellschaftsleben des Menschen, das man nicht von Natur hat oder in einem kleinen Winkel unserer heutigen Gesellschaftsordnung erwirbt, sondern das man nur durch eine hochgesteigerte geistige Zucht und einen weitgespannten Umkreis von Erfahrungen gewinnt, durch sorgfältige Trainierung und Bewährung aller geistigen Kräfte. ... S. 6.

Der „Punkt außerhalb" ist also alles in allem: wissenschaftlicher Sozialismus mit organisatorischer Gesellschaftspraxis auf der Grundlage einer die Erkenntnismittel des sogenannten „Materialismus" in sich enthaltenden Geisteslehre und mit dem Propagandaziel, vor allem das soziale Bewußtsein und die Befähigung der gesellschaftlichen Funktionäre gründlich zu schulen, damit die hochgespannte sozialistische Hoffnung der Massen in einem möglichen Ziel zu einem wirklichen Erfolg gelangen kann. ... S. 7.

... Ideen sind gesellschaftliche Lebensziele von mehr und minder vollständigem Aufbau, die die Einzelwillen vieler Individuen zu einem Gesamtwillen innerlich verbinden. Solche Ideen wachsen in den Menschenköpfen auf, sind von Kopf zu Kopf übertragbar und bekommen schließlich durch Summierung solcher Übertragung eine außerordentliche physische Gewalt, weil die Köpfe auch über Arme gebieten. ... S. 8/9. Der Sozialismus ist stets ‚Kritik'. S. 9.

... Der Marxismus hat die Kräfte des Geistes verkannt, seine starre und einseitige Ideologie in falscher Sicherheit als feste Wissenschaft überwertet, und er steht jetzt vor der Aufgabe, sich in starkem geistigen Schaffen wesentlich zu erneuern. ... S. 28.

... Soll aber ein anderer Sozialismus den Marxismus ersetzen, sei es nun zunächst ein nationaler Staatssozialismus oder was sonst, so muß er den wertvollen geistigen Besitz des Marxismus erhalten und sich mit den Anhängern des Marxismus in großer gesellschaftswissenschaftlicher Betrachtung darüber auseinandersetzen, warum der Marxismus in der Schicksalsstunde von 1914 versagt hat. ... Das gehört zur Ökonomie des wissenschaftlichen Geistes und zur Ökonomie der Verwertung politischer Kräfte. ... S. 36/37.

... Der Sozialismus muß bei allem Menschheitsbewußtsein durch eine Zeit des kampfbereiten, nationalen Sozialismus hindurch, und wird in einer solchen Zeit in seiner Praxis und in seinem Geist die stärkste Schulung erleben. ... S. 47.

... Darum muß der Marxist bei aller internationalen Gesinnung beizeiten zwischen den Staaten seine Wahl treffen, weil nur ein organisationsfähiger Staat seine Sache verwirklichen kann. ... S. 48.

Ich weiß nicht, ob man im Marxismus schon mit vollem Bewußtsein gefragt hat, warum das „Kapital" von Marx eigentlich „Das Kapital" heißt und nicht „Der Mehrwert". ... S. 54.

... Es ist das als weiterwirkender geistiger Fluch auch für viele Marxisten zum Verhängnis geworden, die die Mehrwerttheorie für das Kernstück des Kapitalismus gehalten haben und darum glaubten, sie hätten den Kapitalismus verstanden, wenn sie sich in das Verhältnis des Mehrwerts hineingequält hatten. S. 56.

Zuerst steht bekanntlich das Geld im Mittelpunkt der volkswirtschaftlichen Aufmerksamkeit. Es ist das wirtschaftliche Machtmittel schlechthin. Es muß im Lande sein, damit die Finanzkunst der Staaten es erfassen kann, um das Heer zu besolden und die Mittel für den Glanz des Hofes bereitzuhalten. Deshalb wird seine zweckmäßige Form, sein Umlauf im Lande und seine Bewegung von Land zu Land eifrig überlegt, und die Politik geht darauf aus, Geld ins Land zu bringen. ... S. 57/58.

... Das Wirklichkeitsbild dagegen, das auf das Kapital als Verwertungsmittel eingestellt ist, zeigt das rastlos bewegte, vielgliedrig gegeneinander strebende, durch Zahlen gehende Triebwerk der Geldkapitalien, die sich zu immer größeren Massen zusammenballen und immer neue Produktivkräfte in ihren Kreis ziehen, um die Verwertungsmöglichkeit immer noch zu vergrößern. ... S. 62/63.

Die zweite Kapitaltheorie wächst nun ohne weiteres über die ganze Einstellung des Wirklichkeitsbildes auf die Produktivkräfte als den Hauptteil der ganzen Volkswirtschaft hinaus, und diese Abwendung von der Lehre von den Produktivkräften bedeutet mit beinahe schulgerechter Dialektik eine Zurückwendung zur Lehre vom Gelde. Es handelt sich nicht mehr wie vordem um das Geld, das einfach umlaufen soll, damit der Staat es greifen kann. Vielmehr wird jetzt das Geld beobachtet, wie es das ganze Wirtschaftsleben durchsetzt. Wie es nicht nur den Tauschverkehr äußerlich zusammenbindet, sondern die ganze Wertrechnung und Wertüberlegung der Einzelwirtschaft mit unwiderstehlicher Energie durchdringt, und so mit der kalten Härte der auf Gelderwerb abgestellten Rechensicherheit zum eigentlichen Gebieter des ganzen Wirtschaftslebens wird. S. 63.

... Diese Wirklichkeit ist vielmehr werdende und sich vollendende Wirtschaftsorganisation. ... Für den Produktionsfaktor Natur ist die „Organisation" die geistig bewußte Fortsetzung der organischen Gliederung. Für den Faktor Arbeit das Mittel der planmäßigen Ordnung in der Arbeitsteilung. Für den Faktor Kapital (d. h. wie bekannt im Hauptbeispiel die Maschine) die Anwendung des gleichen Prinzips der durchgeführten Formung, die die für sich richtungslosen Kräfte der Teile zu einem einheitlich vorgeschriebenen Effekt zusammenwirken läßt. Alles in allem, der Triumph der geistigen Schaffenskraft! Das von der Theorie vergessene Gegenstück der Produktion, der Verbrauch, wird in der Lehre von der Organisation fest ergriffen. ... Die Lehre von den Organisationsformen ist endlich die Stelle, wo zwischen dem zügellosen Triebwerk der ohne öffentliche Kontrolle nach Profit jagenden privaten Verwertungsmittel und dem im Staat einheitlich konzentrierten Macht- und Ordnungswillen der Wirtschaftsgesellschaft abgerechnet werden muß, um auszumachen, wie weit der blinde Gang dieses Triebwerkes in den bewußt geleiteten Versorgungsprozeß der Gesamtwirtschaft verwandelt werden kann und soll. So vollendet sich das Bild der wirtschaftlichen Wirklichkeit. ... S. 64/65.

... Die volkswirtschaftliche Wirklichkeit ist ja schlechterdings überall in allen Teilen auch ein stetes inneres Werten und Schätzen in unendlicher abertausendfacher Wiederholung. ... S. 68.

... Der Marxismus ist ein System gesetzmäßiger Zusammenhänge! ... S. 73.

... Hegels Dialektik ließ die Grundformel der Verkehrsumsätze und die Grundformel des dauernden Kreislaufs des Kapitals in der verhaltenen Rastlosigkeit der bekannten Zeichenreihe fassen G—W—G 1: Geld—Ware—Mehrgeld. ... Das war keine Beschreibung mehr, das war eine Erklärung von furchtbarer innerer Gesetzlichkeit. ... S. 76.

... Höchstmögliche Geldverwertung als das universelle Lebensgesetz einer Gesellschaft heißt allseitige Anpassungsfähigkeit der Verwertungsbereitschaft, allseitige Beweglichkeit der wirtschaftlichen Überlegung. ... S. 77.

In seinem Kern ist der Kapitalismus keineswegs einzig und allein eine unbändige Macht der Materie, die den Menschen unter die erbarmungslose Regel des Gelderwerbs zwingt, sondern ein hochgezüchtetes gesellschaftliches Willenssystem, das durch den wetteifernden Sporn des Gewinnstrebens ein Höchstmaß von angespannter Einzelkraft freisetzt, und ein hochgetriebenes Vernunftssystem, das zunächst innerhalb der Einzelwirtschaft alle Wirtschaftsmittel aufs sorgfältigste ausnutzt und die wirtschaftliche Überlegung straff vereinheitlicht, und das gerade durch diese Steigerung des einfachen Geldgebrauchs zur Straffheit der allseitig durchgeführten Geldwertberechnung ganz besonders geistig und vernünftig ist. ... S. 78.

Der wirkliche Kapitalismus ist nur in einem Teil seines Marktlebens mechanistisch, aber gleichzeitig mitten in dem Gewoge des mechanistischen Spieles der Marktkräfte und der Preisbildung ein außerordentlich organisatorisches System. Organisatorisch in den Maschinen, die er verwendet! Organisatorisch in der äußeren Auseinandergliederung, organisatorisch in der inneren Willensdurchdringung seiner Betriebe! Organisatorisch in der Vereinigung seiner Geldmittel! Organisatorisch in der Zusammenfassung seiner Unternehmungen und seiner Arbeiterscharen! ... S. 82.

... Wirtschaft ohne Staat, wie sie die rein ökonomische Theorie sehen möchte, ist ein schwammiges, lebensunfähiges Gewebe. Der Staatenbau und der Staatengegensatz geben ihr den Lebenshalt und bestimmen die Geschichte ebenso selbständig, wie die Wirtschaftsstruktur und der Klassengegensatz. S. 88.

Ein Sozialismus, der den Kapitalismus nicht verstanden hat, kann sich selbst nicht verstanden haben. ... S. 88/89.

Ideologien sind bewußt durchkonstruierte innere Richtbilder für zu verwirklichendes Leben und darum etwas anderes wie die Theorien, die bewußt durchkonstruierten Abbilder einer schon vorhandenen Wirklichkeit. Beides schiebt sich freilich ineinander. ... S. 94.

Darum kommt auch kein Individualismus jemals vom Sozialismus gänzlich los, kein Sozialismus jemals vom Individualismus. ... Reine politische Ideen gibt es nicht. Man fordert sie mit der extremsten Einseitigkeit. Aber man bekommt sie nie. S. 111.

... Der Marxismus steht also noch mitten in der Auseinandersetzung mit dem dauernd berechtigten Gehalt der alten individualistischen Forderungen. Der erste „Nationalsozialismus" hat sich daran innerlich aufgelöst. S. 114.

... Der Mensch ist Volk und als Volk Rasse, Nation und Staat. ... Weil der Weltkrieg das Geröll der individualistischen Weltgesellschaft abbaut, legt er das erste Fundament des Sozialismus frei. S. 119.

... Staatssozialismus und Gesellschaftssozialismus sind also die aktuellen Grundmöglichkeiten der Verwirklichung. ... S. 132.

... Das irdische Erlösungsbedürfnis des Proletariats verlangte eine Verheißung und naturgemäß eine stark optimistische weltaufbauende Diesseitsverheißung. Diese Verheißung mußte zunächst Freiheitsinstinkten von ziemlich primitiver Unmittelbarkeit entgegenkommen, durfte aber nicht bei der reinen Freiheitsforderung bleiben, weil die Freiheit des Kapitalismus der Feind war, sondern mußte ein über die Freiheit hinausführendes Organisationsideal vertreten, ohne durch die Schwierigkeit der organisatorischen Aufgabe den einfachen Arbeiterkopf zu verwirren, oder gar den mit jeder Organisation unvermeidlich verbundenen Zwang mit gar zu strengem Ernst zu betonen. S. 135.

... Man muß den Mut zur geschichtlichen Wahrheit haben, damit aus dem verstiegenen Traum für die einen, aus dem verschrienen Schrekkensgespenst für die andern die gesunde Wirklichkeit einer natürlichen geschichtlichen Lebensfortsetzung für die meisten werden kann. ... S. 179.

Und noch einmal ganz nüchtern gesprochen: es ist wahrscheinlich, daß wir einem neuen volkswirtschaftlichen Organisationszustande entgegengehen, der die strenge Wirtschaftlichkeit, die hohe Technik, das Millionenvolk des Kapitalismus zum mindesten beibehält, der aber im Vergleiche zu früheren Organisationszuständen und namentlich im Vergleiche zum Kapitalismus wegen seiner spezifischen Eigenart und im besonderen wegen der Konzentration seiner Kräfte, wegen der dafür notwendigen wissenschaftlichen Durchdringung seiner Lebensordnung und wegen einer ausgleichenden Versorgung aller seiner Glieder als Sozialismus bezeichnet werden muß. ... S. 181.

Der Tag aber verlangt: Partei der ewigen Erwartung, komm' zu einem Ende! Bloße Demokratie wird bald verblassen, wo der weltgeschichtliche Zusammenbruch weltgeschichtlichen Aufbau verlangt. Das ist deutsche Aufgabe! Macht Euch den Sozialismus klar oder dankt dem Sozialismus ab und überlaßt die Organisation denen, die organisieren können. ... S. 184.

Die Geburt der Vernunft

(1918)

Der Weltkrieg bedeutet die Krisis in der Lebenslinie dieses Aufstiegs. Der organisatorische Sozialismus tritt in einen notwendigen Durchgangszustand des wirklichen nationalen Sozialismus und hat darum das Janusgesicht des Nationalismus und des Sozialismus. Beide sind gleich notwendig und geben erst die ganze Prägung unserer Zeit. S. III.

... Wir haben von der „Natur“, von der „Entwicklung“, vom „Leben“ mehr als genug. Die Natur ist menschliche Bestialität geworden, die Entwicklung Weltkatastrophe, das Leben Tod und Vernichtung! ...

... Gerade weil dieser Krieg der Krieg der höchstgesteigerten Technik ist, verlangen wir, daß unsere bewußte Herrschaft nicht nur über die toten Dinge geht, sondern daß unser bewußter Wille auch das Gesellschaftsleben durchdringt ... S. 6.

... Der Sozialist muß seine Vorbehalte machen, auch wenn er den grundsätzlichen Materialismus überwunden hat und weiß, daß Sozialismus eine gotterfüllte Lehre von der Vernunft in der Geschichte ist. Denn die Vernunft Kants bleibt eine individualistische Einzelvernunft ... Indes durchgeführte Herrschaft der Vernunft bedeutet so oder so bewußte Einwirkung in die blinde „Naturgesetzlichkeit“ des bürgerlichen Rechtslebens, bedeutet sachlich durchgegliederte Lebensordnung und volle Zusammenfassung der gesellschaftlichen Kräfte, bedeutet Durchorganisierung des Gesellschaftslebens, kurz Sozialismus. S. 7.

... Welche geschichtliche Merkwürdigkeit, daß der früher auf Wissenschaft gegründete Sozialismus der Sozialdemokratie, weil sie ihren grundsätzlichen Halt verloren hat und dem Augenblick lebt, in einem Spiel um sichtbare Augenblickserfolge aber ohne verantwortungsbereiten Plan, unbesehen den auf die Gelegenheit bedachten Ehrgeiz bürgerlicher Demokraten unterstützt, durch unüberlegten, vorzeitigen Parlamentarismus den kommenden Volksstaat gefährdet, und in dem geheimen Hin und Her der Intrigen der politischen Strebsamkeit sogar die geschickt zugeschobene Rolle erhält, das als Garantie für sich zu fordern, was das eigene Herz der weit über ihre wirkliche Macht ehrgeizigen bürgerlichen Demokratie und ihres Führers verlangt. ... S. 10.

... Es ist ja gewiß, daß wir andere Volksführer brauchen als die alte Bureaukratie, und daß wir nur dann nach innen und außen eine lebensvolle Zukunft aufbauen können, wenn das ganze Volk an diesem Aufbau der neuen Ordnung den tätigsten Anteil nimmt. Dazu braucht es keine parlamentarischen Mehrheitskünstler, die aus dem politischen Mittel den politischen Zweck machen... Selbstgefällige Tanzmeister in der Tragödie der Weltgeschichte! Geschäftig schwärmende Drohnen vor einem Volk der Arbeit in der Zeit seiner Not! ... S. 11.

... Freiheit ist Leere, Organisation ist Fülle. Freiheit kann zwar Kräfte entbinden, aber Organisation muß sie vereinigen. Damit hätte Freiheit nie für Kant die „höchste Absicht der Natur, nämlich die Entwicklung aller ihrer Anlagen in der Menschheit", bedeuten können. Organisation ist selbst Grundanlage der Gattung... S. 19/20.

... : in der verfehlten Lehre vom Organischen und von der Organisation steckt der Grundmangel der kantischen Philosophie...

... Darum müßte das echte „Sittengesetz" nach Kant aus seinen Voraussetzungen doch ungefähr heißen: handele aus Gott mit dem Ganzen Deiner geistigen Kräfte in der begriffenen Welt! ... S. 23.

... Die Idee unterscheidet sich vom Begriff. Die schöpferische Einbildungskraft der gestaltenden Arbeit in Technik und Organisation gewinnt ihren Rang unter den Kräften der Vernunft, den ihr unsere Philosophie bisher immer versagt hat...

... Mit selbstverständlicher Notwendigkeit erscheint die Einheit von bewußter Selbstgestaltung und organisatorischer Organisation, bewußter technischer Durchdringung zur höchsten Ausgestaltung der an sich immer organisierten Zweckgemeinschaft der menschlichen Gesellschaft, als die praktische Grundidee der Menschenvernunft, die das Prinzip der bewußten Nachschaffung aller den Menschen zugänglichen Lebensbeziehungen zur Vollendung bringt... S. 24.

... Der Kampf um den Vorrang zwischen Freiheit und Organisation als notwendig miteinander streitender und sich geschichtlich ergänzender sozialer Ziele! Die Begriffsverwechselung, daß der Sinn der Organisation, so wie es bei uns im Kriege geschieht, im äußeren Mechanismus der Organisationsmittel und im Organisationszwang gesucht wird, während er doch im zweckbewußten, frei und gern gewollten Zusammenwirken aller Organisationsgenossen besteht. S. 25.

... Es bleibt aber ebenso unweigerlich die harte nackte Tatsache, daß die größte Katastrophe der Weltgeschichte noch lange im ganzen

Gefüge des Weltstaatensystems innen und außen nachzittern wird, und daß damit neue Katastrophen drohen. S. 31.

... Unser Wirtschaftsleben muß bei der Wiederherstellung des status quo ante notwendig zurückgehen, weil ihm die weltwirtschaftlichen Wurzeln abgeschnitten sind und der bloße Frieden diese Wurzeln nicht wiederherstellt ... S. 33.

... Da wir als Volk die lebenspendende Macht der „Organisation" in diesem Kriege vorbildlich erlebt haben, wenn uns auch alle ihre Entartungen so wenig erspart geblieben sind, wie dem Frankreich der großen Revolution die Ausschreitungen der „Freiheit", so haben gerade wir das Recht zu einem besonderen Zukunftsglauben. S. 44.

... Aber es liegt die ganze verzweifelte Rückständigkeit unseres alten Staates und der bürgerlich-individualistischen Gesellschaftswissenschaft darin, daß keine Stelle da ist, die gesellschaftliche Reorganisationsaufgaben mit genügendem Überblick einheitlich und sachlich ergiebig vorberaten kann, ja, daß sogar innerhalb des Sozialismus die bloße Möglichkeit und Notwendigkeit solcher Vorbereitungsstellen für die großen Entscheidungen des Volkswillens über der bürgerlichen Eintagsrederei von Parlamentarismus noch nicht begriffen sind ... So arglos blind ist der kraftbewußte deutsche Michel, obwohl er in den Frieden eigentlich nicht so ohne Wissen aller Folgen hineingehen darf, wie er in den Krieg hineingegangen ist ... S. 45/46.

... Darum Blick auf die Welt und Blick auf die eigene Volkswirtschaft, die ebenso sehr ein einziger großer Betrieb wird, für dessen Kräfte allseitig gesorgt werden muß, wie eine einzige große Genossenschaft in der allen Gliedern wohl werden soll! ...

Der Politiker des organisatorischen Sozialismus ist der Sozialist-Organisator, der seinen Kapitalismus ebenso kennt wie seinen Sozialismus. Praktisch: Großunternehmer müssen denken lernen wie Arbeiter, Arbeiterführer wie Großunternehmer! ... S. 48.

... Wie verschwendet dieser Parlamentarismus die nationale politische Kraft! Was für eine Stümpermaschine für ein Volk, das sich auf Organisation versteht! S. 49.

... Aber wie schnell, wie ganz entsetzlich schnell, würden alle drei verschwinden, wenn eine Welle russischer Politik über unser Land ginge! Wenn es mit der Politik einmal ernst würde! ... S. 50.

... So wird es in Europa einen Wettkampf des sozialistischen Aufstiegs geben, bei dem gleiche Ziele die Völker beleben. Aber es gibt auch einen einzigen großen, auf gierigste Ausbeutung bedachten Gegner des sozialistisch gewordenen Europa: die Vormacht des triumphierenden Geldinteresses: Amerika. „Der Krieg wird für Amerika geführt.“ ... S. 53.

... Der nationalistische Staatspolitiker muß es ebenso anerkennen wie der Sozialist. Gerade darin liegt begründet, daß der Nationalismus zum Sozialismus und der Sozialismus zum Nationalismus wird. Das ist der Durchgangszustand zur Weltorganisation ... S. 57.

... Die Völkergleichheit nach dem Weltkriege ist die Ausbeutungsfreiheit für Amerika! ... Das englische Weltreich wird eine innere Umgliederung durchmachen müssen, der Kontinent eine vollständige Regeneration. Darum hat der Kontinent ein gemeinsames Organisationsinteresse gegen England. Ganz Europa ein gemeinsames Organisationsinteresse gegen Amerika ... S. 57/58.

... Die Gegensätze des Krieges dürfen sich nicht verewigen. Das Prinzip der Einheit Europas steht obenan. Europa, die Wertkultur einschließlich ihrer Kulturmutter Vorderasien, muß so zusammengeschmiedet werden, daß es sich nicht wieder in einem Weltkrieg auseinanderreißen mag ... S. 63.

... Die Ausbildung eines amerikanischen Wasserkopfes ist die größte Gefahr, eine noch gefährlichere Mißbildung der Weltwirtschaft wie die Insularsuprematie Englands, um die der Weltkrieg entstand. S. 65.

... Auswanderung nach Amerika ist künftig Verrat an der Organisation Europas ... Freizügigkeit nach den Vereinigten Staaten ist Forderung des Rechts, schäbig zu sein. Da bekommt der Gedanke der Weltorganisation die ganze Härte des bewußten Klassenkampfes.

... Die Amerikaner kennen ihre Krisengeschichte! Die stärkste, vernichtendste Krisis kann ihnen noch bevorstehen, und die überhöhte Kriegskonjunktur ist dafür ein gut vorbereiteter Ausgangspunkt. Geeinte, kräftige Schuldnerländer sind stärker wie ein ins Kraut geschossenes Gläubigerland. Das ist jetzt die Lage ... S. 66.

... Und die Einsicht, daß wir alle, Freund und Feind, durch Amerika betrogen sind! Daß Amerika den Frieden teuer gemacht hat! ... S. 67.

Durch Umsturz zum Aufbau

(1918)

Ich darf im Interesse des richtigen Verhältnisses der Universität zum Volke daran eine weitere Bemerkung anschließen. Ich fand bei den Mitgliedern des Arbeiterrates einen guten Teil des schönen Zutrauens zur Wissenschaft und der innersten Hochachtung vor der geistigen Leistung, die trotz allem Drum und Dran der Sozialdemokratie zu den besten Überlieferungen der deutschen Arbeiterschaft gehören. Mir scheint, einem großen Teil der gebildeten Schichten und auch unserer Universitätswelt hat bisher das eigentliche Verständnis für die Arbeiterschaft gefehlt, und namentlich für das, was an Sehnsucht in ihren begabten Gliedern lebt. Etwas mehr menschliches Entgegenkommen, etwas mehr natürliche Anerkennung von Mensch zu Mensch kann da viel tun und ist vielleicht der wichtigste Teil unserer sogenannten Demokratisierung. Ich verkenne dabei freilich nicht, daß auf der Gegenseite durch die blinde Predigt des Klassenkampfes mindestens ebenso viel gesündigt ist, und daß man auch dort gründlich umlernen muß. S. III/IV.

... Aber im großen und ganzen haben wir in Deutschland und namentlich in den gebildeten Schichten Deutschlands zu sehr die Gewohnheit angenommen, daß wir bloß *betrachten,* was geschehen ist, und nicht genug wollen und handeln. Unsere Historiker glauben auch aus sogenannter Realpolitik zu wenig an die Macht der Idee. Wir Nationalökonomen leben mehr im Willen und in der Zukunft ... S. 2.

... Das Volk, die Masse braucht politische Führung. Sonst kommt es zu nichts. Allein kann die Masse nicht handeln. Das ist auch in der Demokratie das selbstverständliche Gesetz des politischen Lebens. S. 3.

... wir gebrauchen gewissermaßen eine Synthese von Alt-Potsdam, Alt-Weimar und Neu-Berlin oder — anders ausgedrückt — wir brauchen eine Synthese zwischen Königsberg, der Stadt, wo die „reine Vernunft“ und der „kategorische Imperativ“ geboren sind, den stillen Tälern um Eisenach und Rothenburg herum, wo die blaue Wunderblume der deutschen Romantik blühte, und den Geländen von Dortmund bis Oberhausen, wo die Schlote rauchen und die Hämmer dröhnen ... S. 8.

... Unsere Verfassung soll die Verfassung einer sozialistischen Demokratie sein, nicht die Verfassung einer Demokratie alten Schlages. ... Wesentlich ist, wir sollen eine Verfassung aufbauen, wie sie die Welt noch nicht kennt. Denn z. B. „Parlamentarismus" paßt in eine sozialistische Demokratie schlecht hinein ... Es war längst zu erkennen, daß das 20. Jahrhundert gegenüber dem 19. einen sozialistischen Charakter bekommen würde. S. 12/13.

... Es wird ein Geist in den kommenden Völkerbund einziehen, der ehrlicher deutscher Geist ist. Und dadurch wird das deutsche Volk auch den Platz auf der Welt erhalten und eingeräumt bekommen, den es braucht. Und mit dem Platz die Arbeitsgelegenheit. Mit der Arbeitsgelegenheit den Platz. S. 13.

Ich habe in der Einleitungsstunde zu meiner „Allgemeinen Organisationslehre", mit der ich eine Grundwissenschaft der neuen Zeit zu schaffen hoffe, ausgeführt, wie reich und bunt, im kleinen Kreise und vielfach in kleine Gruppen verloren, das Organisationsleben an den deutschen Hochschulen ist ... S. 14.

... Hinter einem Siege des deutschen Sozialismus steht aber für weite Volksmassen die Hoffnung auf eine neue aufbauende Ordnung. Hinter dem Siege des russischen Sozialismus wartete die Zerstörung. S. 24.

... Die Revision des Endurteils im Gange der Weltgeschichte beginnt, ehe die vermeintlichen Richter es noch unterschrieben haben. S. 26.

... Denn wenn der gesunde, lebensgemäße demokratische Sozialismus in Deutschland siegt und eine vorbildliche Gesellschaftsordnung aufbaut, dann wird er auch in der Welt siegen. Der Weltkrieg hat ein Ergebnis gehabt. Er ist nicht umsonst gewesen. S. 27.

Es war, ich wiederhole es, ganz unerhört leichtfertig, um nicht mehr zu sagen, im gegenwärtigen Augenblick in Deutschland Revolution zu machen. Nur ein Volk von der gesunden Kraft des deutschen kommt darüber hinweg. Und wenn nach der Revolution Aufstieg und Aufbau gelingt, so haben, wie gesagt, diejenigen, die sie begonnen haben, kein Verdienst daran. Sie werden keine Volkshelden werden. S. 28.

Nach innen aber kann diese Zeit die endgültige Verbindung des Sozialismus mit Organisation und Ordnung bedeuten. Dann ist die ewige Drohung, das rote Gespenst, gebannt. In dieser Zeit lernt der Sozialismus bürgerliche Tugenden ... S. 31.

Viele Deutsche werden fragen, wie war das Ganze in Deutschland überhaupt möglich? Nun, nachdem es geschehen ist, ist es leicht genug, es hinterher zu erklären. Aber vorausgesehen hat es keiner. Namentlich kein Politiker ... S. 32.

... Sozialismus ist Organisation. Was versteht Ihr jungen Marxisten, die Ihr nach Sozialisierung der ganzen Wirtschaft ruft, von Organisation und insbesondere von Betriebsorganisation? Versteht Ihr auch nur, was Lenin sagt: „Jede große Industrie, d. h. die Produktionsbasis und die Grundlage des Sozialismus *setzt strenge absolute Einigkeit des Willens voraus*, verlangt die Arbeit von Hunderten, Tausenden und Zehntausenden nach *einem* Plan ... S. 58.

Sozialismus, der sich selbst versteht, begreift, daß der Kern seines Wesens auch bei einer freien und aufgelösten Ordnung des Wirtschaftslebens unter Fortbildung des Kapitalismus möglich ist. Er macht nicht die ganze Welt zum *ökonomischen Exerzierplatz*. S. 59.

... Mit der ganzen Schulung großzügig organisierter Arbeit, die ihnen Hochkapitalismus und Krieg gegeben haben! Darum so viel Wirtschaftsfreiheit, wie nur irgend möglich! So viel Pflege des Kapitalismus, wie nur irgend möglich, damit die Produktivkräfte Deutschlands wieder in frischen Gang kommen ... S. 60.

... Und das ist bei Papiergeld ganz außerordentlich leicht, indem das ganze umlaufende Papiergeld unter Ersatz durch neues für ungültig erklärt wird, wenn es nicht baldigst bei den Banken und Sparkassen eingeliefert ist, und indem man am Umwechseltage jedem Einlieferer nur soviel von den alten Scheinen in neues Papiergeld umtauscht, als einer seinen wirtschaftlichen Verhältnissen angemessenen baren Handkasse entspricht und in angemessener Beziehung zu seinem Bankguthaben steht. Das ist eine technisch vollkommen denkbare Maßregel und zugleich die beste Förderung des bargeldlosen Zahlverkehrs, den wir in unserer Zukunft noch mehr begünstigen müssen, um ein richtiges System der gesellschaftlichen Abrechnung zu bekommen. Das ist heute sozialistische Politik. Sachgemäße Wiederherstellung des Kapitalismus. S. 61.

... Man wird gut tun, mit einer *wesentlichen Unterscheidung des Marxismus* ernst zu machen und die *ökonomische Hälfte des Staatslebens* von der *nicht ökonomischen Hälfte* klar und deutlich zu trennen: den „Unterbau" vom „Oberbau".

Alle großen Staatsbetriebe kommen, vielleicht unter Führung des Reichswirtschaftsamtes, zur einheitlichen Wirtschaftsarbeit in ein Reichsdirektorium. Also namentlich die Verkehrsanstalten, da in unserem neuen Staate die Eisenbahnen so gut wie sicher Reichssache werden, die Reichsbank mit dem um sie herumgegliederten, im Kartell zusammengeschlossenen System der großen Privatbanken, und insbesondere ein Amt, das den Mittelpunkt für die großen Kartelle bildet und deren Preispolitik leitet. ... S. 70.

... Die großen Staatsbetriebe werden auf Grund dieser Aufsicht vom Etatszwang befreit und erhalten *die beweglichere Wirtschaftsführung der kapitalistischen Unternehmung mit ihrer Bilanz* ... S. 71.

So viel ist klar, das bißchen kümmerliche Russenweisheit der Bolschewisten muß nun bald verstummen. S. 75.

Drei Vorlesungen über die allgemeine Organisationslehre

(1919)

Die Veröffentlichung dient zunächst den eigenen Unterrichtszwekken, soll aber über den unmittelbaren Hörerkreis hinauswirken, weil die Zeit nur durch die innerste Erfassung des Organisationsgedankens gesunden kann. Gleichzeitig ist nur auf dem Unterbau der Organisationslehre ein allgemeiner Fortschritt der Staats- und Gesellschaftswissenschaften und mit ihm der Weltgeschichtsbetrachtung möglich. Mir scheint sogar, daß sich in der Organisationslehre unsere abendländische Philosophie vollenden wird. S. 5.

I. Die Aufgabe der Organisationslehre[1]

... *Bewußte Lebenseinheit aus bewußten Teilen.* Das heißt klar, daß Organisation etwas Geistiges ist, und daß es stets auf ihre innere Seele ankommt. Das zeigt gleichzeitig, daß es sehr kurzsichtig ist, wenn man einen unüberwindbaren Widerspruch zwischen denen finden will, die in der „Freiheit" das Wesen der Menschheit und das Wesen ihrer Geschichte finden, und denen, die dafür „Organisation" sagen. Organisation muß Freiheiten haben und muß aus der Freiheit herauswachsen, wenn es gesunde Organisation sein soll. Es soll ja Lebenseinheit bewußter Teile sein. Das heißt: Freiheit. S. 7/8.

---

[1] Anfang und Schluß der Vorlesung wurden unter der Überschrift „Organisation und Freiheit" in der „Norddeutschen Allgemeinen Zeitung" vom 19. und 20. Oktober 1918 (Nr. 535, 537) mit dem folgenden Geleitwort der Schriftleitung veröffentlicht: „Zum ersten Male wird in diesem Wintersemester an einer deutschen Universität über „allgemeine Organisationslehre" gelesen. Professor Dr. *Plenge* hat diese *neue Wissenschaft* an der Universität Münster eingeführt. Seine Eröffnungsvorlesung beweist, daß wir in der Wissenschaft unbeirrt fortschreiten und geistige Leistungen zu begründen suchen, die ebensosehr die Tradition der Dichter und Denker wieder aufnehmen, wie unsere wirtschaftliche praktische Arbeit fortsetzen. Wir brauchen Organisationslehre und Organisationsbewußtsein ebenso für unsere Gegenwart, um auf alles gefaßt zu sein, wie für unsere Zukunft. „Ich glaube", sagt Professor Plenge selbst in einem Briefe, „daß in der Organisationslehre das Beste vom alten Preußentum weiterleben kann, und daß auf der anderen Seite erst in ihr die Freiheitslehre zur Vollendung kommt."

... Siegt der Organisationsgedanke unter den Völkern, so bedeutet das einen neuen Aufstieg des deutschen Volkes und des deutschen Geistes. S. 11.

... Wir nannten Organisation bewußte Lebenseinheit aus bewußten Lebensteilen. Bewußte Einheit bilden ist das ständig geübte Geschäft der Vernunft: durch Analyse, die das Einheitliche aus dem Unterscheidbaren herauslöst, und Synthese, die höhere Einheit neuschafft. Und alle Vernunftbetätigung ist mehrpersönlich. Geist ist nur mehrpersönlich denkbar. Sprache, Recht, Glaube, Wissenschaft wird gemeintätig erschaffen, wächst gemeintätig aus der Wurzel der Organisation. S. 16.

So kommen wir in die Tiefe der Welt und sehen gleichzeitig das weite Leben der Geschichte. Ein Schauspiel von Tätigkeit! Die Grundeinsicht, daß die Dinge sich nicht von selbst machen, sondern durch unsere Arbeit aufgebaut werden müssen!

Danach ist es klar, daß die „Allgemeine Organisationslehre" auf die Hochschule gehört, und zwar nicht nur als notwendige Wissenschaft, die als Fundament für alle Gesellschaftswissenschaften unentbehrlich ist, sondern schon deshalb, weil die Hochschule ganz vor allem auch *Schule* sein muß. ... S. 17.

So wie die Organisationslehre weiterhin gegeben werden soll, ist sie aus der notwendigen Doppelrichtung des Nationalökonomen heraus gewachsen. Einerseits Betriebsorganisation, Kartell, Gewerkschaft usw., die Organisationen des Wirtschaftslebens, für die der Aufbau und die Tätigkeit des Staates immer bedeutsamer wird, so daß der Staat selbst notwendig immer wieder zum Forschungsgegenstand wird. Andererseits die großen gesellschaftlichen Ideen, namentlich die sachnotwendige Auseinandersetzung mit dem „Sozialismus". Was bedeutet dieses schicksalsvolle Wort, wenn man seinen innersten Gedanken zu fassen sucht. Sozialismus verhält sich zur Sozialwissenschaft wie Technik zur Naturwissenschaft. ... S. 19.

Die Organisationslehre führt uns durch alle Höhen und Tiefen der Wirklichkeit. Vom Wesen unseres Geistes bis zur Büroeinrichtung und Kartothek! Vom Bau der ganzen Weltgeschichte bis zum harmlosen Kegelverein! Vom Ameisen- und Bienenstaat bis zu den Versuchen der Bolschewiken! S. 20.

II. Die Organisationslehre im Reich der Wissenschaften. S. 21

So verspricht die allgemeine Organisationslehre die glückliche Erfüllung eines Teils der Hoffnungen, die man mit der Forderung nach der allgemeinen Gesellschaftslehre verbindet. Aber wir sehen auch, daß die allgemeine Organisationslehre den Gegenstand der allgemeinen Gesellschaftslehre nicht vollständig erledigen kann. *Neben der Anatomie steht ein für allemal die Physiologie.* ... S. 23.

... Die handelnde Umwelt des Handelnden! Für den Volkswirt sind *Organisation und Konjunktur* ja ohne weiteres die beiden großen Wissensgebiete. Organisation zur straffen Zusammenfassung der Kräfte im Betrieb! Konjunkturkenntnis, um über die wechselnden Vorgänge des Marktes die vorausschauende Herrschaft zu behaupten! ... Es ist ganz tief im Wesen der Menschheit begründet, daß sie gleichzeitig in Konjunkturen und Organisationen lebt. In Organisationen, weil sie ihren Willen einheitlich zusammengliedert, bis der Bau einer höchsten Einheit gelungen ist, in Konjunkturen, weil die vielen Einzelwillen immer auch selbsttätig aufeinander und ineinander wirken. ... S. 24.

... Inzwischen müssen wir uns schon in unserer allgemeinen Organisationslehre notwendig mit dem Geist und den Ideen der Organisationen beschäftigen. Denn das ist das innere Einheitsband, ohne das keine Organisation verständlich ist. S. 25.

Inzwischen erarbeiten wir mit der allgemeinen Organisationslehre das Grundgerüst der allgemeinen Gesellschaftslehre. Wir knüpfen dankbar an die Versuche von Soziologen wie Tönnies und Giddings an; freilich auch mit Vorbehalt, denn sie haben den Kern unserer Frage nicht erkannt. Vor der Soziologie Simmels dagegen sei im wesentlichen gewarnt. Literatenliteratur! Viel unnütze Rederei mit selbstgefälligem Schwelgen in Wortgelehrsamkeit und künstlichen Schwierigkeiten. „Denken in Spiralen!" Immer wieder um den Gegenstand herum, ohne ihn wirklich zu packen. S. 26.

... Die politische Staatslehre ist freilich als regelrechte Wissenschaft auf unseren Universitäten noch nicht vorhanden, aber sie könnte doch da sein und den Staat in seinem Aufbau und in seiner Tätigkeit vollständig und ausführlich behandeln. Was ist das anders als Organisationslehre? ... S. 26.

... Es gehört schlechterdings zum Wesen der Organisation, daß sie in sich Recht entwickelt. Das weiß man schon in jeder Organisation, die man etwa im jugendlichen Drang gemeinsam mit anderen begründet. ... *Jede Organisation entwickelt so ihre Rechtssätze.* ... S. 30.

... Die allgemeine Organisationslehre und die vergleichende Ideenlehre ist ganz etwas anderes, als das, was Hegel aus den Voraussetzungen seiner Zeit zu geben vermochte, auch wenn dabei die beängstigenden Gänge seiner Dialektik beiseite bleiben. Aber es kommt darauf an, daß der grundsätzliche Charakter seiner Rechtsphilosophie mit dem zusammentrifft, was wir als allgemeine Gesellschaftslehre und im besonderen als allgemeine Organisationslehre verlangen. ... S. 32.

... Wir denken daran, daß wir vom Standpunkt der allgemeinen Organisationslehre aus gelernt haben, die Tätigkeit der Menschenwelt als einen immer gesteigerten Organisationsbau zu sehen, der sich vielleicht jetzt im Zusammenschluß der Völker, wenn auch unter großer Gefahr des Zusammenbruchs und mit gefährlicher Verstrebung, die Spannung seiner höchsten Kuppel schafft. ... S. 34.

... Organisation ist auch Kunst. Sie braucht schaffende Phantasie. Der große Organisator braucht eine strenge und nüchterne Phantasie, aber er braucht viel davon! ...

Ferner ist klar, daß jede Kunst nur auf der gesellschaftlichen Organisationsgrundlage möglich ist, auf der sie steht. ... S. 37.

So sind wir darauf vorbereitet, daß wir vollends neue Klarheit finden, wenn wir über den Zusammenhang der Organisationslehre und der *Philosophie* selbst nachdenken. ... S. 38.

Es ist selbstverständlich, daß sich das nach allen Seiten in der Philosophie auswirken muß. Die *Psychologie* bekommt eine ganz andere straffere Aufgabe, wenn sie Organisationspsychologie treibt. Demgegenüber bleibt auch Sozialpsychologie verschwommen und unklar, gleichsam ohne Willen. ... S. 39.

Daß schließlich auch der *Pädagogik* durch die Organisationslehre ihr eigentliches Ziel gestellt wird, ist ohne weiteres klar. ... S. 40.

Was aber die Naturwissenschaft umgekehrt für die Organisationslehre bedeuten kann und muß, wurde wohl schon genügend klar gesagt. Die Organisationslehre ist ihrem innersten Wesen nach Geistes- und Willenserkenntnis, aber sie kommt in die Gefahr der gefühlsseligen Entartung, wenn sie es nicht lernt, mit dem nüchternen Realismus, ja Naturalismus der Naturwissenschaft in die Welt zu blicken. Man kann das auch so ausdrücken: alle Organisationslehre muß zu einem Teil bewußt „marxistisch" sein. Sie muß neben ihrem innersten Kern von Idealismus auch ihren „Materialismus" haben und ihn durch den engen Anschluß an die Naturwissenschaft immer neu betätigen. S. 42/43.

III. Das Urgesetz der Organisation

Wenn wir davon ausgehen, daß Organisation bewußte Einheit aus bewußten Teilen ist, so ist es leicht, den ganz allgemeinen Grundvorgang festzustellen: *Einheit aus der Vielheit. ... Wo ein Wesen bestehen und sich in der Welt behaupten soll, muß Einheit sein.* Das gilt auch vom Volkswesen und vom Gemeinwesen und geht uns Deutsche nahe an. *Im Bereich der bewußten Organisation behauptet nur der Wille die Einheit.* S. 45.

Was die *Naturwissenschaft* bisher will, ist Gesetze feststellen, in welchen genau berechneten quantitativen Verhältnissen Bewegungen in Raum und Zeit aufeinander folgen. Jeder Gedanke an eine übergreifende Einheit in diesem bloßen Nacheinander geht ihr so gegen die Gewohnheit, daß sie sogar den Begriff der Kraft am liebsten entbehren möchte. Sie sieht nur die gegebene Vielheit von Bewegungen und stellt ihre Veränderung und ihre Auswechselbarkeit fest.

Dagegen die *Geschichtswissenschaft,* wie ihr die Aufgabe neuerdings meistens gestellt wird, soll, was sich als gegebene Einheit einzeln betätigt, nacherleben, weil alles im Ablauf des menschlichen Geschehens einzigartig und niemals wiederkehrend vorübergeht. S. 45/46.

... Das erste ist: Die Einheit *wird.* ...

Das zweite ist: Aus Teilen wird *Einheit.* Eine Gesamtform greift über die Teile über und vereinigt sie zur festen Gesamtgestalt, die als solche in der Wirklichkeit besteht. ... S. 46.

Folgerichtig greifen wir *die ganze Wirklichkeit* mit diesen Begriffen ab und fragen: Wo ist Ähnliches, wo ist Verschiedenes. Wo Einheit aus Einheiten ist, da sind organisationsartige Verhältnisse. ... S. 47.

... Die Lehre von der Organisation macht also die alten Lehren von der Entstehung der Einheit in der Welt äußerlich und innerlich erst vollständig. S. 48/49.

... Nur durch den Willen triumphiert der Mensch über das scheinbare Naturgesetz der gesellschaftlichen Konjunktur. ... S. 50.

Das alles ist nun zunächst unserer Zeit und unserem Jahrhundert abgesehen. Aber man kann es auch als ein ganz allgemeines Seinsgesetz ansprechen: Wir können Organisation nicht denken, ohne Wechsel von Organisation und Desorganisation, nicht ohne die umgebende Konjunktur, die immer wechselnde Lagen schafft, und nicht ohne Kampf. Aber auch nicht ohne das in der Tiefe zugrunde liegende Gesetz der Einheitsbildung, das sich zu vollenden trachtet. S. 56/57.

... Aus einer übergreifenden, in unendlicher Fülle tätigen Alleinheit, die diese unendliche Endlichkeit, in der wir stehen, mit ihrem Gesetz der aufbauenden Einheitsbildung gewirkt hat und sie umfließt, ein unendliches Selbst, in sich vielgestaltig, dem wir uns in der Tiefe unseres Wesens nähern können und gegen das alles Endliche klein ist. S. 57.

... Es ist auch durchaus sinngemäß, daß wir die Mathematik und die Dialektik zu Hilfe nehmen, um diesen letzten Grund der Organisationslehre zu gewinnen. Denn nur durch *Dialektik* hat ja die gesellschaftliche Organisationslehre ihre heutige Höhe gewinnen können, ... S. 58.

Das zweite oberste Organisationsgesetz ist ein Gesetz der Gliederung. Für jede Aufgabe das richtige Amt, für jedes Amt der richtige Mann. So ist es für den, der organisatorisch fühlt, das höchste Gebot, wenn er an sich selbst denkt, die Grenzen seines Amtes nicht zu überschreiten, es aber auch voll auszufüllen. ... S. 61.

... Wahre Organisationskunst weiß die zentrifugalen eigenstrebigen Kräfte zu benutzen, um sich nicht an ihren Widerständen müde zu kämpfen oder von ihnen aufgelöst zu werden. S. 63.

Sozialismus kann Verjüngungstraum sein und wird doch bei der Durchführung notwendig zur Altersweisheit. ... Das ist jetzt die Aufgabe. Arbeit und Ordnung! Nicht das Durcheinander oder der blinde Kampf. S. 64.

Zur Vertiefung des Sozialismus*

(1919)

... Die Pferde gingen in ganz Deutschland durch, man hatte gut von vernünftiger Fahrt sprechen. Der anarchische Wahnsinn romantischer Revolutionäre, gieriger Beutepolitiker und neurasthenischer Phantasten! Der verrückte Egoismus zielloser Lohnbewegungen und der Sold- und Lohnwucher, der den Kriegswucher fast übertraf! Die politische Quacksalberei hemmungslos gewordener Dilettanten, die sämtliche politische Radikalmittel auf ein niedergebrochenes Gesellschaftsleben auf einmal loslassen wollten: abertausend Ärzte am Krankenbett des deutschen Volkes mit unendlichen Patentmedizinen, mit allen nur vorstellbaren politischen Naturheilverfahren, dazu noch mit sämtlichen Apparaten der Sozialisierung, die man nur irgend erfinden kann! Überall das grundsätzliche Hineinreden der Unerfahrenen in die Verantwortung! Dieser satanische politische Karneval war vielleicht das unvermeidliche Zwischenspiel zwischen dem ersten Taumel der siegreichen Revolution und dem Aschermittwoch des Friedens, den uns die Revolution gebracht hat. ... S. XII.

Wenn man klagen wollte, müßte man nur eine erschütternde Klage über das Versagen des deutschen Sozialismus in seiner weltgeschichtlichen Stunde anstimmen, denn durch den kleinen Willen und die geistige Schwäche des deutschen Sozialismus, so wie er war, d. h. durch den kleinlichen Willen und die geistige Schwäche der deutschen Sozialdemokratie sind wir dahin gekommen, wo wir stehen. Der törichtste und blindeste Teil in einem törichten und blinden Volke! ... Ministerspielerei, Parteigezänk argwöhnische Angst vor der Gegenrevolution nach innen! Selbsterniedrigung ohne die zwingende Sprache neuer Ideen nach außen! Und in der Presse und Agitation immer wieder das gewohnte Knurren des Klassenkampfes im seltsamen Nebeneinander mit der ausgesprochenen Absage an den Völkerkampf. Eine kleinbürgerliche Oppositionspartei, die aus ihrer Enge nicht heraus kann, die zur Opposition zurück möchte, und der das marxistische Dogma, das sie nicht

* In dieser Veröffentlichung sind neben einigen Abhandlungen Plenges aus den Jahren 1916/18, zwei Diskussionen in Aufsätzen mit A. Strecker und H. Bahr zusammengefaßt. — *H. L.*

überwinden mochte, immer wieder hochkommt. — Man wagt es, uns immer wieder von der Schuld Deutschlands zu sprechen, die wir vor der Geschichte allein bekennen sollen, als ob Deutschland an dem Zusammenbruch der ganzen Kultur des 19. Jahrhunderts allein schuldig wäre. Wir warten aber umsonst auf das große Schuldbekenntnis der marxistischen Sozialdemokratie. Schuld an der Verhetzung unseres Volkes, Schuld an der Verblendung seiner Erwartungen, Schuld an der Lähmung seiner Kraft, Schuld an der unerlaubten Torheit seines Glaubens an das Wort dieser Gegner! ... S. XIII—XV.

Freilich, was ist von der Sozialdemokratie anderes zu erwarten, wenn die bürgerlichen Parteien noch heute so maßlos töricht sind, gegen den ersten Mai als nationalen Feiertag zu protestieren, wo man schon den ersten Mai 1915 als nationalen Ehrentag hätte begehen sollen, ... S. XV.

Wir sind durch den Krieg mehr als bisher eine sozialistische Gesellschaft geworden. Aber Sozialismus ist als gesellschaftliche Organisation nur die vollbewußte Gestaltung der Gesellschaft zur höchsten Kraft und Gesundheit; Sozialismus ist als Gesinnung nur die Befreiung des Einzelnen zur bewußten Einordnung in das begriffene Lebensganze von Staat und Gesellschaft. Mehr ist Sozialismus nicht: weder schlechthin Verstaatlichung noch schlechthin Verbeamtung. So etwas sind die Konstruktionsfehler eines bloß utopischen Sozialismus, die ohne weiteres erkannt werden, wenn man der Wirklichkeit gegenübersteht. Für den Staat wie für den einzelnen gilt die große Kunst, sich jung zu erhalten. Eine Wirtschaftsgesellschaft ist nur so lange jung, solange in ihren allseitig beweglichen Gliedern überall die frischeste Eigenkraft am Werke ist. Wir wollen die frei entstandene Kräftezusammenfassung von Staat und Wirtschaft in den Frieden hinein erhalten, aber gerade wegen dieser neu entstandenen inneren Verbindung von Staat und Wirtschaft jede durch den Krieg erzwungene äußere Fesselung des freien Wirtschaftslebens wieder beseitigen, sobald sie nicht mehr notwendig ist. ... S. 6/7.

... Sie besagt klar und deutlich einmal, daß ich mit ganzer Seele an die Kraft der individuellen Selbstbetätigung glaube und in jeder Zunahme eines entbehrlichen äußeren Staatszwanges eine lähmende Alterserscheinung unseres Wirtschaftslebens erblicke. Sie besagt klar und deutlich zweitens, daß der Individualismus von seiner Freiheit nur dann den rechten Gebrauch macht, wenn er so, wie wir es jetzt gelernt haben, über seiner Freiheit die Erkenntnis fühlt: „Ich dien“, ich muß mich in das Ganze einordnen, in dem ich stehe, und mit meiner Freiheit im Ganzen wirken. So geht äußerer Individualismus mit innerem Sozialismus zusammen. ... S. 7.

... Und daneben bin ich Realist genug, um vorauszusehen, daß wir so gut wie unvermeidlich nach dem Kriege ein gewisses Maß von Staatseingriffen in das Wirtschaftsleben mehr haben werden, als wir hatten und haben möchten. ... S. 8.

Für alle aber, die den Gedanken des Sozialismus mit vollem Bewußtsein erfaßt haben, ist Sozialismus eine Gesinnung, die als Lebenspraxis der Soziologie, d. h. der wissenschaftlichen Gesellschaftlehre, so entspricht wie die moderne Technik der Naturwissenschaft. Wenn und soweit eine eigentliche Wissenschaft vom menschlichen Zusammenleben möglich ist, muß es auch eine höchstbewußte Handhabung der Organisationstechnik dieses Zusammenlebens und entsprechend eine höchstbewußte innere Einordnung des Menschen in die Organisation geben. Das ist denknotwendig. Der Menschengeist fordert den Sozialismus in diesem Sinne als eine höchste Leistung, ... Organisation im größten Stile ist der Geist unserer Industrie. Der Betrieb wird zu demselben gegliederten Kunstwerk wie die Maschine. S. 13/14.

Daß Kant kein Sozialist gewesen ist und nur aus einem ganz dilettantischen Mißverständnis zum Sozialisten gemacht werden kann, gebe ich jederzeit glatt zu. ...

Sokrates aber lehrte, trotz seiner starken Individualität und seiner vollen geistigen Selbständigkeit, wie kein anderer die Eingliederungsmoral: Jeder soll tun, was er versteht, und sich in das Ganze des Staates einordnen. Tugend ist Wissen, und man muß Wissen vom Staate haben, um im Staate leben zu können. Deshalb wird die Sokratische Lehre erst in der Staatslehre Platos vollständig, d. h. im Sozialismus. S. 16.

Also wird trotz allen Mißmuts über die Kriegsorganisation früher oder später als Ziel der inneren Wünsche und als äußere Notwendigkeit der Realpolitik der Sozialismus von 1914 mit Macht wiederkommen. S. 19.

Dann wird es doch Zeit, daß der Geist des Heeres über die Heimat kommt, damit sich auch in der Heimat der Wert der Organisation und der Zusammenfassung aller Kräfte endlich zeigt, weil wir ohne das schlechterdings nicht auskommen können. Der Geist der festgeschlossenen Wirtschaftsarmee, in der jedes Glied seine Pflicht kennt und von sich aus tut, ist der wahre innere Sozialismus, und darum gibt es keine Kraft, die die Ordnung besser erhält, als dieser Geist, der aus freiestem Willen Ordnung schafft. S. 20.

Der Sozialismus in meinem Sinne verlangt von keinem, sei er Individuum, Individualität oder Genie, daß er sich „sein Ich rauben" läßt. ...

Darum erkennt der Sozialismus auch gern an, daß „die Persönlichkeit zum vollen Begriffe Gottes gehört". ... S. 26.

... Auch die vorstehenden Ausführungen über die Mehrpersönlichkeit als das Wesen des Geistes und damit als das Wesen Gottes sind eine Erneuerung und Weiterbildung Hegelscher Gedanken. S. 28.

... : so wie das Individuum als Einzel-Ich aus der Jugend zum reifen Mannesalter aufsteigen muß, so muß das allgemeine, gesellschaftliche Individuum in dem inneren Bewußtsein seiner gesellschaftlichen Lebensbesinnung vom Individualismus zum Sozialismus aufsteigen. Es steht ewig in dem großen Lebensganzen der Gesellschaft und kann nicht umhin, schließlich seine ganze Wissenschaft für diese Erkenntnis einzusetzen. ... S. 31.

... Um stark zu sein, braucht unsere Volkswirtschaft der Zukunft die volle Herrschaft über alle ihre Kräfte, aber sie braucht sie in freier Beweglichkeit und Umstellbarkeit aller Teile, nicht als den schwerfällig eingedrillten, zwangsläufigen Gang einer großen Menschenmaschine. ... S. 34.

So sicher der Individualismus der Renaissance, so sicher Rousseau und 1776 vor dem Individualismus von 1789 da waren, so sicher gab es Sozialisten und Nationalisten vor 1914, und nicht nur beides getrennt, sondern, wie Sie wissen, in der absichtsvollen Verklitterung des „Nationalsozialismus", mit der Naumann in seiner Weise der Zeit vorgreifen wollte, wie Sie ihn richtig charakterisieren, ohne zu schauen, sondern nur mit einer gewissen Vorahnung, die gerade das Wesentliche verfehlt. ... S. 68.

... 1914 ist dieses symbolische Jahr für die Organisationsidee, oder scheint es wenigstens werden zu müssen, wenn der Aufstieg der Völker nach dem großen Zusammenbruch gelingen soll. S. 69.

Auch ich sehe das Letzte und Größte der Ideen von 1914 in der Wiedervereinigung mit Gott, oder allgemeiner und in gleicher Weise auf das Diesseits und das Jenseits gerichtet, in der vertieften Erfassung des Geistes im Willen und in der Erkenntnis. Ich glaube, in „1789 und 1914" und neuerdings in dem in Schmollers Jahrbuch abgedruckten „Individualismus und Sozialismus" dargetan zu haben, daß die Organisationsidee uns in das Verständnis der Mehrpersönlichkeit des Geistes hineinführt und uns zum Absoluten in ein objektives Verhältnis bringt. S. 70/71.

... Denn mir scheint, daß logisch und praktisch alles darum geht, ob der Organisationsgedanke eine der großen ebenso natürlichen wie geistigen Wahrheiten ist, die die Menschheit in einer Periode ihres Lebens ganz und von Grund aus ergreifen muß. Sogar mit der Gefahr der einseitigen Übertreibung, damit sie sich in dem Kreise anderer einseitiger Wahrheiten auf die Dauer behaupten kann. Bedeutet der Organisationsgedanke einen wirklichen Lebensstil, eine der letzten, wenn nicht gar die letzte konstruktive Möglichkeit bei der inneren und äußeren Regelung des menschlichen Zusammenlebens, so geht er als dieser einheitliche Lebensstil durch alle Bauglieder des Gesellschaftslebens hindurch und gilt also auch für das Zusammenleben der Staaten. ... Lassen Sie die Organisation der Völker hoffnungslos in Trümmern zusammenbrechen und erhalten Sie nur ein einziges starkes und gerechtes Volk, das durch planmäßigen Zusammenschluß seiner Kräfte nach dem ungeheuren Zusammenbruch durchhält, und die Welt wird neu entstehen. S. 73/74.

... Der Bau der äußeren Organisation würde ein schwerer, düsterer Kerker, wenn die inneren Rechte des Geistes nicht geachtet werden. Der Bau der inneren Gewißheit mit all seinen Außenwerken verliert seinen Halt im Leben, wenn vergessen wird, daß der Geist in diesem Diesseits wirken muß, das er mit seinen Kräften bemeistern soll. S. 74/75.

... : solch eine neue Lebensform, wenn auch nicht gerade ein neues Sittengesetz scheint mir die bewußte Organisationsidee zu sein. Und so, als den Vollzug ihrer Aufgaben durch Menschen, Völker und Klassen, muß man mit gläubigem Auge doch die Geschichte sehen, die dem nur nach außen gewandten naturalistischen Blick als der wütende Entwicklungskampf unbändig ausbrechender Lebenstriebe erscheint. ... S. 85.

Soll die planvolle Gemeintätigkeit der Völker wirklich werden, so muß nicht nur aus dem Gefühl heraus Liebe und Versöhnung zwischen den Völkern gefordert werden, sondern über der gemeinsamen geschichtlichen Bauarbeit der Weltvölker muß als verbindendes Richtbild die Organisationsidee schweben. S. 86.

... Es muß immer wieder gesagt werden, daß wir durch äußeres bureaukratisches Ungeschick und durch die Maßlosigkeit des Eigennutzens der Interessen die Organisationsidee so heruntergewirtschaftet haben, daß wir ihre innere Größe kaum mehr verstehen. ... S. 87.

Wenn man aber die Organisationsidee in ihrer Tiefe erfaßt, erkennt man in ihr das Grundgesetz der auf immer höherer Stufe einsetzenden Einheitsbildung, das durch alles Sein und Leben hindurchgeht, und das, wenn wir es bewußt für uns Menschen anerkennen, die wir durch unsere soziale Vernunftnatur schlechterdings organisierende Wesen sind, notwendig auf dem Unterbau der Nationen zur menschheitlichen Zusammenfassung strebt. ... S. 88.

Der Marxismus war freilich theoretisch schon am Ende, als die Bolschewiki in Rußland die Macht für ihn eroberten. Wir erlebten so das überaus bemerkenswerte Schauspiel, daß eine Doktrin als Praxis siegte, während sie als Theorie bereits überwunden war. ... Man weiß nicht, soll man spotten, oder soll man sich entsetzen, so dumm, so grauenhaft barbarisch ist diese Phantasie! So mögen einst die Stämme der arabischen Wüste das Land der Verheißung erobert haben. Wir wollen die Macht, nichts weiter als die Macht! Und wenn die Macht gebraucht werden soll, ist alles leer. ... S. 118/119.

... Aber wenn so die geistige Schulung, sozusagen der Intellekt des wissenschaftlichen Sozialismus, zum guten Teil aus dem mütterlichen Schoße der Hegelschen Philosophie entstanden ist, so ist sein Wille, nach Schopenhauer das väterliche Erbteil, zum guten Teil aus der lebendigen Erneuerung der starken Energie Fichtes geboren. ... Und noch sehr viel bestimmter steht Fichte als das vorwärtstreibende Vorbild hinter Lassalle. ... S. 123.

... Fichte hat für seine Person unter dem Eindruck des napoleonischen Eroberungszuges denselben Weg durchmachen müssen, den der Weltkrieg der deutschen Sozialdemokratie aufgezwungen hat. Von der unvermittelten Hingabe an die Menschheit zur Besinnung auf die eigene Nation und die Arbeit im Staate. ... S. 125.

... Die Lehre vom Klassenkampf ist ja nur ein Unterkapitel aus der allgemeinen Lehre von der Bedeutung des Kampfes in der Geschichte der Gesellschaftsentwicklung. S. 127.

... Die Arbeiterschaft, die sich der Organisation ihrer Klasse hingegeben hatte, um eines unbekannten Tages diese große Armee mit dunklem Endziel an die Eroberung der Macht zu setzen, sieht sich plötzlich in die Organisation der ganzen Gesellschaft hineingerissen und erkennt, daß man einen wirklichen Staat dazu braucht. Sie macht diese Entdeckung, indem sie sich durch die Weltkatastrophe zunächst in den nationalen Staat hineingerissen sieht, der sich nur durch die Organisation aller Gesellschaftskräfte in seinem Daseinskampf behaupten kann. ... S. 133.

Die Gesellschaftsorganisation der Zukunft soll und muß eine Organisation der Arbeit sein. Sie soll und muß genossenschaftlich sein und alle zur Lebenskameradschaft verbinden. Sie soll und muß die Menschheit zum Ziel nehmen, aber dieses Ziel durch Nation und Staat erreichen. Sie soll und muß in dem Sinne „wissenschaftlich“ sein, daß wir nur durch hochgespannte geistige Tätigkeit den einheitlichen Überblick über das Massenleben der Gesellschaft und seine Gesetze erhalten und es in seiner Tätigkeit einheitlich zusammengliedern lernen. ...: daß der

Völkerkampf für das Geschichtsverständnis so wichtig ist wie der Klassenkampf; daß die Entwicklung der Rüstungskräfte und Rüstungsverhältnisse ebenso umwälzend in den Gang der Geschichte eingegriffen hat, wie die Entwicklung der Produktionskräfte und Produktionsverhältnisse; und daß man überhaupt das Ganze der sozialen Lebensordnung erst dann zu überschauen beginnt, wenn man Staat und Gesellschaft als gleich notwendige Teile in ihrer organischen Verbindung sieht. ... S. 135/136.

... Marx war ein Moses ohne das Gesetz, der sich nie berufen glaubte, die Gebote der dauernden sozialistischen Ordnung selbst vom Sinai zu holen. ... S. 137.

Und selbstverständlich kommen in dieser allmenschlichen Geschichtsauffassung des organisatorischen Sozialismus auch die inneren Willenskräfte des Menschen mit ihren Richtbildern und mit ihrer Selbstentschließung zur Geltung, die in der Auffassung des Marxismus, bei seiner nur geschichtlich verständlichen übermäßigen Verneinung einer verstiegenen, rein geistigen Weltauffassung, zu sehr verkümmert sind. Ein Sozialismus, der sich zur Organisation bekennt, ist sittliche Gesinnung. Organisation ist Willensgemeinschaft, ist Pflicht, ist Eingliederung, ist bewußte Anerkennung gemeinsamer Lebenszwecke. ... Der wirkliche organisatorische Sozialismus stellt darum der Gesellschaft große Ausbildungs- und Erziehungsaufgaben. Wer irgend Durchorganisierung der Gesellschaft verlangt, tritt unabweislich für die Durchbildung ihrer Willenskräfte ein. S. 139/140.

... Denn der organisatorische Sozialismus ist, dialektisch gesehen, wesentlich die abschließende Position, die die bloße Negation des Marxismus zwar überwindet, die aber das, was diese Negation mit Recht verneinte, mit aller Kraft weiter verneint. ... S. 140.

Ja, wirklich, es klingt nicht schön, wenn Lensch geschrieben hat, daß „es nichts Gemütsroheres gebe, als die Weltgeschichte". ... Sie hat ganze Kulturen übereinander gewälzt, um einen neuen Anlauf zu bekommen! ... Die Weltgeschichte ist aber wirklich kein Gegenstand für ethisches und ästhetisches Teegeschwätz, wenn man nicht ihren Bau vor dem inneren Auge, losgelöst von aller Mühe des Entstehens, in seiner Organisationsfolge wie eine große Wunderblume aufsprießen sieht. Dann bleiben wir selber Zuschauer und fühlen die Not und die Härte des Daseins nicht. So sah es Hegel, als er den Staat als die Wunderblume des organisierten Zusammenwirkens in der menschlichen Willensgemeinschaft, „die Rose im Kreuz der Gegenwart" nannte.

... Wir spiegeln uns nicht vor, die Welt sei nur sozusagen durch ein kleines Versehen zum Irrenhaus geworden und brauchte nur sozusagen einen kleinen gutmütigen Entschluß, um wieder brav zu sein.

Derjenige, der einen gefährlichen Irren in einem vorübergehenden Moment seiner körperlichen Ermattung schon für genesen hält, kann von der gefährlichen Bestie plötzlich niedergeschlagen werden, wenn sie bei neuer Kraft wieder ausbricht. Das geben wir denen zu bedenken, die vom Irrenhaus der Welt sprechen und an doch gar zu schnelle Völkerversöhnung glauben. S. 141—143.

Wir müssen die Weltgeschichte immer so ansehen, daß wir praktisch darauf aufbauen können. Das ist das eigentliche Lebensgesetz aller Geschichtsbetrachtung. ... S. 146.

... Aber aus der Grundgesinnung des Organisationssozialismus folgt allerdings, daß der Parlamentarismus als System der Volksverwaltung auf seine organisatorischen Eigenschaften hin beurteilt werden muß. Da ist die Antwort: er ist erträglich beim Zwei-Parteien-System; er führt bei Parteizersplitterung zur elenden Grüppchenwirtschaft gerissener Geschäftspolitiker und bringt dadurch den Staat unter die Bestechungsgewalt der Geldmächte. Darum ist er — jedenfalls in seinen westeuropäischen Formen — für die Zeit des Wiederaufbaus eines großen Volkes zu einer ganz neuen Weltstellung das allergefährlichste System und für den Sozialismus schlechterdings unmöglich. Denn der Sozialismus verlangt weitgespannte Pläne, gut beaufsichtigte Beamte und große Autorität. ... S. 151/152.

... So schweift der Blick weiter über die Zeiten, wo sich am Rande dieser Kultur im Mittelmeergebiete eine anders geartete Stadtstaatenbildung, Hegemonialkämpfe auch unter diesen Bürgerstädten, Reichsbegründung und Umbildung der zur Herrschaft gelangten Bürgerführer in Gottkönige vollzieht, und wie dieses Reich in sich zusammenfällt, wesentlich weil es kein festes organisatorisches Verwaltungsgerüst unter den Bedingungen seiner Entstehung mitbekommen hatte. Wie dann auf dieser Erbschaft wieder neue Staaten aufsteigen, im wesentlichen Gleichgewicht eines Nationalstaatensystems den Kapitalismus gegeneinander hochzüchten, mit den Kräften dieses neuen Wirtschaftssystems im Wettkampf den ganzen Planeten sich unterwerfen und durch das entfesselte Ausdehnungs- und Machtstreben dieses Wirtschaftssystems schließlich in vernichtenden Kampf gegeneinandergeworfen werden. In einen Kampf, der sie zwingt, die organisatorischen Kräfte von Staat und Wirtschaft so zu verbinden, daß wieder ein festes organisatorisches Verwaltungsgerüst entsteht, wieder ein Nebeneinander von staatlicher Magazinwirtschaft und freier Verkehrswirtschaft mit den alten Fragen von Genossenschaftlichkeit und Ausbeutung, Sozialreform und notwendiger Widerstandskraft gegen den drohenden Feind. S. 156.

Unsere Gegenwart ist die Zeit der höchsten Entfaltung der organisatorischen Kräfte der Menschheit, die im Wettkampfe der Völker zur Eroberung und Beherrschung ihres ganzen Planeten aufgestiegen ist, und gleichzeitig die Zeit der stärksten Anfachung des Willens zu Recht und Gerechtigkeit, der in der genossenschaftlichen Zusammenfassung aller diese höchste Kraftentfaltung bewußt bestimmen will. Darum können die Fragen unserer Zeit vollständig nur von einem geistigen Standpunkt aus erörtert werden, der einen vollen Überblick über die überwundenen Lebensstufen der Menschheit erstrebt, um auf dem Boden dieser Entwicklungslehre zur weiteren Erhöhung ihres Lebens bewußt weiterzubauen. ... S. 158.

... Menschengeschichte ist das Gegeneinanderwirken kämpfender Willenszentren, aus denen in ständiger Verbreiterung die gesellschaftliche Einheit aufsteigt. Die Gesamtlage dieses Kräftesystems der Willen, sei es ihre gegliederte Zusammenfassung, sei es das harte Gegeneinander einer hoffnungslosen Zerspaltung, zwingt jedem seine Lebensentscheidungen auf, und nur aus dem Aufeinandertreffen der Bestrebungen steigt, durch die Not geboren, der Fortschritt auf. Das ist sozusagen das äußere Triebwerk dieser politischen Dialektik: ständiger Gegensatz und ständiger Zusammenschluß. ... S. 165.

... Moralisch ist, was sich in der auf Gegensätze gestellten Welt als höhere Bejahung behauptet und die Gegensätze zur Einheit zusammenzubringen weiß. ... S. 166.

... Der alte Marxismus ist tot und darf nur als eingegliederter Teil in einer höheren Einheit weiterleben. S. 167.

... Personenfragen sind gerade vom Standpunkt eines organisatorischen Denkens nicht die kleinste Sorge, sonst hat man den Sinn von „Organisationen“ noch nicht erkannt. S. 172.

... Wir haben den Organisationsgedanken heruntergewirtschaftet! Weil wir die Organisation zu sehr als starren, äußeren Zwang eingeführt haben, der alles schaffen sollte, ohne die freie innere Mitarbeit des Volkes an den Notwendigkeiten dieser Kriegszeit zu sichern. ... S. 173.

... Darum ist es wohl eigentlich eine „dialektische“ Notwendigkeit, daß wir uns nach dem Kriege von den Gefahren unserer Organisation bewußt befreien. ... Organisationslehre als Volksbildung! ... S. 177.

Und dann wird weiter gefälscht. Während meine ganze wissenschaftliche Arbeit auf der Grundauffassung beruht, daß alle Gesellschaftswissenschaft so sehr vom „Geist“ ausgehen muß, wie die Naturwissenschaft von der „Energie“ auszugehen versucht, behauptet der Anonymus frischweg, ich „vertrete in meinen Schriften durchweg ungläubigen Naturalismus und Materialismus".

Unsere natürliche Menschenvernunft treibt uns auf der Höhe des Geschichtslebens zu dem Versuch, unsere menschlich-gesellschaftlichen Kräfte unter möglichstem Ausschluß aller sozialen Reibung und Ausbeutung zur möglichsten Leistungsfähigkeit zusammenzufassen. Das ist eine irdische Organisationsaufgabe, zu der uns eine innere Anlage unseres Geistes hinträgt. ... S. 198/199.

Aber wenn man bewußt von der Naturwissenschaft zur Geisteswissenschaft übergeht, muß dieser Irrtum des rohen Naturalismus vom Sozialismus aufgegeben werden und alles Geistige und damit auch die Religion gewinnt neues Recht. Die Zeit ist jetzt da. ... S. 203.

Der erste Traum des Sozialismus wurde in England geboren. Die von Deutschland ausgehende Reformation führte in ihren Folgen Morus auf das Schafott. Jetzt spricht viel dafür, daß England oder Amerika schließlich die Frucht einer in Deutschland zur Reife gekommenen geistigen Bewegung ernten, ... S. 206.

Wenn man zu der Erkenntnis zurückgefunden hat, daß alle Geistes- und Gesellschaftswissenschaft wesentlich als Willenswissenschaft erfaßt werden muß, hat man auch die nötige Einstellung für das Grundverhältnis zur Kunst: ein menschlich-gesellschaftliches Willenserlebnis. ... S. 207.

Weil alle Kunst immer Willensausdruck ist, — alle Kunst ist also im weitesten Sinne immer „Expressionismus", wenn man dieses Wort nicht auf den übersteigerten und verzerrten Ausdruck allein beschränken will — gehört es zur weltgeschichtlichen Diagnose, auch die Kunst einer Zeit richtig zu deuten. ... Denn die Welt des Willens lebt lebendig weiter und baut an aufsteigenden Menschheitsformen, oder richtiger, baut an einem nach natürlichen Wachstumsregeln dahingehenden Ablauf der Kultur- und Gesellschaftsentwicklung. ... S. 208.

... Wo ist, wo lebt, was unsere großen Geister gedacht, für uns gedacht, für uns gewollt haben? „Leben die Bücher bald?" fragt Hölderlin. ... S. 210.

... Es kann einen aber auch Ekel über die geheime Wollust des ausdrucksvollen kunstgemäßen Winselns packen. Wir denken daran, daß es in allem Sturm auch eine Steuermannshaltung gibt. S. 211.

Wart aber Ihr Ästheten vor dem Kriege nicht die ärgsten „Lebens"-schwärmer und „Lebens"schwätzer? Fandet Ihr „das Leben" nicht in allen seinen ungehemmten Äußerungen gleich bewundernswert und schön. Nun gut, jetzt habt Ihr die ungebändigten Gewalten, die Ihr rieft. ... S. 212.

Es ist ein Fluch des deutschen Volkes, daß in falscher Erinnerung an Weimar ein zu großer Teil seiner jugendlichen Intelligenz einen überlauten Kult der lyrischen Verweichlichung treibt, wo unsere Kultur über das Alter der Gedichte seit Jahrzehnten hinaus ist. Denn auch die Kulturen altern, das ist ein festes Gesetz, und es steht ihnen übel an, wenn sie noch in reifen Jahren mit schrill gewordenen Tändeleien kokettieren. Man muß etwas gelernt haben, wenn man der Welt heute etwas sagen will. ... S. 215.

... Wir wollen ja zu einer reiferen Lebenshöhe hinauf. Sind darum ehrliche Sucher unter den Manieristen und Machern des Expressionismus! Glück auf den Weg zur Klarheit, der freilich noch Arbeit kosten wird! Gibt es noch eine harte Trostlyrik eines neu die Zukunft zwingenden Volkes, so sei sie gegrüßt. ... S. 216.

... Und nun hat man gerade hier in Münster in einem öffentlichen Vortrag hören müssen, daß ein christlicher Sozialismus als wesentliche Gesinnungsverbindung da sein muß. Pesch sagt, er ist schon da; Max Scheler sagt, er wird in seiner wahren Gestalt noch kommen. S. 220.

Polarer Gegensatz auf dem Boden wesentlicher Identität! Auf diese dialektische Grundformel läßt sich die Sache bringen. ... S. 221.

Alle menschlichen Lebenszusammenhänge kann man nun aber entweder von innen oder von außen sehen. Vom Standpunkt der Geisteswissenschaft oder besser Willenswissenschaft und vom Standpunkt der Gesellschaftswissenchaft. ... S. 222.

... Gesellschaftliche Außenforschung steht auf dem Boden der Erfahrung; sie wurzelt in unserem gemeintätigen Erkenntnisvermögen, das sie kritisieren muß, wie es Kant uns gelehrt hat, freilich indem sie über Kant hinaus dieses Erkenntnisvermögen selbst in seiner gesellschaftlichen und damit geschichtlichen Bedingtheit zu verstehen sucht. ... S. 223.

... Alles menschliche Leben ist Gemeinbetätigung. ...

In diesen Formeln „Wir im Ich" und „Ich im Wir" faßt sich also unser Gegensatz auf das Einfachste zusammen und gleichzeitig ist klar, wie dieser Gegensatz von beiden Seiten her der Ergänzung bedarf. Das Geheimnis der religiösen Übereinstimmung steckt in der Tiefe dieser Formel. S. 224.

... Ja, wer meiner Auffassung genauer nachspürt, wird finden, daß es mir ganz vor allem darum zu tun war, in einer Welt des drohenden Sozialismus im Sinne einer einseitigen Vorherrschaft der äußeren Zwangsorganisation die innere und äußere Freiheit des einzelnen wesentlich zu bewahren. ... S. 227.

Man kann mit aller Schärfe gegen die Geldsucht und die Kapitalsucht vorgehen und doch den Geldgebrauch und Kapitalgebrauch für eine äußerst nützliche, höchst vernunftgemäße Gesellschaftseinrichtung halten. Das Geld ist die allgemeine Bezugskarte und erspart viel von den Umständen unseres Rationensystems. Sein Gebrauch setzt Kräfte frei. ... S. 229.

... Er (M. Scheler — *H. L.*) nannte in seinem Vortrag die mechanistische Naturwissenschaft widergeistig und widernatürlich, wenn sie zur alleinigen, alles äußerlich vergewaltigenden Naturanschauung gemacht werden soll. Aber ein herrliches Mittel zur Herrschaft des Menschen über seine Außenwelt, wenn sie mit kritischer Besonnenheit als konstruktives Verfahren verwendet wird, um die errechenbaren Regelmäßigkeiten des Naturverlaufes unter den praktischen Zugriff des Menschen bei seinem gesellschaftlichen Lebensbau zu stellen. Nun, genau so steht es mit Geld und Kapital. Als herrschende Dämonen über den Menschen: äußerste Entartung! Als unterworfene Diener: unvergleichlich wirkungsvolle Gewalten! Ja sogar das Finanzkapital, von dem Scheler nur als der schlimmsten Ausgeburt des verruchten Kapitalismus zu sprechen schien, kann doch eine außerordentlich leistungsfähige, für einen vernünftigen Sozialismus unentbehrliche Zusammenfassung und planmäßige Verwendung der gesellschaftlichen Ersparnisse bedeuten. ... S. 229/230.

Kommunismus ist ja überhaupt heutzutage Kurzschluß in der Leitung der sozialen Gesundung. Gewalttätiges Zurück zu dem instinktmäßigen Gemeinschaftsleben urwüchsiger Menschenhorden in der Jugendzeit unserer Gattung und darum recht eigentlich ein Kindischwerden der sozialen Menschheit. Sozialismus aber ist die Altersweisheit der bewußten ausgleichenden Zusammenfassung der gesellschaftlichen Kräfte. S. 233.

... Kapital ist das Hauptgeld, zu dem durch verkehrsmäßige Bewirtschaftung in einer bürgerlichen Tauschgesellschaft Geld hinzukommt. Individualwirtschaft und Konkurrenzsystem, mit der darin enthaltenen natürlichen Möglichkeit der Monopolbildung, sind also der Lebensrahmen des Kapitalismus. ... S. 240.

... Kapital ist Geldvermögen in der Bewegung seiner Bewirtschaftung im gemeintätigen Tauschverkehr der bürgerlichen Gesellschaft. Es liegt nicht irgendwo still für sich als ein beliebiger Haufen von Gütern. So wenig wie Blut als ein chemischer Körper neben dem Leben liegt. S. 241.

... Dazu überall der Antrieb der rastlos beweglichen Verwertung von Geld auf Mehrgeld unter gleichzeitig fortschreitender Umgestaltung der Produktivkräfte! Also ständige Markterweiterung und ständige Markterschütterung. ... S. 242.

... Die Befähigung zu diesem kapitalistischen Willensleben ist die Auslesebedingung, die über das Vorwärtskommen in einer kapitalistischen Welt entscheidet. S. 244.

Mit dem kapitalistischen Geist ist es nicht anders. Es ist die einseitig gewordene und überwuchernde Berufspsychologie des kaufmännischen Unternehmertums. ... S. 245.

... Das ist die typische Bedeutung der Reformation für den werdenden Kapitalismus unserer neueren Kultur. Sie hat ihn durch ihren Individualismus und durch ihren Hinweis auf die christliche Bewährung im strengen Ernst der diesseitigen Lebensarbeit beschleunigt, aber sie hat ihn nicht geschaffen. ... S. 247.

... Wo doch gar kein größeres Verhängnis kommen könnte, als wenn unser unglückseliges Volk durch eine Gewaltpolitik, die aufs Ganze zu gehen glaubt, vollends in kämpfende Teile auseinandergerissen würde, bis der Vernichtung kein Ende mehr ist. Deshalb müssen wir „diese Gironde“ lieben und schonen wie der Krüppel seine Krücken liebt und schont, an denen er zunächst wieder gehen lernt. Nur in unserer mühseligen Genesung keine Ungeduld und kein Sensationsbedürfnis! Das sind Zeichen von Fieber! S. 249.

Die Zukunft Deutschlands und die Zukunft der Staatswissenschaft[1]

(1919)

Wir brauchen für die Zukunft Deutschlands eine leistungsfähige Staats- und Gesellschaftswissenschaft als voll ausgebildetes Glied unseres Volkskörpers, und wir haben sie nicht.

Wie überall in der Welt der aufbauenden Arbeit handelt es sich dabei um *Produktion* und um *Organisation*. ...

... Die vereinigte Arbeit des Faches darf sich nicht in Äußerlichkeiten verlieren und ebensowenig darf uns das Vorbild der weiter fortgeschrittenen Naturwissenschaft zu Maßregeln verlocken, die für uns erst in zweiter Linie stehen. Wir sind dem ausgesetzt. Überall fehlt es; überall hat man die wesentlichen Aufgaben nur unklar erfaßt. Man ahnt größtenteils noch nicht einmal, was der staatswissenschaftliche Unterricht unserer Zukunft sein muß, und was er für unsere Zukunft bedeutet. ... S. 5.

Meine schärfste Kritik gilt dem *Verein für Sozialpolitik*, weil er sich den neuen Aufgaben des Faches am wenigsten gewachsen gezeigt hat. S. 6.

... *Denn wir gehen doch davon aus, daß der staatswissenschaftliche Unterricht an den Schulen mit demselben Ernst betrieben werden muß, wie sich im Verlauf des 19. Jahrhunderts der naturwissenschaftliche Unterricht durchgesetzt hat. Um den staatsbürgerlichen wissenschaft-*

---

[1] Das staatswissenschaftliche Verlagsprogramm. (Der Verleger: G. D. Baedeker. Der Herausgeber: J. Plenge.)

Das neue einheitliche Zeichen über unseren staatswissenschaftlichen Arbeiten hat einen dreifachen Sinn. Es bedeutet eine neue Zukunft unseres Volkes über dem Kreuz seiner Gegenwart. Es bedeutet die Vereinigung der großen geistigen Gegensätze der neueren Geschichte: das dritte Reich. Es bedeutet auf dem Grunde des Christentums erwachsenen Sozialismus, d. h. Sozialismus in dem einzig möglichen Sinne der moralischen Gesinnung und der Organisation, die in der Freiheit und Selbständigkeit ihrer Glieder ihre Stärke sucht.

Aber nicht Zeichen und Symbole können uns erneuern, sondern nur nüchterne Arbeit. Dazu gehört nüchterne Arbeit der Aufklärung über den Aufbau und das Werden von Staat, Wirtschaft und Gesellschaft.

Darnach bestimmt sich die Aufgabe und der Umkreis unserer Veröffentlichungen (vorderes Umschlagblatt).

lichen Unterricht muß im 20. Jahrhundert gekämpft werden. Der Kampf darf nur kurz sein. S. 12.

... Der Verein für Sozialpolitik hat die Zeit verpaßt. S. 20.

... Der Verein für Sozialpolitik weiß es noch nicht, daß er sich auf eine von Grund aus neue Lage einstellen und darum seine Kraft und seine Ziele von Grund aus erneuern muß. Er weiß es nicht, daß eine neue Jugend da ist, die der Führung und Schulung bedarf. S. 21.

... Wie sollten die technischen Hochschulen dazu kommen, in den „Wirtschaftswissenschaften" zu promovieren. Ihr volkswirtschaftlicher Unterricht genügt nicht dazu. Er erweitert die Privatwirtschaftslehre! Er kann vielleicht das Examen eines Dr. ing. oec., eines „Doktor Verwaltungsingenieur" ermöglichen, aber wie in aller Welt sollte er ein allseitiges Verständnis der Volkswirtschaftslehre ermöglichen. Die Forderung zeigt doch nur, wie sträflich die Ingenieure die eigentliche Volkswirtschaft unterschätzen und daß sie auf den Universitäten zu gering entwickelt ist. Man braucht nur die Schrift eines in der Sozialisierung dilettierenden Ingenieurs vorzunehmen, einen *G. Feder*-München, oder auch einen *Hermann Beck* („Sozialisierung als organisatorische Aufgabe"), und vor allem *Möllendorff* selbst, um zu verstehen, daß Taylorsystem und Betriebsorganisation noch nicht die Wirtschafts- und Staatswissenschaften sind. Der Unterschied zwischen der menschlichen Gesellschaft und einer gut regulierten Maschine ist wirklich größer, als diese Herren meinen. ... S. 42.

... Doktor der „Wirtschaftswissenschaft" paßt, wenn gründlich geprüfte Wirtschaftsstatistik und gründlich geprüfte Privatwirtschaftslehre die Nebenfächer sind. Sonst ist es wieder „Augenverblendung". ... S. 44.

... Wir werden uns darüber klar sein müssen, daß damit eine neue Fachhochschule in der Art der technischen Hochschule entsteht, und daß wir diese Fachhochschule brauchen, wenn wir die Organisatoren und Führer, den Beamtennachwuchs im weitesten Sinne, für unser neues Deutschland haben wollen. Entweder — oder! Diese neue Ausbildung ist die Vorbedingung für unseren Wiederaufbau und unsere künftige Weltstellung. S. 54.

Die erste Anlagebank

(1921)

Vorwort

Will man den Kapitalismus verstehen, muß man eben das Kapital verstehen, und zum Verständnis des Kapitals gehört das Verständnis des Finanzkapitals als der zentralen Konzentration der Geldkraft einer kapitalistischen Volkswirtschaft.

... Zugrunde liegt das Kapitalbedürfnis der Unternehmungen und Kapitalnehmer nach Betriebsmitteln und Anlagemitteln; bzw. der Bestand der Kapitalgeber an liquide zu haltenden Beständen einerseits, Sparkapitalien andererseits. ... S. V.

... In dem Deutschland des Hochkapitalismus entstand die der gesteigerten Organisationsform des Wirtschaftslebens entsprechende Bankorganisation und trieb ihrerseits die Organisation des Wirtschaftslebens weiter.

... Wir jungen Volkswirte von damals fanden keine Bücher und keine Theorien, aus denen wir das Bankwesen unserer Zeit verstehen konnten. S. VIII.

Das Verdienst, den entscheidenden Anstoß gegeben zu haben, fällt Heinrich Dietzel zu. ...

Dietzel hatte mich als jungen Doktor zu einer Studie über das Krisenproblem angeregt. Ich denke noch heute daran, wie mich die Dornen dieser Arbeit geschmerzt haben, als ich mit den ungeschickten Händen des wesentlich geschichtlich und an sozialen Beschreibungsaufgaben geschulten Nichttheoretikers hineingriff, aber ich entdeckte doch bei dem ersten Versuch, daß der Prozeß des Kapitalismus nicht nur Versorgung und Umlauf, sondern wesentlich Wachstum und Veranlagung ist. Die ganze Unmöglichkeit der üblichen bürgerlichen Nationalökonomie, die das Wirtschaftsleben in einem einfachen Gang von der Produktion durch Umlauf und Verteilung zur Konsumtion ablaufen läßt, wurde mir deutlich. Die Richtung zu meinem „System der Verkehrswirtschaft“ von 1903 war gegeben, das eine neue Analyse der ineinandergreifenden Lebensprozesse der kapitalistischen Volkswirtschaft versuchte. Aber es hat die fünf Jahre von 1898 bis 1903 gedauert, bis ich die erste Skizze vorlegen konnte. ... S. IX.

„Planwirtschaft“ kann doch nur auf einer guten „Wirtschaftstheorie“ des Kapitalismus aufbauen, und das „Kapital“ von Marx hat sie nicht gegeben.

Aber die erste Aufgabe für mich jungen Menschen, der den Boden aller seiner bisherigen wissenschaftlichen Voraussetzungen unter sich wanken fühlte und vor der Frage stand, ob es gelingen könnte, diese schwankende Basis durch neue Fundamente zu unterfangen, war deutlich genug folgende: wenn es darauf ankommt, das Wachstum und den Veranlagungsvorgang in der ganzen Volkswirtschaft zu sehen, und wenn in der bisherigen Krisengeschichte die Banken sichtbar bei allen großen Zusammenbrüchen eine große Rolle gespielt haben, welches ist dann die Stellung der Kreditorganisationen im Veranlagungsprozeß? So entstand die Auffassung von den Anlagebanken, und ich stellte schon im Sommer 1898 den Crédit Mobilier in einer Arbeit des Dietzelschen Seminars richtig dar. ... So konnten gerade die Ergebnisse der soziologischen Betrachtung in den Crédit Mobilier hineingearbeitet werden. Ich veröffentlichte ihn, als 1903 auch die Begründung einer neuen Wirtschaftstheorie fertig genug war, um den ersten Wurf zu wagen.

Im Dietzelschen Seminar hatte meine Bankstudie starken Eindruck gemacht. Weil die Veröffentlichung meines Crédit Mobilier auf sich warten ließ, regte Dietzel auch meinen jüngeren Seminargenossen Adolf Weber an, sich mit ähnlichen Fragen zu beschäftigen. Weber brachte in schneller Zusammenfassung eines einfacher liegenden Materials sein Buch über „Depositenbanken und Spekulationsbanken“ 1902 heraus, das die englischen Verhältnisse darstellt, ohne sich in die Fragen der Veranlagungsvorgänge und Finanzierungsaufgaben zu vertiefen. S. X/XI.

... Andere Abteilungen sollten den Konzentrationsprozeß, die eigentliche Anlagebanktheorie, das Verhältnis zwischen den Banken und den großen Kapitalverwendern Industrie und Staat und Spezialformen wie die finanziellen Trustgesellschaften behandeln. ...

Die eigentliche Anlagebanktheorie und damit die Durchdringung der Stellung und der Aufgaben des Finanzkapitals ist überhaupt ungeschrieben geblieben. Man muß vom marxistischen Jargon gründlich frei sein, wenn die Aufgabe gelingen soll. Das „Finanzkapital“ von Hilferding ist eine zu marxistische Klitterung. S. XII.

Eine Stelle im Wirtschaftsleben, wo auch da, wo uns sonst die Masse und der gleichgültige Durchschnittsmensch begegnet, die bis zur Abenteuerlichkeit seltsame „Persönlichkeit“ auftritt! Eine Unternehmung, die in dem wechselvollen Geschick des Auf und Ab das Schicksal im spekulativen Markt des Kapitalismus eindringlichst vor Augen führt!

Ein Finanzierungsplan von einer Großartigkeit, daß er die Phantasie immer wieder beschäftigt!

Wir denken nicht daran, heute die Finanzierungspläne des Crédit Mobilier zu verwirklichen. Wenn aber heute der Gedanke der „Planwirtschaft" in der öffentlichen Erörterung eine solche Rolle spielt, und als industrielle „Gemeinwirtschaft" so leidenschaftliche Vertreter hat, muß mit allem Nachdruck daran erinnert werden, daß die 40er Jahre das Schlagwort der „Organisation der Arbeit" hatten, und daß die Pereire, auf St. Simon fußend, das Problem der „Organisation des Leihkapitals" hinzugebracht haben.

Und wo ist die Einsicht, daß wir durch die Notwendigkeit neuer Steuermaßregeln und unter dem Druck des Friedensvertrages in einer Richtung auf neue Organisationsformen unserer Kapitalwirtschaft fortgehen werden, die zwar nicht das bringen, was den Pereire vorschwebte, aber durch die Verwaltung großer Effektenbestände im Gesamtinteresse und durch die Vereinigung dieser Aufgabe mit dem Problem des Staatskredits zu immerhin verwandten Lösungen zwingen. Der Crédit Mobilier war doch als erste „Finanzzentrale" gedacht. S. XIII/XIV.

... Wir können Zeiten entgegengehen, wo wir die großen Bauaufgaben als bewußt gehandhabten Regulator der Konjunktur für den gleichmäßigen Gang des Wirtschaftslebens und des Arbeitsmarktes gebrauchen, ...

Schon der Gedanke an eine bewußte Regelung der Konjunktur durch große Bauaufgaben in einem notleidenden Volke läßt politische Perspektiven entstehen. ... S. XV.

... *Weber* („Depositen- und Spekulationsbanken", 1902) vereinigt viele statistische Materialien und kommt im übrigen über kritische Bemerkungen zu Einzelfragen nicht hinaus, trotzdem er eine Theorie verheißt. ... S. 1.

Es ist damit gesagt, daß der Volkswirtschaftsprozeß nicht die glatte harmlose Warenbewegung ist, der einfache Güterstrom, der, sich verteilend, vom Produzenten zum Konsumenten umläuft. Mit dieser bequemen Lehrbuchvorstellung ist es in der Wirklichkeit nichts. Unser Thema macht es notwendig, daß zum mindesten der große Wirtschaftsverlauf besonders beschrieben wird, durch den sich jährlich der Sachanwuchs des Wirtschaftskörpers durchsetzt. Gleichsam das papierene Schattenspiel hinter den körperlichen Bildungsvorgängen der neuen Fabriken und Bahnen ist die Leihkapitalbewegung vom Sparer durch den Vermittler zum Investienten, der die Bauindustrien in Tätigkeit setzt, ähnlich wie der Wechsel- und Scheckumlauf das papierene Schattenspiel hinter der normalen Warenumlaufsbewegung ist. S. 2.

... Auf dieser neuen Basis entwickelte sich dann allerorts das Bankwesen weiter, auf dem Kontinent durch allmähliche Ausgestaltung der großen Bankanstalten, die, Pereire korrigierend, Umlaufs- und Anlagebankgeschäft vereinigen, in England arbeitsteilig, wobei man mit einem ungeschickten Sprachgebrauch nur die Umlaufsbanken als „Banken" bezeichnet, während doch neben ihnen auch die Investment Trusts und Finanzgesellschaften als Kapitalvermittler zahlreich gediehen sind. S. 6.

... St. Simon sagte bei aller Unklarheit und Schweigsamkeit zum wenigsten deutlich, daß die Banken der Mittelpunkt des kommenden industriellen Systems sein würden. ... S. 16.

So klingen noch im Alter die Saint-Simonistischen Erinnerungen nach. „Der Kredit, man verzeihe den trivialen Vergleich, steht zur Karitas in demselben Verhältnis, wie der Dampf zum lauwarmen Wasser." Man kann ohne Scherz die Behauptung wagen, daß für die „neue Religion" die Worte Kredo und Kredit auf eine sachliche Verwandtschaft hinwiesen. S. 34.

Mit der Form sollte aber auch der Geist der Kapitalvermittlung wechseln: „Wir wollen Banken gründen, in denen die Werktätigen jeder Ordnung die volkswirtschaftliche Investitur erhalten, wie Karl der Große Lehen gegründet hat, wo die Söhne des Adels die Kriegsinvestitur empfingen; unser Banksystem ist nicht entfernt so kompliziert wie die Feudalhierarchie." S. 36.

... Der Crédit Foncier sollte darum Bodenpfandbriefe ausgeben, der Crédit Mobilier verzinsbare Banknoten und durch Aktien gedeckte Papierpfandbriefe; der Crédit Mutuel sollte nach Wahl mit Geld oder mit den kurzfristigen, geldartigen, aber verzinslichen Obligationen des Crédit Mobilier, der damit zum „issue department" wurde, diskontieren und dagegen Deckung an eignen Werten und Staatspapieren in das Portefeuille des Crédit Mobilier geben. S. 40.

... Für 1856 wurden 40 Prozent Dividende ausgeschüttet. I. Pereire hatte gut darauf hingewiesen, daß der Gewinn ausnahmsweise hoch und die Spekulationen daraufhin unberechtigt seien, die Aktie von 500 Frs. wurde bis 2000 getrieben, um bald darauf auf 700 zurückzugehen. ... S. 59.

... Begründeter war aber der anschließende Kampf der Pereire gegen die Bank von Frankreich, deren scheinbar willkürliche Diskontpolitik 1864 den Satz unter ungewohnt vielen Veränderungen zweimal auf 8 Prozent hatte steigen lassen und dadurch die möglichen Mängel einer Monopolbank erkennen ließ. Diese Geldmarktkrisis war für die Bauindustrie besonders empfindlich gewesen und hatte durch die Schädigung der Société Immobilière den Crédit Mobilier schwer getroffen. S. 71.

... Der Plan, 75 Millionen der Kontokorrente des Crédit Mobilier in ein festes dreijähriges Anlehn zu verwandeln, mißlang. Der Verlust des halben Aktienkapitals mußte statutengemäß die Liquidation nach sich ziehen. ... Die Bank von Frankreich bestand auf dem Rücktritt der Pereire, weil sie keine „maison de jeu" unterstützen wollte. ... S. 74/75.

Deutsche Propaganda

(1922)

... Diejenigen, die Propaganda mit Reklame verwechseln und glauben, daß nur die größeren oder kleineren Geschicklichkeiten einer kaufmännischen Werbetechnik hier behandelt werden sollen, irren sich. Auf die große weltpolitische Propaganda ist bereits hingewiesen. Ich brauche nur daran zu erinnern, was die „Agitation" als innerpolitische Propaganda bedeutet und daß an höherer Stelle die Mission, die Verbreitung von Ideen ebenfalls zur Propaganda gehört. Daß das Wort Propaganda von einer kirchlichen Institution, die den Glauben neu verbreiten sollte, von der congregatio de propaganda fide vom Jahre 1622, genommen ist! Propaganda ist Verbreitung geistiger Antriebe, die Handlungen auslösen sollen. Ist, genauer gesagt, ein Unterfall des Ausstreuens solcher geistigen Antriebe und gehört damit zu den Grundtatsachen des menschlich-gesellschaftlichen Zusammenlebens.

... Nach der realen Außenseite der gesellschaftlichen Einrichtungen gipfelt die Gesellschaftslehre in der Organisationslehre, in der Lehre von der praktischen Kunst, menschliche Willen zur Einheit zusammenzufassen und als Einheit zu betätigen. Diese praktische Seite der Gesellschaftslehre ist ohne Propaganda nicht denkbar. Wie werden für die Gewerkschaften die Mitglieder gewonnen, wie kommt schließlich eine Partei zustande, wie hat etwa der Friedländer seine Soldaten geworben? Durch Propaganda! Organisation und Propaganda gehören also zusammen. Nur durch Propaganda Werbung neuer Glieder! Nur durch immer erneute Propaganda wird der Geist der Organisation in immer erneuter Kräftigung und Belebung alle Glieder der Organisation dauernd gleichmäßig durchdringen. ... S. 13.

Wie wir es sehen, steht die „Idee" über dem allen. Die Idee schafft die Organisation, wenn sie sich durch Propaganda auswirkt, und hält die Organisation lebendig, wenn sie durch Erziehung und Werbung dauernd an alle einzelnen herangetragen wird; immer aber spielt das Leben der Einzelkräfte in immer neuen Konjunkturen, an die sich die aufbauende Arbeit anpassen muß. Die vier großen Arbeitsgebiete: Ideenlehre, Lehre von der Propaganda, Lehre von der Organisation und Lehre von der Konjunktur sind also eine große Einheit. ... S. 15.

... Es ergibt sich, daß Propaganda zwischen Befehl und Bitte steht. Propaganda ist schließlich ein Imperativ, der aber nicht befehlsweise gegeben wird, sondern der herangetragen wird als Anregung, ohne daß normalerweise das Verhältnis des bestimmenden Beeinflussungswillens besonders stark betont wird. ...

Neben diesen mit vollem Bewußtsein arbeitenden Fällen der sozialen Antriebserteilung gibt es auch eine unbewußte Beeinflussung, die hier genannt werden muß. ... S. 16.

... Es ist nicht zuviel gesagt, daß wir Deutschen im Auslande diese Propaganda vielfach für uns nicht gemacht haben, daß wir uns dieser Pflicht, die die Pflicht jedes Einzelnen ist, künftighin bewußt werden müssen. ...

Wenn das zu den unbewußten Dingen gehört, auf die neben der bewußten Verbreitung sozialer Antriebe hingewiesen werden muß, so ist noch etwas anderes zu nennen, was mit der Propaganda nahe verwandt ist, aber zunächst ungeplant und ungewollt entsteht. Das ist das Gerücht. ... Das Gerücht war, ehe die Propaganda war, es geht auf primitive Zeiten, auf einfachere menschliche Verhältnisse zurück. ... Was für ein Helfer das Gerücht sein kann, können die Erfahrungen und Taten von Lettow-Vorbeck oder des Grafen Luckner mit seinem „Seeadler" zeigen. ... S. 17.

Dann muß ich noch darauf hinweisen, daß in dem Gesamtzusammenhang gesellschaftlicher Einwirkungen und Antriebe, die hier zu nennen sind, natürlich auch die ungeistigen Beeinflussungen nicht unerwähnt bleiben dürfen, mit denen der Wille gefügig gemacht werden soll. Die einfache Überwältigung und Drohung, an die die politische Demonstrationspropaganda nahe herankommt! ... S. 18.

... Die bewußte Rationalisierung der Verbreitung geistiger Antriebe ist also von Anfang an mit unserm Wort verbunden.

Propaganda hängt mit pangere zusammen: „einstecken, einschlagen", sozusagen die Grenzpfähle eines Machtbereiches weiter ausstrecken. Zugrunde liegt die Wurzel panc oder pac, dieselbe Wurzel, aus der pax, der Friede stammt. Vielleicht können wir also jetzt das Wort Propaganda mit dem Frieden wieder echt und wurzelhaft verbinden, im Gegensatz zur Bedeutung, die es im Weltkriege für unsere Gegner bekam. Weiter ist es, und auch das dürfte nebenbei interessieren, mit pactum verwandt, von dem das Wort Pacht abgeleitet ist. Man könnte also den Satz bilden: ein Pacifist, der eine Zeitung pachtet, um Propaganda zu machen. S. 19.

... Man würde den Begriff irrtümlich erweitern, wenn man schon alle Anfragen und Aufforderungen im einzelpersönlichen Verkehr und im eingewöhnten Kundenverhältnis für Propaganda halten wollte, wenn es der moderne Geschäftsmann auch für geraten halten wird, auch ein eingewöhntes Kundenverhältnis durch einen entsprechenden Einschlag von Propaganda zu pflegen und wirtschaftlich zu entwickeln. Nur das Ausstreuen von Antrieben kann als Propaganda angesprochen werden. ...

Man muß also in der Propaganda versuchen, an eine Mehrheit von Menschen mit Antrieben heranzukommen, um dort das zu erreichen, was erreicht werden soll. ... S. 20.

... Zunächst kommt also meistenteils die starke Augenblickswirkung, sozusagen das Heranreißen, und nachher muß die Dauerwirkung, das Überzeugen kommen, indem die Propaganda mit geeigneten Mitteln fortgesetzt wird und so, wie bereits gesagt, zur Überzeugung führt. ... S. 21.

... Es kommt dann darauf an, diejenigen, die gewonnen sind, bei der Stange zu halten, damit das mühsam Aufgebaute nicht in ein Nichts zerrinnt. Es darf also gerade hier keine Augenblickspropaganda getrieben werden, sondern man muß danach trachten, die vielen einzelnen immer wieder aufs neue mit den Ideen der Organisation zu verketten und innerlich zu gewinnen und zu binden. Das ist das Gebiet der Innenpropaganda, der Organisation, die hier neben die Außenpropaganda tritt. ... S. 24.

... Wer? Was? Wie? Wer will was, wie will er es, und aus welcher Kenntnis der Wirklichkeit handelt er. ...

Beim Wer unterscheiden wir zunächst die Personalpropaganda, ob ein einzelner für sich Propaganda macht, wie es große politische Persönlichkeiten tun, ... Dann die Geschäftspropaganda des kapitalistischen Betriebes, die Organisationspropaganda der Verbände, die Parteipropaganda, die Kommunalpropaganda einer Stadt, die politische Staatspropaganda. ...

Dann ist die Frage: Was wird propagiert, ... S. 25.

... Es kann ebensowohl eine Ware nach Preis, Qualität propagiert werden (Sachpropaganda), als auch Ideen, vergeistigte Ziele, innere Richtbilder des Lebens, Idealpropaganda, die, wenn sie irgendwelche Handlungen auslösen soll, Leistungspropaganda wird. ... S. 25/26.

... Helden und Märtyrer sind gleichermaßen Propagandaobjekte für die Idee. Man muß genau unterscheiden, ob es sich um objektive oder subjektive Personalpropaganda handelt. ...

... Das Wie mit den typischen Unterfragen, welche Kräfte, welche Mittel, welche Taktik, welche Strategie und bei welcher Gelegenheit. ... S. 26.

... Vor allem muß erneut daran erinnert werden, daß systematische Propaganda für einen großen Zweck selbst System und Organisation haben muß. ...

Bei den Mitteln der Propaganda nenne ich zunächst die derbste Form der Propaganda, die Demonstrationspropaganda, bei der etwas körperlich gezeigt wird. ...

Nach der Demonstrationspropaganda die Bildpropaganda. Lichtbild, Plakat, Karikatur mit all ihren Möglichkeiten. ...

Dann die Wortpropaganda. ... S. 27.

... Vor allem aber steht an erster Stelle das Schlagwort, da die Propaganda in die kurze Formel zusammengedrängt werden muß. ...

Als vierter Fall die Propaganda der Zahl bei Auflageziffern einer Zeitung, Wahlerfolgen der Partei, Anwachsen der Gewerkschaft, Kapital einer Bank. ... S. 28.

So gibt es große weltgeschichtliche Gelegenheiten der Propaganda. ...

Man kann diese Gelegenheiten auch machen, wenn sie sich nicht von selber machen. ... S. 31.

... Es gibt solche Kuppler der Propaganda! ... Mit diesem Begriff der Propagandagelegenheit und der wechselnden Propagandalage bekommen wir also erhöhtes Verständnis für die Propagandakonjunktur.

Zunächst muß man also, ein einfacher und doch grundwichtiger Satz, die Menschen kennen, wenn man irgendwo Propaganda machen will, ... Propaganda ist eine sozialpsychologische Aufgabe. Menschenkenntnis ist die Grundvoraussetzung. Die Propaganda-Empfänglichkeit verschiedener Völker und verschiedener Bevölkerungsgruppen ist sehr ungleich. S. 32.

Fossil gewordene Bürokratie, geistig erstarrte oder ausgebrannte Menschen sind durch Propaganda nicht mehr zu bewegen. ... S. 33.

Und immer setzen gegen die Propaganda die Gegenantriebe ein.

Dann kommt die Gegenpropaganda und zwar in den beiden Formen der Antipropaganda und der Konkurrenzpropaganda. ... S. 35.

... Oder um ein anderes Beispiel zu nennen, wenn in irgendeiner Erzählung oder in einem Feuilleton bei passender Gelegenheit ein Lob des Weines auftaucht oder sonstiger alkoholischer Genüsse, so ist das oft bezahlte Alkohol-Propaganda, Überraschungspropaganda in Form der einschmeichelnden Erinnerung, womit immerhin eine gewisse Wirkung erreicht wird. Eine andere Form kann man gewissermaßen die Einkreisungspropaganda nennen. S. 38.

... Beispiele für Standpropaganda gibt die Inschrift auf dem Denkmal der Thermopylen, oder aber die Anschlagsäule, das Schild am

Laden und das Ladenfenster, die Lichtreklame, die Bahnhofspropaganda usw. ...

Umgekehrt die Wanderpropaganda und die Aussandpropaganda als die beiden Unterformen des bewegten Propagandatyps. ... Fast ist man geneigt, auch den Reise- und Besichtigungsbetrieb der Monarchen der Vorkriegszeit zu erwähnen. Eine ähnliche Reisepropaganda wird jetzt in den Vereinigten Staaten durch französische Generäle, Preisboxer und Tennisköniginnen recht erheblich in Szene gesetzt.

... Die Propaganda hat gewonnenes Spiel, wenn die Hörer freiwillig kommen, wohl gar neugierig geworden sind. ... Die Propaganda braucht Weckmittel, Aufmerksamkeitsfänger. Die Propaganda muß laut sprechen und auffällig sein, und darf doch keine Gegenantriebe wecken. Das steigert die Schwierigkeit ihrer Psychologie. S. 39.

Aufmerksamkeitsfänger und Antriebsimperativ sind also zu unterscheiden. ...

... Der Aufmerksamkeitsfänger soll die Aufmerksamkeit wecken! Der eigentliche Antrieb als energetischer Imperativ die Willen in Bewegung setzen! Der Aufklärungsteil endlich das nötige Maß an Wissen, Verständnis und Begründung geben, ... S. 40.

Die gefährlichste Form der Trug-Propaganda ist aber die arglistige Geheimpropaganda. Beispiele geben Fälle der Alkohol-Propaganda, wie sie oben erwähnt wurden, oder die arglistige Unterminierungs-Propaganda der Kriegsgegner des Weltkrieges.

> Ein amerikanisches Sprichwort sagt:
>
> Sie können die ganze Welt eine Zeit lang narren,
> Sie können einiges Volk alle Zeit narren,
> Aber Sie können nicht die ganze Welt dauernd zum
> Narren halten. S. 41.

In der „Gesellschaft“ hat jeder einzelne das Recht zur Propaganda, weil er selbständig ist und auf sich steht. Es kann nicht anders sein. Die Propaganda wird sozusagen der geistige Kampf aller gegen alle um Geltung. ...

... Daß eine Propaganda auf die Dauer um so erfolgreicher ist, je mehr Wahrheit sie hat. Daß der letzte Sieg der Propaganda der letzten und tiefsten Wahrheit gehört! ... S. 42.

... Damit erscheint uns wieder Karl Marx in neuer Beleuchtung. Mit seinem Durchbruch zur materialistischen Wirklichkeit der Gesellschaft findet er auch den Übergang zur Propaganda, zu der gewaltigen, die bürgerliche Welt erschütternden Propaganda des „Kommunistischen Manifests“ und seiner Auswirkung in der sozialistischen Agitation. ... S. 45.

Fichte dagegen ist das große Vorbild der Propaganda in unserer deutschen Geistesgeschichte. Aus dem Nachdenken über seine Reden an die deutsche Nation hätte sich die Lehre von der deutschen Propaganda entwickeln lassen. ...

... Was wir öffentliche Meinung nennen, ist doch eine Stellungnahme der Bevölkerung auf Grund des Ineinanderwirkens zahlreicher Einzelströme von Nachrichten und von Propaganda. S. 46.

... Die Wahlpropaganda ist wohl nur als der periodische Überhitzungszustand der Parteipropaganda zu bezeichnen, der durch die äußerste Zuspitzung der negativen Propaganda und die vorübergehende Heroisierung unbeträchtlicher Persönlichkeiten beschämend grotesk wirkt. ... S. 50.

Von der Verbreitung des Glaubens hat das Wort Propaganda den Namen. ... Die ragende Kirche und der Ruf der Glocke, die Predigt, aber auch das Kreuz am Wege, das der Bauer zunächst für sich und seine Familie hinstellt, durch das er aber, wie oft genug die Inschrift sagt, auch den Vorübergehenden zur Andacht auffordert: das alles ist Propaganda. ... S. 51.

So beginnt die Propaganda mit der instinktmäßigen Propaganda. ... S. 52.

Dann kommt die Erfahrungspropaganda der natürlich geschulten und natürlich begabten Sachkenner. ...

Die dritte Entwicklungsstufe ist die wissenschaftlich systematisierte Propaganda unserer Zeit, mit der dahinter stehenden Prapagandaorganisation. Hier hat die Wirtschaft die Führung gehabt. S. 53.

Napoleon verdient in der politischen Propagandalehre einen besonderen Abschnitt. Der große Parvenu ist schlechterdings Meister der Propaganda. Seine Armeebefehle, seine Ansprachen und seine Bulletins zeigen seine Kunst. ... S. 58/59.

Wenn aber die Reformation sich für ihre Propaganda der Druckschrift bedient, so ist das das äußere Zeichen, daß eine neue gesellschaftliche Welt mit neuen Propagandamöglichkeiten und neuen Propagandaaufgaben emporsteigt. S. 60.

Die geschäftliche Propaganda ist bekanntlich zuerst in Amerika ins System gebracht, und von dort als amerikanische Methode übernommen. ... Frankreich entwickelt die Kulturpropaganda, weil es in der Macht- und Wirtschaftspropaganda nicht mitkommen kann. ... Im Weltkrieg wird Propaganda die große geistige Waffe, das Riesengeschütz, das weiter schießt als die bestkonstruierte artilleristische Überraschung. S. 61.

Propaganda ist ein gefährliches Ding, weil sie mit ihrem rücksichtslosen Erfolgswillen Scheingründe benutzen kann. Propaganda kann zu trügerischer Verführung werden.

Die wissenschaftliche Beschäftigung mit der Propaganda bedeutet die Begegnung der Propaganda mit der Wahrheit. ... S. 65.

Zum „Tableau Économique"

(1926)

Unsere „Welt" ist nicht nur, wie die Mathematik der Relativitätstheorie will, eine vierdimensionale Einheit von Raum und Zeit, sondern in diesem ihr wesentlichen Rahmen ein einziges *dynamisches Ganzes.* Wenn die *mathematische Formel* die Gleichungen ihrer *Bewegung* erfassen kann, soweit die Bedingungen zur Isolierung eindeutiger Bezugsverhältnisse genügend einfach sind, muß „das *dynamische Schema*" das *System* der ineinandergreifenden Beziehungen in seinen Teileinheiten und in seiner Totalität anschaulich machen können: vom Atom zum Kosmos, von den Systembedingungen des Plasma oder dem Weitergang der Erbmasse bis zum Aufbau einer Gesellschaft, zum Ablauf des kapitalistischen Prozesses oder bis zur Struktur einer allgemeinen Idee. Durchgehend dasselbe wissenschaftliche Verdeutlichungsverfahren! Das *bildhafte* Schema eines dynamischen *Systems* als Nachbild unserer dynamischen Wirklichkeit! Also: *Begriffe* oder *Symbole,* die die Welt der Wahrnehmung für das innere Auge widerspiegeln, *durch symbolische Zeichen und Linien so verbunden, daß der Gesamtzusammenhang als Ganzes lebendig wird,* und wir uns gewöhnen, nicht in Einzeltheorien, sondern stets in Systemen und Systemzusammenhängen zu denken. Das ist die einzig adäquate Weise des Erlebens für eine Wirklichkeit, die wir als in Systemen aufgebaut und als Totalsystem erfassen müssen.

Scheint dieser Blick auf die gesamte Erfahrungsmöglichkeit zu weit, so wird man sich leicht darauf einigen können, daß eine Wirtschaftsgesellschaft oder besser ein gesellschaftlicher Wirtschaftszusammenhang stets ein Gesamtsystem bildet. Gleichwohl wird die Theorie dieses Systems in der Regel als eine Reihe ziemlich isolierter Lehrbuchkapitel bzw. als ein durch eine lockere Dogmengeschichte zu einer losen Einheit gebrachtes Theoriengemenge vorgetragen.

Die unvermeidlich makrokosmische Weite verkehrswirtschaftlicher Zusammenhänge macht es erklärlich, daß die programmatische Forderung, den kapitalistischen Gesamtzusammenhang in seinem natürlichen System als ineinandergreifende, sich gegenseitig bedingte Einheit zu sehen, wie ich sie schon 1903 bei meiner Habilitation in meiner Probevorlesung „Das System der Verkehrswirtschaft"[1] erhoben habe, ohne

[1] J. *Plenge,* Das System der Verkehrswirtschaft. Tübingen 1903.

Beigabe von Anschauungsmitteln nicht recht verstanden wurde. Die Darstellung des ausführlichen Systems in der üblichen *Buch*form hätte wohl auch trotz aller stützenden Zusammenfassungen in Vorwort, Inhaltsverzeichnis und Übergangskapiteln niemals das vor dem inneren Blickfeld stehende Ganze dem Leser als dieses Ganze ermitteln können. Der diskursive, in der Zeit ablaufende Gang unseres Denkens wird durch das Auf und Ab über die nacheinander zu blätternden Seiten eines Buches noch mehr aus der plastischen Einheit eines in Einem sichtbaren Ganzen herausgerissen und auf alle die aufeinanderfolgenden Einzelfragen festgelegt. Das *Buch* ist ja nur indirektes Hilfsmittel für die Nachkonstruktion des Ganzen in einer einzigen synthetischen Anschauung. Und wenn schon ein *Buch*, dann auch ein Buch, das die ihm als gedrucktem Wort gegebenen Möglichkeiten ausnutzt, d. h. einen Zusammenhang nicht nur als solchen in großen Linien zeigt, sondern auch erörtert, dialektisch wendet und in seinen logischen Voraussetzungen nachdenkt.

Ein Buch kann also die Aufgabe des anschaulichen *dynamischen Schemas* nicht ersetzen. Anderseits kann ebensowenig das *dynamische Schema* das Buch verdrängen, höchstens, daß die Gewohnheit, im System zu sehen, manche Bücher in vielem kürzer macht und durch ihren einleuchtenden Rang im dynamischen System den Maßstab für die wissenschaftliche Erheblichkeit sonst übermäßig erörterter Theorien gibt. Und auch dadurch wirkt das *dynamische Schema* auf das Buch und die verhängnisvolle Verführung zur geistigen Einseitigkeit durch das gedruckte Wort zurück, daß es in allen Wissensgebieten, die wie die wissenschaftliche Wirtschaftstheorie von einer Abirrung in Begriffsscholastik oder auch in eigentlich inhaltslose Wortgefälligkeit bedroht sind, auf die Grundtatsache der *Anschauung* zurückführt, von der unser Wissen von der Wirklichkeit ausgeht und zu der unsere Erkenntnis, nach allen analytischen und synthetischen Verarbeitungsprozessen des ursprünglichen Anschauungsmaterials in Theorien, Hypothesen und Begriffsbildungen usw. mit der überzeugenden Klarheit der zusammenfassenden Gesamtdarstellung wieder zurückführen soll.

Ich habe meine ursprünglich von der Konjunkturlehre ausgehende Darstellung des kapitalistischen Wirtschaftssystems, die sich bei ihrer Ausreifung durch Ausbau der Lehre von den Sozialideen mit innerer Notwendigkeit zu einem System der Gesellschaftslehre, insbesondere der Organisationslehre, erweiterte, zunächst durch ungefähr fünfzehn Jahre mit dem Bewußtsein vorgetragen, durch das zeitgebundene Wort bei aller Eindringlichkeit des Vortrags das Beste, die lebendig gesehene Totalität des Ganzen, nur unangemessen vermitteln zu können, und bin nun froh, daß der eigentliche Sinn aller Vorträge gleichwohl dahin verstanden ist, daß auch die damaligen Schüler in den nunmehr von mir geschaffenen Unterrichtstafeln die eigentliche Darstellung des von den Vorlesungen erstrebten zusammenhängenden Wirklichkeitsbildes sehen, das für die Praxis die Macht über die Tatsachen so erleichtert.

1917/18 brachten mich Übungen zur Organisationslehre und zur vergleichenden Ideenlehre dazu, das in kleinem Maßstab, etwa bei der Darstellung von Preisgegnerpaaren, Wertbeziehungen usw., im Fach ja immer wieder urwüchsig zur Anwendung gebrachte *dynamische Schema* im großen für das wesenhafte Zweckgefüge einer „Betriebsorganisation" und für die inneren Systembedingungen einer beliebigen, aber in allen denknotwendigen Zusammenhängen durchverfolgten „politischen Idee" an der Tafel zu versuchen. Es war die Zeit der Kriegsorganisation. Übersichtsschemata konkreter Organisationen mit der Verzweigung ihrer Organe und Instanzen hingen an den Wänden. Also war zu versuchen, die wesentlichen Zusammenhänge organisatorischer Aufgaben auch allgemein zu fassen.

Diese Versuche mit *anschaulichen Unterrichtsmitteln* wurden 1918/19 zu einer pädagogischen Notwendigkeit, um den sich in den Hörsälen drängenden zurückgekehrten Kriegsteilnehmern, die ja in so besonderem Maße zu *Augen*menschen geworden waren und denen die Fähigkeit zu nachhaltiger Konzentration bei rein geistiger Tätigkeit zunächst fehlte, einen festen äußeren Stützpunkt für die gemeinsame Gedankenarbeit zu geben. Es liegt auf der Hand, daß die freie Darlegung eines vor den Augen der Hörer befindlichen, anschaulichen Schemas einen lebendigeren Kontakt ermöglicht als die eigentliche, wohl gar an das Manuskript gebundene Vorlesung.

So ergab sich die große Fruchtbarkeit des Prinzips der dynamischen Schemata. *Inhaltlich* gehen die in den vier Jahren nach dem Krieg entworfenen Tafeln über das ganze Gebiet eines neuen Systems des Kapitalismus, einschließlich der Spezialdarstellung von Geldwert, Preis, Unternehmung usw. Dazu kommen dann als Ergänzungen nach unten Privatwirtschaftslehre und für den volkswirtschaftlichen Unterricht wichtige technologische Tafeln, als Ergänzungen nach oben allgemeine Organisationstheorie, die die Staatslehre einbegreift, und Gesellschaftslehre bis zu den Grenzen des kosmischen Weltbildes unserer Zeit, so daß die Grenzen zur Philosophie schon berührt werden. Nach der *Darstellungsmethode* unterscheide ich vorläufig die mit „Symbolen" arbeitende Tafelgruppe von den „Begriffstafeln" und die in ihrer Struktur loseren „Ablaufstafeln", insbesondere die zeitlichen Entwicklungsschemata, von den im engeren Sinne „dynamischen" Tafeln. Die allerlockerste Zusammenfassung sind die bloßen „Kategorientafeln", Überblicke über ein in sich zusammenhängendes Begriffssystem, wie z. B. schon *Kant*, in dem allerdings erkennbaren Bewußtsein, daß eine solche formal nur zusammenstellende Tafel in ihrem Kern „synthetische Einheit" als innerlich notwendige Totalität veranschaulichen soll, mit solcher Beharrlichkeit in seiner Kritik der reinen Vernunft (1781) zur Anwendung bringt. Ich verweise in diesem der Erinnerung an das Vorbild von *Quesnay* (1758) gewidmeten Aufsatz absichtlich auch auf *Kant*, um deutlich zu machen, wie das synthetische 18. Jahrhundert in seinen führenden Geistern auf die anschauliche Widerspiegelung der Wirklichkeitssysteme hindrängt, allerdings dieser Aufgabe noch nicht endgültig genügen kann.

Nach der rein *technischen* Seite gingen wir bald dazu über, die zunächst von Fall zu Fall an der Tafel skizzierten, dann vom Assistenten auf Papier verschiedener Größe gebrauchsfertig gezeichneten Schemata durch einen darauf eingeschulten Buchbinder im Handdruck mit Buchstaben von dreifacher Größe drucken zu lassen, sie dabei durch systematisch angewandten farbigen Druck und farbige Unterstreichungen weiter zu verlebendigen und in ihrer Übersichtlichkeit zu verstärken, sie vor allem aber im Grundformat, aus dem die großen Tafeln zusammengeklebt werden, zu normalisieren und so die Vergrößerung aus dem handschriftlichen Entwurf auf Skizzenblätter verkleinerten Maßstabes zu vereinfachen.

Gewiß war einerseits das Bestreben, das als staats- und gesellschaftswissenschaftliche Lehrmethode überaus wirksame Verfahren mit stärkster Energie nicht nur durch die eigentliche Hochschultätigkeit, sondern auch durch Gewerkschaftskurse, berufspädagogische Wochen, Arbeitsnachweislehrgänge usw. zu verbreiten und dadurch in seiner Anwendbarkeit für allgemeine Volksbildungszwecke nachzuweisen. Das sprach an sich für sofortige Veröffentlichung schon der ersten im Unterricht einigermaßen bewährten Tafeln, zumal die Befestigung des mündlichen Lehrerfolges naturgemäß nur dadurch dauernd gesichert werden kann, daß man den Hörern einen Abdruck der Tafeln mit knapper gedruckter Erläuterung in die Hand gibt. Anderseits drängt aber eine Methode der Totaldarstellung an sich zur Totalanwendung. Der Nationalökonom wurde mehr und mehr zum Soziologen, der Soziologe kam der Grenze zur Philosophie mindestens bedenklich nahe. Man muß auch seine ganze Lehrtätigkeit in geschlossener Einheit auf anschaulichen Methoden aufbauen können, wenn man einmal damit begonnen hat.

So ist es gekommen, daß ein unveröffentlichtes Lebenswerk vorliegt, für dessen bloße Veröffentlichung der Herausgeber dieser Zeitschrift, als er es im Oktober 1925 zum erstenmal sah und sofort mit erquickendem Weitblick würdigte, ungefähr ein Jahrzehnt ansetzte. Ich wollte 1923 mit der Veröffentlichung beginnen, wurde aber durch äußere Umstände daran gehindert.

Seit Oktober 1925 ist das Institut für Organisationslehre und Soziologie für die Weiterführung der Arbeit bestimmt, und so beginne ich in dieser Zeitschrift mit der Veröffentlichung.

Man sieht auf die zurück, die ähnliches versucht haben. Der kleinen elementaren Schemata für wirtschaftliche Kraftbeziehungen wurde schon gedacht. Der praktische Organisator kommt ohne Übersichtsschemata für Aufbau und Geschäftsgang nicht aus. Das historische Entwicklungsbild will in einer erweiterten, etwa vergleichenden oder besonders durchgegliederten Geschichtstabelle über die einfache Jahresfolge hinausgelangen. Man wird alle diese Versuche des anschaulichen Schemas für soziologische oder geisteswissenschaftliche Zusammenhänge einmal zusammenfassend würdigen müssen.

Aber soweit ich sehen kann, bildet unter den volkswirtschaftlichen Schriftstellern meiner eigenen Generation der eine *Lahn* mit seinem kühnen symbolischen Schema für den „Kreislauf des Geldes“[2] eine Klasse für sich. Ein *Augen*mensch, der nach bildhaft deutlichem Verständnis für die mittelsten Vorgänge des kapitalistischen Prozesses strebt, von denen er sich in seiner geschäftlichen Praxis abhängig weiß, die immer wieder mit dem Blutkreislauf verglichen wurden und denen doch noch keiner die Anschaulichkeit gegeben hat, die dem Physiologen für den Blutkreislauf selbstverständlich ist. Kann man aber nicht auch das Geld umlaufen *sehen*? Muß man es nicht mit gespanntem Blick in den Gängen seines Umlaufes Schritt für Schritt verfolgen, wenn man es überhaupt verstehen will? Und so unternimmt es *Lahn* in den Jahren um 1900, als wissenschaftlicher Laie mit nicht ganz zulänglicher Theorie von Geld und Kapital, das aus dem Mosaik der täglichen Erfahrung mit dem Handelsteil der Tageszeitungen zum Einheitsschema des in seiner Totalität erlebten Geldprozesses zusammenzubauen, was wohl eigentlich seit über 50 Jahren, mindestens seit der Zeit der Peelschen Bankakte, Aufgabe der sozialökonomischen Wissenschaft gewesen wäre. In denselben Jahren, in denen *Lahn* seinen Kreislauf des Geldes vollendete, entstand mein schon erwähntes „System der Verkehrswirtschaft“[3] durch die Synthese der aus den Handelsteilen der Zeitungen entnommenen Bausteine zur Totalität des erlebten kapitalistischen Gesamtprozesses. *Lahn* konnte mich für die Lösung meiner eigenen Aufgabe nicht mehr fördern, aber die Bekräftigung meiner für das Geld gewonnenen Ergebnisse durch das eindrucksvolle Ganze seines Schemas und der durch seine ganze Arbeit gegebene Hinweis auf die Möglichkeit höherer Anschaulichkeit für das Nacherleben aller Vorgänge des kapitalistischen

---

[2] J. J. O. *Lahn*, Der Kreislauf des Geldes und Mechanismus des Sozial-Lebens. Berlin 1903.

[3] J. *Plenge*, a.a.O.

Gesamtsystems waren mir für meine weitere Arbeit, insbesondere für das Streben nach einleuchtender Klarheit aller Zusammenhänge in meinem Buch „Von der Diskontpolitik zur Herrschaft über den Geldmarkt"[4] recht nützlich und haben meinen Entschluß, selbst bildhafte Unterrichtstafeln zu schaffen, wesentlich erleichtert.

So wesentlich buchhaft im übrigen die Darstellung der Wirtschaftslehre unserer Zeit bei allen ihren Vertretern, so wesentlich buchhaft ist auch die Darstellung der sogenannten Klassiker, die nur eine geringe systematische Kraft hatten. So groß die Fülle des vergleichenden Wissens, so lebendig die Neugier des Beobachtungssinnes etwa bei *Adam Smith* war, so unplastisch der Aufbau seines Buches als Ganzen. Man könnte es ein breitgestrecktes System oberflächlich geordneter wissenschaftlicher Lagerhäuser nennen, wo man in jedem Speicher unerwartete Schätze findet. Noch systemloser ist *Ricardo*. Er schießt die Reihe seiner Spezialtheorien wie aus einem Revolver nacheinander ab und hat durch dies unvermittelte Nebeneinander seiner Ausführungen über den Wert die Möglichkeit der Konstruktion einer Mehrwertlehre gegeben. Man kann leicht die Probe auf die verblüffende Zusammenhanglosigkeit im Gesamtaufbau seines Buches machen, wenn man etwa die Lehre über die Grundrente in der sprunghaften Reihe der ihr gewidmeten Abschnitte durchverfolgt. Hätten die beiden für grundlegende Einzelfragen so wichtigen Engländer in der Darstellung des kapitalistischen Systems als Totalität nicht so versagt, wäre es auch kaum möglich gewesen, daß für die Darstellung der volkswirtschaftlichen Zusammenhänge als Gesamtsystem im Anschluß an Say die so ganz unzulängliche Gliederung in einen einfachen Ablauf von der Produktion, Zirkulation und Distribution zur Konsumtion solange vorbildlich gewesen wäre. Aber bemerkenswerterweise hat sich die nationalökonomische Wissenschaft an dem unbefriedigenden Ineinander von englischem Inhalt in dieser französischen Form kaum gestoßen und so gut wie nie das Totalbild des wirklichen expansiven Kapitalismus des wirklichen 19. Jahrhunderts mit dem aus vorangegangenen stilleren Tagen des Wirtschaftslebens übernommenen Grundschema ihrer Lehrbücher und Vorlesungen verglichen. Die Wirtschaftstheorie des 19. Jahrhunderts wird so für den Soziologen zu einem der lehrreichen Beweise, daß die „materiellen" Tatsachen sich nicht im Sinne von Marx ohne weiteres in einer auf den Leib der Zeit geschriebenen „Ideologie" ihr geistiges Gegenbild schaffen, sondern daß die wissenschaftliche Erkenntnis einer Zeit im einzelnen und im ganzen hinter den Tatsachen der Zeit ganz erstaunlich weit zurück sein kann. Das ausgehende Römer-

[4] Derselbe, Von der Diskontpolitik zur Herrschaft über den Geldmarkt. Berlin 1913.

reich erlebte ähnliches in seiner politischen Theorie. Vielleicht ist also an der Wirtschaftstheorie des 19. Jahrhunderts nicht ganz so viel zu bewundern, wie es das Lob einer herrschenden Schulrichtung manchmal will.

Nur *Karl Marx* hat nach der einen Seite seines Schaffens versucht, aus der erlebten Wirklichkeit des kapitalistischen 19. Jahrhunderts ein im einzelnen und im ganzen neu gesehenes Gesamtsystem der Zusammenhänge als in sich verstrebtem Ganzen zu geben. Er hat sich diese Aufgabe aber nicht mit der methodischen Schärfe gestellt, daß eine neu heraufgekommene, aber zu seiner Zeit schon zur charakteristischen Auseinanderlegung ihrer Kräfte gelangte „Stufe" der gesellschaftlichen Wirtschaftsentwicklung nach „Aufbau", „Prozeß", „Kernprinzip des organisatorischen Zusammenhangs" und „innerer Wesenshaltung" in ihrem natürlichen System zur Darstellung zu bringen sei. Die Scholastik der Mehrwerttheorie, die er als Hauptgegenstand seiner Denkarbeit in die Theorie des wirklichen Kapitalismus hineinspiegelte, entstellte das Bild und läßt seine Leistung wesentlich als unhaltbare hypothetische Konstruktion auf dogmatisch angenommenen, in sich zusammenhanglosen ricardianischen Grundtheorien erscheinen. Wegen dieses Übergewichts der Mehrwertscholastik erscheint es in sich unmöglich, nach den Lehren von Marx das dynamische Gesamtsystem des Kapitalismus *anschaulich* darzustellen. Marx hat es darum auch nicht versucht.

Die Grundformel $G - W - G^1$, von der in einer richtig gestellten Fassung, die sie *aktualistisch* macht und ihr alles *mechanistische* des Mehrwertbezuges nimmt, jede anschauliche Darstellung des Kapitals ausgehen sollte, weil Kapital ja nie und nirgends ein „Bestand" und Haufen irgendwelcher „Dinge", sondern stets und immer „Geldvermögen im *Prozeß* marktmäßiger Bewirtschaftung auf Mehrgeld" ist, bedeutet bei Marx nicht etwa ein aus der volkswirtschaftlichen Anschauung heraus gestaltetes Symbol, sondern nur die Übertragung der dialektischen Formel Hegels „Position — Negation — Negation der Negation" auf den in sich gleichfalls rastlosen Wirtschaftsprozeß. Sowenig Hegel für seine überwältigende Nachkonstruktion des Wirklichkeitsganzen über die dialektische Formel hinaus zu andern Anschauungsmitteln kommt, obwohl etwa das Problem der Freiheitsgrade im Staat, wie Hegel es sieht („einer", „einige", „alle"), sich schon an einem einfachen Grundschema der Organisation einleuchtend machen ließe, sowenig kommt Marx über seine elementare Kapitalformel hinaus. Eine neue Bestätigung seiner Grundabhängigkeit im Tiefsten seiner Gedankenstellung, für die ich auf meinen „Marx und Hegel"[5] verweisen kann.

---

[5] J. *Plenge*, Marx und Hegel. Tübingen 1911.

Um so erstaunlicher scheint es nun, daß die wissenschaftliche Nationalökonomie, die im ganzen 19. Jahrhundert die anschauliche Darstellung der Totalzusammenhänge ihres Gegenstandes so sehr vergessen hat, gleichwohl gerade mit einem dynamischen Anschauungsschema begonnen hat, wenn man sie in üblicher Weise mit den *Physiokraten* beginnen läßt. Der zuwenig gelesene *Cantillon* kommt dabei freilich nicht ganz zu seinem Recht.

Es ist erstaunlich, aber doch nicht wunderbar, denn Quesnay war Arzt, der durch Harvey entdeckte Blutkreislauf und sein anschauliches Schema gehörte zu den Grundkenntnissen seines Hauptberufes, und seine Zeit sah die Welt im Geiste Newtons, der durch seine Gesetze den sichtbaren Gang des Sonnensystems zu einem anschaulichen und verständlichen System eines Ganzen harmonisch ineinanderwirkender Beziehungen gemacht hatte. Die „freie Harmonie der natürlichen Ordnung" ist deshalb die Grundvoraussetzung des Physiokratismus. Anschaulich wie ein natürliches System sollte auch das soziale System vor Augen liegen. Deshalb das Tableau Économique!

Deshalb der Enthusiasmus des älteren Mirabeau in dem auch bei *Spann*[6] zur Erbauung unserer Anfänger mitgeteilten Satz: „Die drei großen Erfindungen der Menschheit sind die *Schrift*, das *Geld* und das *Tableau Économique.*"

Das kann eine buchmäßige Gesellschaftswissenschaft zunächst überhaupt nicht verstehen.

Gegenüber dem durch die wissenschaftliche Entwicklung der folgenden rund 150 Jahre unabweisbar belegten Mangel an Bereitschaft, einen mit so überschwenglichen Worten begrüßten Versuch auch nur fortzusetzen, muß man wohl nachdenklich fragen, ob eine solche Fortsetzung denn lohnen kann? Die großen inneren und äußeren Mängel des Tableau könnten diese Zweifel nur vermehren! Aber es handelt sich ja nicht darum, dort wieder anzufangen, wo Quesnay aufgehört hat, sondern um die beinahe verwunderliche Tatsache, daß etwas, was jetzt mit seinen großen Möglichkeiten neu versucht werden soll, schon am Anfang unserer Wissenschaft steht und damals trotz der Unzulänglichkeit des Versuches von begeisterten Anfängern in seiner ganzen prinzipiellen Bedeutung erfaßt werden konnte.

Schrift, Geld und *Tableau Économique!* Die Zusammenstellung erscheint phantastisch. Aber alle drei Begriffe fallen unter den gemeinsamen Oberbegriff der „sozialen Bindemittel", die eine Erweiterung

[6] O. *Spann*, Die Haupttheorien der Volkswirtschaftslehre auf lehrgeschichtlicher Grundlage. 12.—15., abermals verm. Aufl. Leipzig 1923.

des Gesellschaftskreises gestatten bzw. einen zur Erweiterung drängenden Gesellschaftskreis verstärkt in sich verfestigen. Für die *Schrift* liegt das auf der Hand. Das *Geld* sieht man erst in seiner organisatorischen Funktion als soziales Bindemittel richtig und kommt dadurch über die zu enge, technisch gebundene Beschäftigung mit den „Produktionsfaktoren“ zu dem Verständnis, daß diese für ihre Vereinigung in der Zusammenarbeit der Gesellschaft einen wirtschaftlichen „Organisationsfaktor“ brauchen, der in der Geldwirtschaft das Geld als solches, im Kapitalismus das durch die Bewirtschaftung auf Mehrgeld zum Kapital potenzierte Geld ist. Damit haben wir den Ansatz, um auch die Bedeutung des *Tableau Économique* ganz so zu sehen, wie Mirabeau sie sah. Mit dem Hinauswachsen von Wirtschaft und Gesellschaft über eine für den Einzelnen noch als Bürger seiner Stadtwirtschaft sozusagen vom Mittelpunkt ihres Marktes anschaulich übersehbare Größe bekommen die Zusammenhänge für die einzelnen Glieder des wirtschaftlichen und sozialen Gesamtprozesses *makroskopische* Weite und werden darum ohne besondere Hilfsmittel zunächst unverständlich. Der Einzelne kann sich nun „im Walde der Gesellschaft“ verlieren, der mit seinen Widersprüchen und mit seinen überraschenden Gefahren manchmal finsterer ist als der wirkliche Wald. Um so notwendiger steht der Einzelne auf sich und seinen einzelnen Interessen und verliert damit auch den Blick für das Ganze. Diese innere Singularisierung wächst sozusagen proportional mit der Ausdehnung und Entwicklung der Gesellschaft. Anderseits bestimmen diese unabsehbar gewordenen sozialen Gesamtzusammenhänge das Schicksal der Einzelnen, der Klassen und der Staaten. Nach dem Gesetz von Differenzierung und Integration verlangt die übermäßige Differenzierung durch die Vergrößerung der Gesellschaftszusammenhänge die Integration durch eine die Gesamtzusammenhänge wieder zusammenfassende Gesellschaftslehre, um dem Einzelnen seinen Platz im Ganzen wieder verständlich zu machen und den politischen Organen den sachgemäßen Eingriff in die Gesamtzusammenhänge zu ihrer lebensgemäßen Gestaltung zu ermöglichen. Da liegt die bekannte geschichtliche Voraussetzung für die unwiderstehlich aufquellende Entwicklung von Wirtschaftstheorie und Soziologie im 18. Jahrhundert und für ihre verstärkte Lebensbedeutung im 19. Jahrhundert. Der Mensch muß nun seine Gesellschaft verstehen. So begreift man das begeisterte Entzücken von Mirabeau. Das lebensnotwendig gewordene Gesellschaftsverständnis kann durch das Prinzip des Tableau Économique auch in seinen größten Zusammenhängen so anschaulich werden wie die Naturwissenschaft.

So gesehen bedeutet das Tableau Économique ein ungeheures, in der Folgezeit leider vergessenes Programm, demgegenüber man alle Mängel seiner Lösung ganz vergißt.

Wenn man sich nun wegen dieses kühnen Versuches rückschauend verstärkt der Physiokratie zuwendet, so macht sich das in jeder Hinsicht durch das bessere Verständnis des Kapitalismus bezahlt.

Die Wirtschaftstheorie der kapitalistischen Gegenwart muß, auch wenn sie nur diese Gegenwart verstehen will, im Hinblick auf die Bedingungen einer nach unserer Erfahrung ständig in der Umbildung befindlichen Zeit *Stufentheorie* sein und kann die Eigenart ihres 19. und 20. Jahrhunderts nur in einer Theorie fassen, die in aller Bestimmtheit „Theorie des Kapitalismus" sein will. Es kann sein, daß eine irgendwie geartete, als „absolut" oder „rein" aufgestellte Wirtschaftstheorie zu Aufstellungen führt, die auch neben einer „Theorie des Kapitalismus" und der Vergleichstheorie einer auf den technischen Unterlagen des Kapitalismus gedachten zentralorganisierten Wirtschaft von praktisch belangreichem Interesse sind. Aber eine solche allgemeine Ökonomik wäre wohl nur in zusammenfassender Verarbeitung der Stufendarstellungen wirklich ergebnisreich. Die sogenannte „Isoliermethode" studiert ja die „Bewegungsgesetze" des Kapitalismus an einem gegenüber der Wirklichkeit zu einfach gesehenen, *hypothetischen* Gesamtkraftsystem und kennzeichnet sich so wesentlich als ein vorsichtig zu handhabendes Hilfsverfahren der für die praktische Wirklichkeit unserer Gesellschaft erforderlichen „Theorie des Kapitalismus".

Nun liegt auf der Hand, daß das Gesamtsystem der Physiokratie mit ihren Grandseigneurs, die nach ihrer Wahl Zeit für Ämter oder Müßiggang haben, mit ihren vom Herrn abhängigen Bauern und ihren gegenüber der hohen Zeit des Bürgertums in der Stadtwirtschaft so herabgedrückten Handwerkern „eine vor- und unkapitalistische Wirtschaftsstufe" als die von den Physiokraten gesehene zeitgenössische Wirklichkeit zeigt, allerdings mit Vereinfachungen und Vereinseitigungen, die sich mit den Konstruktionen der Isoliermethode vergleichen lassen. Die Physiokraten haben instinktiv herauspräpariert, was an der Wirtschaft des 18. Jahrhunderts vom 19. Jahrhundert abweicht. Der wirtschaftliche und gesellschaftliche Rang, den sie den Handwerkern geben, zeigt dabei, daß die kräftige Freiheit der Stadtwirtschaft mit der Selbständigkeit ihrer Zünfte im Zeitalter des Absolutismus vorüber ist. Die Wirtschaft ist dementsprechend in ihrem Raum auch nicht auf Stadtgebiete beschränkt, sondern für die Theorie zur einheitlichen Reichsfläche geworden. Anderseits fällt dies System der Herrschaft ständisch gehobener Grundbesitzer über alle Unterschichten nicht mit der mittelalterlichen Grundherrenwirtschaft zusammen, weil überall Geld im Umlauf ist.

Dieses Gesamtbild ist zweifellos zu einseitig gesehen, und die Spezialtheorie, daß die Natur unter der auslösenden Tätigkeit des Landbebauers überall einen hälftigen Reinertrag erzeugt, den die Grundherren aneignen können, bedarf keiner weiteren Widerlegung. Das Wesentliche ist: die *Zeitgenossen einer noch nicht kapitalistischen Wirtschaftsperiode* sehen dies Wirtschaftssystem auch *noch nicht als Theorie des Kapitalismus.* Das ist für die Stufentheorie die Probe aufs Exempel. Die Theorie des Kapitalismus bekommt ihr einfachstes Vergleichsbild. Die Dogmengeschichte der Nationalökonomie erhält den richtigen Ausgangspunkt[7].

Der zum Kapitalismus hindrängende Teil des Wirtschaftslebens der dem 19. Jahrhundert vorangehenden Jahrhunderte, den die Physiokraten aus Liebe zum Bauern und um der Schönheit ihres theoretischen Bildes willen wegretuschiert haben, ist bekanntlich von den Merkantilisten um so eindringlicher erfaßt, ohne daß sie etwas, was erst in seinem Werden aus praktischen Staatsinteressen zu fördern war, schon als geschlossenes System der Wirklichkeit hätten darstellen können. Merkantilismus ist praktische politische Tendenz zum Kapitalismus, aber keineswegs durchgeführter Kapitalismus, der als „Stufe“ dargestellt werden kann.

Anderseits wird die Würdigung der Physiokraten erst durch den Zusatz vollständig, daß sie mit ihrer Wirtschaftstheorie zugleich eine *Gesellschaftstheorie,* und zwar die „Theorie einer Klassengesellschaft“ gegeben haben, deren Aufbausystem die darin ablaufenden Wirtschaftsvorgänge erst verständlich macht. Man kann sagen, daß ihre Begründung der Wirtschaftswissenschaft mit einer Begründung der Soziologie zusammenfällt, und kann folgern, daß jede Wirtschaftstheorie eine Soziologie als Fundament haben muß.

Damit wird das zweite, auch pädagogisch für die Einführung des volkswirtschaftlichen Anfängers in die Theorie des Kapitalismus so wichtige Verdienst der Physiokraten sichtbar: ihre Theorie von den drei Gesellschaftsklassen, von der Entstehung des Reinertrags aus Anlaß der Arbeit einer Unterklasse ist nicht nur das aufhellende *Vergleichsbild,* sondern auch das geschichtliche *Vorbild* für den Marxismus mit seiner Lehre von den zwei Gesellschaftsklassen und der Ausbeutung der Arbeiter durch die Unternehmer. Also hatte Marx auch aus der Geschichte der Wissenschaft eigentlich die Aufgabe, scharf und bestimmt ein Gegenbild zum Tableau Économique zu zeichnen, und für die Gesamtentwicklung der Wirtschaftstheorie ergibt sich die Formel: erst Marx kam grundsätzlich und durch die Physiokraten angeregt für den zu seiner Zeit schon entfalteten Kapitalismus zu einer ähnlichen Problemstellung, wie sie die Physiokraten für die in wesentlichen Tei-

---

[7] Zur Stufentheorie vgl. J. *Plenge,* Die Stammformen der vergleichenden Wirtschaftstheorie. Essen a. d. R. 1919.

Tableau Économique

nach François Quesnay

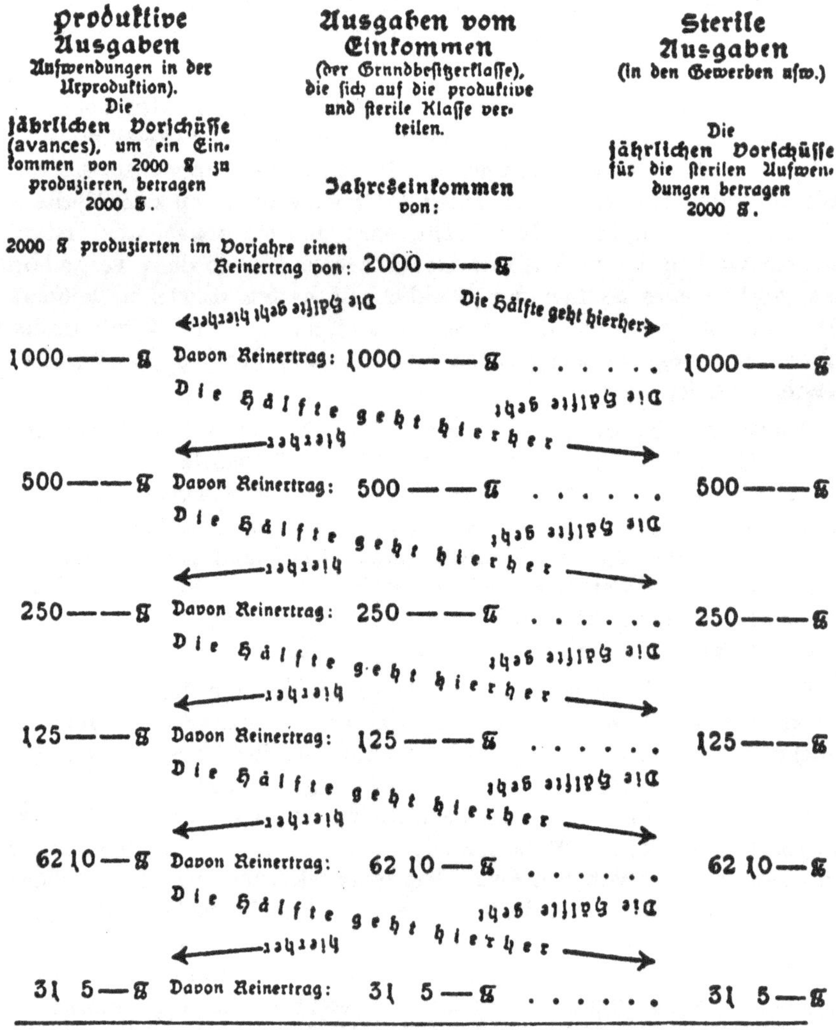

Quelle: Spann, Othmar: Die Haupttheorien der Volkswirtschaftslehre, 12.—15. Aufl., Leipzig 1923, S. 42 f. Das 𝔏-Zeichen wurde in den späteren Auflagen durch £ ersetzt (vgl. 26. Aufl., Heidelberg 1949, S. 42 f.).

31 5—ß	Davon Reinertrag:	31 5—ß	. . . . . .	31 5—ß
	← Die Hälfte geht hierher		Die Hälfte geht hierher →	
15 12 6ß	Davon Reinertrag:	15 12 6ß	. . . . . .	15 12 6ß
	← Die Hälfte geht hierher		Die Hälfte geht hierher →	
7 16 3ß	Davon Reinertrag:	7 16 3ß	. . . . . .	7 16 3ß
	← Die Hälfte geht hierher		Die Hälfte geht hierher →	
3 18 2ß	Davon Reinertrag:	3 18 2ß	. . . . . .	3 18 2ß
	← Die Hälfte geht hierher		Die Hälfte geht hierher →	
1 19 1ß	Davon Reinertrag:	1 19 1ß	. . . . . .	1 19 1ß
	← Die Hälfte geht hierher		Die Hälfte geht hierher →	
0 19 6ß	Davon Reinertrag:	— 19 6ß	. . . . . .	— 19 6ß
	← Die Hälfte geht hierher		Die Hälfte geht hierher →	
0 9 9ß	Davon Reinertrag:	— 9 9ß	. . . . . .	— 9 9ß
	← Die Hälfte geht hierher		Die Hälfte geht hierher →	
0 5—ß	Davon Reinertrag:	— 5—ß	. . . . . .	— 5—ß
	← Die Hälfte geht hierher		Die Hälfte geht hierher →	
0 2 6ß	Davon Reinertrag:	— 2 6ß	. . . . . .	— 2 6ß
	← Die Hälfte geht hierher		Die Hälfte geht hierher →	
0 1 3ß	Davon Reinertrag:	— 1 3ß	. . . . . .	— 1 3ß
	← Die Hälfte geht hierher		Die Hälfte geht hierher →	
0 0 8ß	Davon Reinertrag:	—— 8ß	. . . . . .	—— 8ß
Tot. 2000 —— ß		Totale 2000 —— ß		Totale 2000 —— ß

len noch vorkapitalistische Wirtschafts- und Gesellschaftsstufe ihrer Zeit haben konnten. Es war wieder das entfaltete Totalsystem einer Wirtschaftsstufe darzustellen. Die Theorien der „Klassiker“ sind demgegenüber Theorien der Übergangszeit des eben erst werdenden kapitalbeherrschten Maschinenzeitalters, wo der Kapitalismus zwar seine Freiheit bekam, aber noch nicht fertig war. Dadurch ergeben sich dann die Aufgaben, die auch eine „bürgerliche“ Darstellung des Kapitalismus mindestens seit Marx, — also seit der Zeit der historischen Schule gehabt hätte.

Auch aus diesen Perspektiven bekommt das Tableau Économique als Ausgangsstellung der wirtschaftstheoretischen Behandlung für die Gegenwart neue Bedeutung.

Es braucht hier nicht abgedruckt zu werden. Ein Faksimile der für Mirabeaus „Éléments de la philosophie rurale“ (1767) vielleicht von Quesnay selbst gestochenen Prachtausgabe ist bekanntlich in Onckens „Geschichte der Nationalökonomie“[8] leicht zugänglich, und erfreulicherweise hat *Othmar Spann* in seinen „Haupttheorien der Volkswirtschaftslehre“ für unsere Anfänger eine deutsche Nachbildung abgedruckt*.

Aber gerade diese an sich so erfreuliche Nachbildung gibt Anlaß zu einigen notwendigen Bemerkungen, damit keine Irrtümer und Verwechselungen eintreten und die Probleme des Tableau Économique nicht allzu leicht genommen werden.

Spann spricht auf Seite 40 seines kleinen Bändchens von dem durch *Oncken* wieder „vollständig erklärten“ Schema und schließt sich dann dieser Erklärung von *Oncken* im wesentlichen unbedenklich an. Aber so einfach liegt der Fall wirklich nicht. Denn *Oncken* hat zwar die *Intention* von *Quesnay* bei dem Entwurf des Tableau richtig gedeutet, aber nicht analysiert, daß das Tableau dieser Intention ganz und gar nicht entspricht und sogar in sich überaus widersinnig ist. Nur das Prinzip des anschaulichen dynamischen Schemas ist an ihm vorbildlich, und gerade dieser Kern der Sache kommt bei *Spann* noch nicht zu seinem Recht.

Sodann gibt *Spann* dem Tableau ein eigentümliches Lob: „Sehr wichtig ist endlich, daß das Tableau die wirtschaftlichen Vorgänge rein von der Warenseite her *ohne Rücksicht auf das Geld* betrachtete — ein Grundsatz, den ich auch heute jedem Anfänger sehr einprägen möchte. Dieser soll sich bei der Beurteilung wirtschaftlicher Fragen stets die wirklichen [!], greifbaren [!] Vorgänge und Güterbewegungen vor

---

[8] A. *Oncken*, Geschichte der Nationalökonomie. 3., unveränd. Aufl. Leipzig 1922. S. 395 Anm. I, dazu S. 325 ff.

* Die abgedruckte Tafel des Tableau Économique stammt aus Othmar Spann: a.a.O., aus der in Fußnote 6 angegebenen Auflage. — *H. L.*

Augen halten und die Zwischenglieder, die mit der Geldbewegung dazutreten, ausschalten. Er soll durch den Geldschleier hindurch auf die eigentliche Wirtschaft sehen[9].“

Nun ist wohl auch das Geld von vornherein etwas *Wirkliches* und *Greifbares*, wie der Theoretiker aus der Praxis seines Lebens weiß, und was er dem Anfänger aus der Praxis nicht abdemonstrieren kann. Sei es um die Inkonsequenz eines idealistischen Universalismus, der so überraschend die eigentliche Kraft der *Wirklichkeit* in der Materialität der Produktivkräfte und der Weiterbewegung ihrer Ergebnisse sieht! Aber Geld ist, wie wir schon sahen, seinem Wesen nach ökonomisches Bindemittel. Der sogenannte *„Schleier“* ist im Kapitalismus wirtschaftlicher *„Kitt“*, ohne den überhaupt kein „wirklicher, greifbarer“ Vorgang zustande kommt. Kapital, d. h. marktmäßig auf Mehrgeld bewirtschaftetes Geld, hat neben seiner damit gegebenen *Verwertungsfunktion*, die der Mittelpunkt der volkswirtschaftlichen Verteilung ist, wesentlich die *Kombinationsfunktion*, Produktivkräfte in der von der organisierenden Einzelwirtschaft für wünschenswert gehaltenen Zusammensetzung jeweils zu vereinigen. Ohne einen solchen kombinatorischen „Organisationsfaktor“ kommen „Produktionsfaktoren“ nicht zusammen, sind „altes Eisen“, „ihren Gang gehende Natur“ und „durcheinanderlaufende Menschen“. Das sind die „wirklichen, greifbaren“ Vorgänge unserer Wirtschaft ohne Geld. Das muß schon der Anfänger wissen, wenn ihm zu allererst angeraten wird, die „eigentliche Wirtschaft“ ohne Geldschleier zu sehen. Gewiß soll man die Geld- und Kapitalvorgänge der „Wirtschaftsverfassung“ oder, marxistisch, der „Produktionsverhältnisse“ der bürgerlichen Wirtschaftsgesellschaft von den nur bei einer Bindung durch Geld und Kapital ermöglichten Vorgängen in den physisch-technischen Grundlagen der Wirtschaft (*nicht* der eigentlichen Wirtschaft selbst!) unterscheiden. Aber es verlangt einen Meister, und der Anfänger, dem diese Meisteraufgabe als leichtes Lehrlingsstück empfohlen wird, entartet leicht in den bekannten Typ des vulgärsozialistischen Dilettanten, der sich damit tröstet, das „Kapital im volkswirtschaftlichen Sinne“ werde bleiben, auch wenn Geld und alles Privatkapital verschwände, und so von einer organisierten Welt ohne Organisationsfaktor träumt.

Wegen dieser überaus ernsten praktischen Folgen kann jede Unterschätzung des eigentlichen „Kapitalistischen“ in unserem Wirtschaftssystem nicht bestimmt genug zurückgewiesen werden, auch wenn man gerade vom Standpunkt der Stufentheorie die historische Wandelbarkeit des kapitalistischen Systems grundsätzlich für selbstverständlich hält.

---

[9] O. *Spann*, a.a.O., S. 45.

Es ist natürlich auch unmöglich, daß die Physiokraten bei dem allerersten Beginn einer wissenschaftlichen Wirtschaftstheorie in ihrer vorkapitalistischen Periode die Vorgänge in den physisch-technischen Grundlagen der Wirtschaft sauber für sich *ohne Rücksicht auf das Geld* hätten behandeln können. Auch die Wissenschaft muß ihren geschichtlichen Weg Schritt für Schritt gehen und kann nicht damit anfangen, womit sie endet. Aber es genügt wohl der tatsächliche Hinweis, daß das Tableau Économique die Auseinanderhaltung der Vorgänge in den physisch-technischen Grundlagen und der Geldvorgänge der eigentlichen Wirtschaft gar nicht versucht, sondern noch mit der ganzen Naivität vorkapitalistischer Unschuldstage nur Geldvorgänge abbildet und dadurch alles übrige miterledigen will.

Das Tableau Économique verfolgt in seinen drei Kolonnen den Umlauf von 2 000 ₶ revenu (produit net), die die Herrenklasse von den Bauern empfangen hat, in ihrer Verteilung, nach links zur classe productive, nach rechts zur classe stérile und in ihrer hälftig pendelnden Weiterbewegung zwischen diesen beiden Seitenklassen.

Spann hat in seiner deutschen Nachbildung des Tableau und in seiner Darstellung im Text für das Zeichen „₶“ das einfache Wort „Pfund“ gesetzt, und durch diese Benennung wird auch der Anfänger auf die Vermutung kommen, daß 2 000 gewogene „Pfund“ als schematisches Beispiel des Realumlaufes in ihrer Bewegung durch das Klassensystem der Gesellschaft verfolgt werden und so in der Tat physisch-technische Vorgänge *ohne Rücksicht auf das Geld* dargestellt sind. Um diesen gefährlichen Irrtum zu vermeiden, hätte Spann seine Leser wohl darauf aufmerksam machen sollen, daß im Tableau in doppelter Unterteilung auf die ₶-Summen s-Summen und d-Summen folgen, also in gesprochenem Französisch auf die „livres“, „sous“ und „deniers“, mit andern Worten, das vor der französischen Revolution auch in Frankreich weiterlebende karolingische Münzsystem, das das silberne Geldpfund in 20 solidi und jeden solidus in 12 denare einteilt, und das uns heutigen durch sein Weiterleben in England noch so bekannt ist. Die Geschichte des karolingischen Münzsystems ist ja das Musterbeispiel für die ewige Münzverschlechterung in einem nicht sorgfältig gepflegten und verwalteten Geldsystem, das durch den verschiedenen Entwertungsgrad eines ursprünglich gleichen Geldsystems in England und Frankreich so besonders lehrreich ist.

Kurz, der Abdruck bei *Spann* verliert durch die vorgenommenen Vereinfachungen an seinem geschichtlichen Reiz und kann nicht die eindrucksvollen Lehren geben, die der nachdenklichen Betrachtung aus dem Original entgegenwachsen.

Das Tableau war doch seiner Zeit ein erster kühner Versuch einer übersichtlichen tabellenmäßigen Darstellung, wie sie auch die Statistik damals noch nicht gemeistert hatte. Welch rührende Ungeschicklichkeit in der Überlastung des Tableau durch nicht zu seinem eigentlichen Wesen gehörige Bestandteile! So der Vorandruck der Gesichtspunkte, unter denen das Tableau zu würdigen sei, oben an der Spitze des Kopfes, ehe man noch die Sache selber kennt: „Objets à considérer: 1. trois sortes de Dépenses, 2. leur Source, 3. leurs avances, 4. leur Distribution, 5. leurs Effets, 6. leur Reproduction, 7. leurs Rapports entr'elles, 8. leurs Rapports avec la population, 9. avec l'Agriculture, 10. avec l'Industrie, 11. avec le Commerce, 12. avec la masse des richesses d'une Nation.“ Quesnay weiß noch nicht, daß der Betrachter zunächst einen straffen technischen Überblick über ein dynamisches Schema bekommen muß, ehe man auf weitere Folgerungen daraus verweisen darf. Und das praktisch Wichtigste für den Leser des Buches von Mirabeau[10], dem das Tableau doch beigegeben war, steht unten am Ende in kleiner Schrift: „Il n'est pas nécessaire de s'attacher à l'intelligence de ce Tableau avant la lecture des 7 premiers Chapitres etc.“ Man findet diese Warnung also erst, wenn man schon versucht hat, sich durch das Tableau hindurchzuarbeiten.

Dementsprechend auch noch kein klares Liniensystem in der Gliederung des eigentlichen Kopfes über den drei Kolonnen des Tableau und keine Scheidung der schlagwortartigen, straffen Bezeichnungen in den Fächern dieses Kopfes von Sätzen der eigentlichen Theorie, die doch in den Text gehören. So fehlt auch im einzelnen noch die scharfe Übersichtlichkeit. Der ganze Inhalt des Tableau sind ja die drei Ausgabenkolonnen der drei Gesellschaftsklassen. „Dépenses“ ist so der Oberbegriff der drei Kolonnen. Und nach der Theorie der Physiokraten unterscheiden sich diese dépenses an sich so einfach als dépenses du revenu in der Mitte, dépenses productives links, dépenses stériles rechts. Aber bei der Überschrift der mittleren Kolonne wird z. B. das ihren Sinn doch genügend kennzeichnende Schlagwort noch durch den Zusatz erläutert: l'impôt compris se partagent à la classe productive et à la classe stérile. Das sieht man aber ohnehin durch die ganze Linienführung des Tableau.

Aber die ganze Hilflosigkeit des ersten tastenden Versuches zeigt die Bemühung, im Tableau auch anzudeuten, daß der Gesamtkreislauf des physiokratischen Prozesses sich unter der Generalüberschrift „dépenses“ aus zwei sehr verschiedenen Verausgabungsvorgängen zusammensetzt: der Bewegung der *„avances“*, der Vorschüsse an Wirtschaftsmitteln, an Inventar und Gerät, um erfolgreiche Bauern- und Gewerbearbeit möglich zu machen, und der Bewegung des „revenu“ nach der Wiederverausgabung durch die Grundherren, wo dann der zum Bau-

[10] Vgl. A. *Oncken*, a.a.O.

ern zurückkehrende Anteil immer wieder in dem entsprechenden Betrage eine Neuerzeugung von produit net-revenu auslösen soll. Das kommt im Tableau nur dadurch zum Ausdruck, daß in seinen beiden, wie erwähnt, den Unterklassen gewidmeten Seitenkolonnen unter der Generalüberschrift dépenses productives (links) bzw. dépenses stériles (rechts) zunächst links die Notiz avances annuelles pour produire un revenu de 2 000 ₶ sont 2 000 ₶, rechts die Notiz avances annuelles pour les ouvrages des dépenses stériles sont 1 000 ₶ (bei Spann fälschlich 2 000 ₶) steht und dann darunter als Kennzeichnung der so anders gearteten Verausgabungsfolgen aus dem „revenu“ links nur das Schlagwort „productions“, rechts nur das Schlagwort „ouvrages“. Die lineare Durchgliederung des Tabellenkopfes ist noch so ganz ungeschickt, daß in der mittleren Kolonne das Schlagwort „revenu annuel“ das logisch notwendig zu den Schlagworten „productions“ und „ouvrages“ gehört, ausgerechnet auf der Höhe der beiden Notizen über den „avances“ steht, so daß der oberflächliche Betrachter die Ausgabenströmung der „avances“ und die Ausgabenströmung aus dem „revenu“ durcheinanderwerfen oder die Eigenart der „avances“ ganz übersehen muß.

Nach der innersten Struktur des physiokratischen Systems muß ja an dieser Stelle die praktische Schwierigkeit herauskommen, daß die Physiokraten ihre Wirtschaftsperiode ganz unkapitalistisch zeichnen wollten, und Anfänge des Kapitalismus eben doch seit langem da waren. Quesnay konnte die Bewegung der „avances“ und die Bewegung des „revenu“ in seinem Tableau sowenig zusammenbringen wie in seiner Theorie. „Avances“ sind ja nach unserem Sprachgebrauch ihrer Geldseite nach *Kapital*, ihrer dinghaft technischen Seite nach „produzierte Produktionsmittel“, für die ich, um die sonst so unvermeidliche Verwechslung mit dem Privatkapital auszuschalten, gern den Ausdruck „Produktal“ anwende. In ihrer noch unentwirrten Vereinigung von Kapital und Produktal sind die „avances“ bekanntlich der Ausgangspunkt der beinahe unentwirrbaren Geschichte des Kapitalbegriffes in der wissenschaftlichen Wirtschaftstheorie und so ein neuer Beleg dafür, daß die Physiokraten Geldvorgänge und Vorgänge in den physisch-technischen Grundlagen wirklich noch nicht auseinanderhalten konnten.

Die eine Seite der Verwirrung ist also das Unvermögen, „avances“ und „revenu“ in der völligen Verschiedenheit ihrer Geldbewegung durch die technischen Mittel des Tableau auch nur andeutungsweise zur Darstellung zu bringen. Das eigentliche Versagen steckt aber in dem unausgeglichenen Widerspruch, im Prinzip der Theorie nur die drei Klassen der alten ständischen Gesellschaft mit der alleinigen Ergiebigkeit der von den Bauern bearbeiteten Natur zu lehren, für die es Kapital noch nicht gibt, und dann doch die kommende Welt des

Kapitalismus ausnahmsweise mit zu berücksichtigen. Nun steht mit den „avances“ das Kapital als doch schon vorhandener Teil der Wirklichkeit im Tableau vor uns, und Quesnay weiß nichts damit anzufangen, verfolgt nicht die Wiederkehr seines besonderen Kreislaufes durch und wagt am allerwenigsten, dem Kapital im Tableau aus dem „revenu“ etwa einen Zins oder Unternehmergewinn zuzuleiten. Die ganze innere Zwiespältigkeit der einer neuen Zeit zurollenden Wirtschaftsperiode kommt so heraus. Sie findet bekanntlich bei Turgot im 31. Paragraphen seines Essays „Sur la formation et la distribution des richesses“ (1766) ihren klassischen Ausdruck. In den ersten 30 Paragraphen ist das reine System des Physiokratismus abgehandelt. Nun aber heißt es: „il y a un autre moyen d'être riche sans travailler et sans posséder des terres, dont je n'ai pas encore parlé. Ce moyen consiste de vivre de son capital ou plûtot de l'interêt qu'on en tire en le prêtant[11].“ Der Kapitalismus der Wirklichkeit verlangt sein antiphysiokratisches Recht.

Und für uns hebt sich aus all dem noch so unsicheren Tasten des Tableau der eigentliche Kern der von ihm beabsichtigten Darstellung heraus: die Urübertragung des revenu an die Herrenklasse, seine Verteilung an die Unterklassen, seine Wiedererzeugung, Neuübertragung und Wiederverteilung in unendlichem Fortgang.

Damit wird das Tableau überaus einfach.

Es hat, wie gesagt, drei Kolonnen, in der Mitte die Herrenklasse, an den beiden Seiten die Unterklassen, links die Landleute, rechts die Gewerbsleute. 2 000 livres ergeben zunächst bei den Bauern im schematischen Ansatz den gleichen Reinertrag. Dieser Reinertrag des Vorjahres wird also am Anfang des eigentlichen Tableau von links, der Seite der Landwirte, in die Mitte zu den Grundherren übertragen. Nun erfolgt mit ganz großer Geste die Verwendung des Reinertrages durch die Grundherren, die nach beiden Seiten eine Hälfte, also je 1 000 livres, an die Landleute und an die Gewerbsleute verausgaben. Damit ist die Rolle der Herrenklasse im Kreislauf schon zu Ende.

Der weitere Kreislauf des Tableau stellt nur noch die Tauschbeziehungen zwischen Landleuten und Gewerbsleuten untereinander dar und hätte sich statt in 16 Zeilen des Tableau auch in einer einzigen Zeile erledigen lassen. Denn beide Klassen leiten sich gegenseitig die Hälfte des ihnen zunächst von der Herrenklasse zugekommenen Anteils zu, und von der so wechselseitig bezogenen Hälfte in fortgesetztem Weitergang immer wieder die Hälfte, bis durch das Hin und Her der fortgesetzten Halbierung beiderseits die ursprüngliche Ausgangssumme ihres von den Herren empfangenen Revenuanteils von 1 000 livres noch

[11] Zitiert nach *Daire*, Oeuvres de Turgot. Paris 1844. I, S. 22.

einmal herauskommt und damit der Kreislaufanteil jeder der beiden Klassen mit der Schlußsumme von 2 000 livres endet.

Es ist nun freilich eine überaus einfache und bekannte mathematische Regel, daß, wenn man zu einer Ausgangssumme ihre Hälfte, dann deren Hälfte usw. hinzuaddiert, der Betrag dieser fortgesetzten Addition in unendlicher Annäherung der ursprünglichen Ausgangssumme nahekommt, sie aber niemals wirklich erreicht. Sie liegt wohl schon, was für Quesnay immerhin bedenklich ist, dem bekannten Sophisma von Achill und der Schildkröte zugrunde. Aber Quesnay hat sich über die Unendlichkeit dieser Annäherung mit schnellem Strich hinweggesetzt. Für sein Glück genügte es, daß, grob gesehen, durch die fortgesetzte Halbierung beiderseits wirklich wieder 2 000 livres herauskommen mußten und so einen Gleichgewichtsposten darzustellen schienen.

Mit der Schwierigkeit, daß dies hälftige Hin und Her ihres Revenuanteils zwischen Landleuten und Gewerbsleuten in jeder Wirtschaftsperiode 16 Gänge braucht, um auszupendeln, hat er sich nicht weiter aufgehalten. Es kamen durch den Abschluß der Auspendelung der Hälften doch wieder 2 000 livres auf die Seite der Landwirtschaft. So war der Schluß: das vollzieht sich eben in jeder Wirtschaftsperiode, und jeder Betrag, den die Bauern erhalten, wird bei ihnen der Anstoß zur Erzeugung des genau gleichen Betrages produit net. Erhalten sie also von dem Grundherrn 1 000 livres und in fortgesetztem Austausch mit den Gewerbsleuten noch einmal 1 000 livres, so können aus diesen zusammen 2 000 livres Bezug der Landwirte auch 2 000 livres „revenu" neu produziert werden, und so wird die ursprüngliche Ausgangssumme für die nächste Wirtschaftsperiode wiederhergestellt. Dementsprechend wird im Tableau bei der Darstellung der langwierigen Pendelbewegung zwischen Bauern und Handwerkern für jeden zum Bauern gelangten Betrag ein gleicher Betrag produit net dogmatisch als erzeugt angenommen und in der mittleren Kolonne zur erneuten Aushändigung an den Grundherrn nach Abschluß der Wirtschaftsperiode vorgetragen.

Damit enden schließlich alle drei Kolonnen des Tableau mit einer Schlußsumme von 2 000 livres, während doch ursprünglich im ganzen nur 2 000 hineingetan sind. Rechnete man wirklich die in den Notizen über die avances angegebenen Beträge von 2 000 und 1 000 livres mit, käme man im ganzen auf einen Zirkulationsbetrag von 5 000 livres. Der Zusammenhang ist also alles andere als klar. Mindestens hätte das Tableau erläutern müssen, daß es sich in der mittleren Kolonne um einen *Vortrag* für das nächste Jahr, in den Seitenkolonnen um schon getätigte Umlaufsvorgänge der ablaufenden Wirtschaftsperiode handelt.

Was Quesnay aber in Wirklichkeit wollte, war das ganz anschauliche Erleben des in sich zurückkehrenden Kreislaufes des Geldes und der dadurch immer von neuem ermöglichten harmonischen Erneuerung des Wirtschaftsprozesses bei harmonischem Zusammenwirken der drei Klassen. Was für uns als ein beinahe kindliches Stammeln erscheinen kann, war für ihn und seine Freunde eine einleuchtende Offenbarung.

Die Kritik ist dem Versuch gegenüber im ganzen zu unsicher geblieben und hat weder die auf der Hand liegenden Unzulänglichkeiten seiner Durchführung einleuchtend herausgestellt, noch die großen Möglichkeiten seines Grundgedankens zu würdigen gewußt.

Dabei gibt das Tableau Économique gerade auch mit seinen Mängeln ein so gutes geistiges Turngerät für den volkswirtschaftlichen Anfänger im Proseminar, wenn seine grundsätzliche, geschichtlich so einzigartige Bedeutung wieder zur Anerkennung gekommen ist.

Wo *Spann* gerade auch für den Anfänger die Formel gegeben hat, daß die saubere Trennung der Geldvorgänge von den Vorgängen der physisch-technischen Grundlagen bei den Physiokraten so lehrreich sei, kann man mit der Durchführung dieser Unterscheidungen ein lustiges Versuchsexerzieren anstellen. Was kommt heraus, wenn das Tableau Économique nur eine Geldbewegung darstellt? Was kommt heraus, wenn es nur physisch-technische Vorgänge meint?

Wir fangen billig mit der Analyse der im Tableau dargestellten Geldbewegung an, weil das trotz Spann sein nächster äußerer Inhalt ist.

Dann erhalten die Grundherren von den Bauern bekanntlich zunächst 2 000 livres, behalten davon nichts, sondern geben an die beiden Unterklassen je 1 000 livres. Soweit gut. Der Verbleib des ganzen Geldes ist damit nachgewiesen. Aber die beiden Unterklassen geben von dem so empfangenen Geld je nur eine Hälfte gegenseitig weiter, und dann wieder nur die Hälfte, und wieder nur die Hälfte, so daß beiderseits immer nur die Hälfte des ursprünglich in Zirkulation gekommenen Geldes wieder in Zirkulation kommt, während die andere Hälfte irgendwohin aus der Zirkulation herausfällt. Schon von den ersten 1 000 livres behalten doch beide Unterklassen je 500 livres und dann so weiter. Also haben sowohl Bauern wie Handwerker am Ende der ganzen Periode schließlich einen brachliegenden Schatz von je 1 000 livres, der irgendwo an der Seite liegt. Denn bei korrektem Nachweis seiner Geldbewegung wäre eben nach beiden Seiten des Tableau eine Erweiterung notwendig, um die bei den Unterklassen verbliebenen Beträge nachzuweisen. Dann wäre aufzuklären, wie die Bauern, die doch nach diesem Nachweis nur 1 000 greifbare livres beiseite gelegt haben dürfen, gleichwohl beim Abschluß der Wirtschaftsperiode 2 000 livres an die Grundherren als Geldform des revenu geben können. Klar ist auch das gerade nicht.

Die umgekehrte Rechnung, daß sich durch das Tableau nur Realbestände bewegen, ist trotz *Spann* bei dem Wortlaut des Tableau nicht gerade einfach, weil sie mit den beiden von der Grundherrenklasse zu den beiden Unterklassen hinunterführenden Revenuverteilungslinien nun einmal nicht zu vereinigen ist. Die Grundherren erhalten das revenu als Realbestand doch für sich und ihren Hofstaat und geben ihn nicht bis auf das letzte Krümchen an die Unterklassen ab. Man könnte also das Tableau im Sinne *Spanns* wohl nur so deuten, daß die beiden Unterklassen zunächst je 1 000 livres Realbestand an die Grundherren geben und dann weitere je 2 000 livres Realbestand zur Hälfte untereinander tauschen, zur Hälfte für sich selbst behalten. Dann endet jede der drei Kolonnen, wie das Tableau vorrechnet, mit 2 000 livres Realbestand, wovon in jeder der drei Kolonnen die eine Hälfte reines Landprodukt, die andere Hälfte städtisch umgeformtes Produkt wäre. Der Vorzug der Herrenklasse bestände darin, daß sie ihren Anteil ohne eigene Arbeit erhält. Beide Unterklassen müssen ihren Verbleibanteil, den Austauschanteil für die Nachbarklassen und den Abgabeanteil für die Herren erzeugen. Aber es bleibt dann völlig dunkel, worin noch die vom Grundprinzip des Physiokratismus geforderte produktive Überlegenheit des Bauern über den Gewerbsmann bestehen soll, da doch beide je 3 000 livres Realbestand in den Zirkulationsprozeß der Klassengesellschaft geben müssen. Und es ist noch dunkler, wie die Bauern, von denen nach der Darstellung der Realbestandsbewegung 3 000 Realbestand, nämlich je 1 000 für jede der drei Klassen, ausgegangen wären, gleichwohl 4 000 produziert haben müßten, nämlich 2 000 für sich selbst (1 000 Eigenanteil, 1 000 Tauschanteil für die Gewerbsleute) und 2 000 produit net, der am Abschluß der Wirtschaftsperiode an die Grundherren geht. Damit beginnt der Kreislauf der Rätsel wieder an derselben Stelle, wo wir ihn angefangen hatten.

So verflüchtigt sich der ganze sachliche Inhalt des Tableau Économique mit allen seinen Einzelheiten. Die Theorie des produit net ist mindestens so verworren wie die des Mehrwerts. Auch *Quesnay* nimmt praktisch alles wieder zurück, was er zunächst behauptet hat.

Aber das beweist nichts gegen das Prinzip des Tableau Économique als Schema dynamischer Anschauung.

Bei der Anwendung dieses Prinzips wird man wie der Chemiker zwischen *quantitativer* und *qualitativer* Arbeit unterscheiden müssen. Sicher bringt der von *Quesnay* so wagemutig unternommene Versuch einer anschaulichen *quantitativen* Analyse der Umlaufsvorgänge einer Wirtschaftsgesellschaft ganz besondere Schwierigkeiten mit sich. Ich habe mich meinerseits noch nicht dazu verstiegen.

Und sicher ist zu fordern, daß dynamische Schemata genau so für die Kritik hieb- und schußfest sein müssen wie ein gutes Buch.

Man darf sich durch die Möglichkeiten einer neuen Methode nicht so berauschen lassen, daß man die Mängel ihrer ersten Verwirklichung übersieht. Aber gerade die Kritik der nicht in der Sache selbst liegenden Mängel kann dazu beitragen, die neue Methode als solche zu stabilisieren.

So wird die Auseinandersetzung mit den Versuchen der Vergangenheit zur Gewähr für die Aufgaben der Zukunft.

Kapital und Geld

(1926)

1. Zur Einleitung

Ich habe in diesem Aufsatz, mit dem ich die Veröffentlichung meiner Unterrichtstafeln beginne, die Methode der dynamischen Schemata mit einfachen Beispielen zu erläutern, um dadurch auf ihre Anwendung für größere und verwickeltere Zusammenhänge vorzubereiten. Die Darstellung von Kapital und Geld ist dafür besonders geeignet, weil dabei nach der einfachen *Bewegungsformel* des Kapitals nebeneinander *Begriffsschemata* und *symbolische Schemata* gezeigt werden können[1].

Soweit handelt es sich um die Einführung in eine zunächst scheinbar wesentlich *pädagogische* Methode. Unter diesem Gesichtspunkt hat *Ferdinand Tönnies* auf meine Versuche hingewiesen[2].

Inhalt und Darstellungsmethode bzw. Form einer Wissenschaft sind sich aber nicht so fremd, daß man zur allseitigen Durchführung einer neuen Form den fertigen Inhalt einer Wissenschaft irgendwo aufgreifen könnte. Ich kann für die dialektischen Wechselbeziehungen von Form und Inhalt grundsätzlich an Hegel erinnern. Neuer Most gehört nicht in alte Schläuche. Und eine neue Form der Wissenschaft, die nach ihrem Wesen *anschauliche* Darstellung *dynamischer* Beziehungen sein will, muß allseitig durchkonstruierte Erfahrung geben können. Neue Form will neuen Inhalt und hilft ihn schaffen.

In der folgenden Darstellung der wirtschaftlichen Grundzusammenhänge unserer Zeit erscheint die Wirtschaft durchaus nur als Teibereich des Gesellschaftslebens, der auch nur als ein solcher Teilbereich verstanden werden kann. *Nationalökonomie ist grundsätzlich ohne Soziologie undenkbar.*

Diese Auffassung kann im Grunde nicht überraschen.

---

[1] Vgl. meinen Aufsatz: Zum „Tableau Économique“.

[2] F. *Tönnies,* Soziologische Studien und Kritiken. II. Jena 1926. S. 222. Mein Institut für Organisationslehre und Soziologie ist aber nicht, wie Tönnies irrtümlich annimmt, „private Unternehmung“, sondern eine erfreuliche Gründung des preußischen Kultusministeriums.

Die Geschichte der Nationalökonomie zeigt den in sich unklaren Versuch, gleichzeitig beide Wissenschaften zu geben. Die Totalerfassung der Gesellschaftszusammenhänge zwingt sich immer wieder auf. Zwischendurch wird aus einer Enge der praktischen Begabung oder auch des wissenschaftlichen Interesses die mögliche Selbstgenügsamkeit der Wirtschaft behauptet.

Wenige Beispiele genügen.

Schon in meinem Aufsatz über das Tableau Économique wurde an die Klassenlehre der *Physiokraten* und ihre folgenschwere Bedeutung erinnert. *Adam Smith* war vergleichender Soziologe. *Friedrich List* sah stets das Ganze der nationalen Kräfte in seiner Auswirkung auf die Wirtschaft. *Karl Marx* bleibt zwar der inkonsequente Doktrinär, der die Gestaltung und Bewegung der Gesamtgesellschaft auf der Grundlage ihrer technischen Entwicklung darstellen wollte, aber weder die Technik des 19. Jahrhunderts entsprechend durcharbeitete, noch die Gesellschaftsstruktur vergleichend studierte, sondern sich in die Widersprüche der abstrakten Wirtschaftstheorie Ricardos verlor, ist aber auch so noch der eindrucksvollste Typ des sozialen Denkers, der in dem notwendigen Zusammenhang von Soziologie und Wirtschaftstheorie lebt. Schließlich kann an *Schmoller* erinnert werden mit der umfassenden Weite seiner soziologischen Umrisse und der leidigen Unschärfe seiner Begriffe.

Nach der gemeinen Lebenserfahrung baut sich die Wirtschaft auf der Technik auf, findet in der Versorgung aller gesellschaftlichen Lebensreiche mit den notwendigen Sachdingen ihren Zweck und läuft ab als besonderes Beziehungssystem vergesellschafteter, „organisatorischer" Menschen. Schon „Wirtschafts*gesellschaft*", „Betriebs*orgaisation*", „Familien*gemeinschaft*" bleiben doch auch im Munde des Nationalökonomen soziologische Begriffe, deren naiver Alltagsgebrauch seine Darstellung verworren machen muß. „Unsere" Wirtschaft ist die Wirtschaft politischer Wesen. „Wir" können nur wirtschaften, indem wir uns untereinander mit den beherrschten Dingen in ein System von Wechselbeziehungen einordnen.

Dies System von Wechselbeziehungen zwischen Menschen als solches ist nicht Wirtschaft. Es mag weiterhin als Aufgabe der Wirtschaftstheorie gelten, sich einen „ökonomischen Menschen" zu konstruieren, um den wirklichen „kapitalistischen Menschen" durch die an einer solchen Hilfskonstruktion gewonnenen Lehrsätze verständlicher zu machen. Aber wenn diese im theoretischen Reagenzglas erzeugten „ökonomischen Menschen" in gegenseitige Beziehungen gebracht werden, beginnt der Bereich der Soziologie. Man könnte einen Aufsatz mit dem etwas anzüglichen Titel schreiben: „Über die Kümmerformen der Gesellschaftslehre in den Konstruktionen der abstrakten Nationalökonomie."

Menschliche Beziehungssysteme können nicht ohne *Geschichte* gedacht werden. Man kann zugespitzt sagen: Menschen *sind* nicht ohne Weltgeschichte bzw. ohne Tendenz zur Weltgeschichte.

Also *ist* einerseits die Geschichte, anderseits das Ineinander menschlicher Wechselwirkungen im zusammengeordneten Beziehungssystem mit wiederkehrenden, die einzelnen Individuen überdauernden Funktionen. Demnach erscheint die Gesellschaft notwendig als Folge vorübergehend „beharrender" *Gesellschaftsstufen* in ständiger geschichtlicher Weiterentwicklung nach Art der Lebensalter des einzelnen Individuums. Im engeren Bereich der Wirtschaft entsprechen den Gesellschaftsstufen die *Wirtschaftsstufen.*

Für die Wirtschaft irgendeiner Gegenwart, auch der unsern, kann es sich also methodisch nur darum handeln, sie als Ausprägung einer eigenartigen Stufe oder als Übergangszeit zwischen eigenartig ausgeprägten Wirtschaftsstufen zu nehmen. Das ist lebensnotwendig, wenn wir Erkenntnis wollen. Man darf das nicht als „Historismus" ablehnen. Menschliche Gesellschaft ist *wesenhaft* alternde Entfaltung einer Folge von Gesellschaftsformen.

Ebenso lebensnotwendig ist aber auch, daß man die Wirtschaft schlechterdings nicht allein sehen kann, sondern noch bei einfachster Fassung immer in mindestens doppelseitiger Verflechtung in das Ganze der sozialen Lebensreiche. Schon *„Produktion"* und *„Konsumtion"* sind als solche doch gar *keine wirtschaftlichen Begriffe.* Im weitesten Sinne gehören sie zur *organischen Kausalität.* Produktion (Erzeugung) bedeutet dann etwa: „Substantial abgelöste Finalfolge", Konsumtion: „Substantial eingeformte Finalfolge", ohne daß auf diese Definition entscheidendes Gewicht gelegt werden soll. In noch weiterer Fassung könnte man „Verwendung zu organischem Aufbau" und „Verwendung zu organischem Abbau" sagen. Faßt man schließlich die Finalfolge bestimmter als *Zweck,* so bietet sich die Formulierung: „Zweckeingriff in den Kausalzusammenhang", die aber mehr die *„Technik"* im allgemeinen Sinne umschreibt als den eigentlichen Begriff „Produktion". Die immanente Tendenz der Technik zur straffsten Rationalisierung kommt in der Formel zum Ausdruck.

Wesentlich ist in diesem Zusammenhang aber nur, daß „Produktion" als solche jedenfalls noch kein wirtschaftlicher Vorgang ist. Erst *„Verwertungs*produktion", Produktion, die unter der Berechnung erfolgt, daß der durch den hingegebenen Produktionseinsatz ermöglichte Produktionserfolg einen höheren Wert bieten wird, gehört zur Wirtschaft, bleibt aber immer Technik, soweit es sich um die Verwirklichung des

Zweckeingriffs in den Kausalzusammenhang als solchen handelt. *„Produktionsmittel"*, produziert oder frei vorgefunden, sind als solche *technische Tatbestände.*

Ebenso gehört nur die „Auswertung" der Versorgungsbestände (*„Auswertungs*konsumtion") zur eigentlichen Wirtschaft. Die Stoffwechselbedeutung der Nahrung bleibt doch ebenso Objekt der Physiologie, wie die Auswirkung der Mode oder des Seifenverbrauchs Gegenstand der Soziologie oder, wenn man will einer besonderen Kulturwissenschaft sein muß. Der „Bedarf" wirkt sich freilich wirtschaftlich aus, aber zu seiner Entstehung vereinigen sich alle biologischen und soziologischen Zusammenhänge unter der Herrschaft des bewußten Willens. Die „Wesenshaltung" einer Kultur bestimmt ihre „Bedarfshaltung".

Wirtschaften ist gesellschaftliche Auswertung der Dinge als Unterlage der gesellschaftlichen Lebensentfaltung und steht so mitten zwischen der Technik, die die Dinge unsern Zwecken gemäß ändert, und der noch ungetauften Disziplin, die von der Verwendung gebrauchsreifer Dinge in der Entfaltung unserer lebendigen Existenz zu handeln hätte. Man muß alle Dinge, insonderheit die guten Dinge, auch zu nützen wissen. Lebenskunst steht am Endpunkt der Güterbewegung, die mit der Produktion beginnt, freilich Lebenskunst in jenem tieferen Sinne, die auch die innerste Entscheidung über die letzthin wesentlichen Werte kennt.

Es ist damit klar, daß auch der *Wert als solcher kein wirtschaftlicher Begriff* ist. Die wirtschaftlichen Werte ergeben sich nach Lage der verfügbaren Güterbestände aus den Grundbejahungen, nach denen das Leben, jeder einzelne und jede Kultur, seine Existenz verwirklichen will. Daraus folgt die „Bedarfshaltung" als die Art und das Ausmaß der Sachbedürfnisse und damit erst der Ausgangspunkt für die wirtschaftliche Wertüberlegung, wie sich dieser Bedarf zur gegebenen Deckung verhält.

Nicht einmal der Weitergang der inneren „Wertung" zur „Bewertung" äußerer Dinge, die dadurch zu „Werten" im Sinne von „Wertdingen" werden, kann als eigentlicher wirtschaftlicher Vorgang gelten. „Werten" und „Bewerten" als solches bleibt ein Teil der allgemeinen Willenseinstellung und gehört in den beschreibenden Teil einer Willens- oder Morallehre.

Wirtschaften als solches ist weder Erzeugung noch Verbrauch, weder Deckung noch Bedarf, sondern die Beeinflussung des Verhältnisses von Deckung und Bedarf, die beide zunächst gegeben sind, rechnerische Durchdringung von Deckung und Bedarf, um dadurch ihr Verhältnis günstiger zu gestalten. Wirtschaften ist so leer und abstrakt wie die

Tätigkeit des Kaufmanns neben dem schöpferischen Techniker, wenn man beim Kaufmann alles wegläßt, was Diplomatie, Verhandlungsgeschick und Marktabenteuer ist und somit für die wissenschaftliche Analyse in den Bereich der Soziologie gehört.

Wirtschaften ist also Ausnutzung und Beeinflussung des Deckungsverhältnisses als solchen und kann wohl am einfachsten als „Erwerten" bezeichnet werden, als ein Herausholen von möglichst viel „Wert" aus dem zunächst gegebenen Bestand, sei es, um mit möglichst wenig an Sache und Arbeit auszukommen, sei es, um möglichst viele, bzw. um möglichst wichtige Strebungen absättigen zu können[3]. Wirtschaften ist also immerfort *Streben nach Mehrwert,* bzw. nach einem *Mehr von Wert.* Wirtschaftslehre ist im Kern nicht mehr, aber auch nicht weniger als die vollständig ausgebaute Lehre vom wirtschaftlichen Wert, dem man soviel Hirngespinste und soviel unnütze Worte gewidmet hat und den man nach der neuesten wissenschaftlichen Mode wohl gar aus der Wirtschaftstheorie herauswerfen möchte.

Das im Grunde sehr natürliche Ergebnis der bewußten Hineinstellung der Wirtschaft in den gesellschaftlichen Zusammenhang ist also, daß der eigentliche Kern alles Wirtschaftens und der dadurch gegebene Bereich der eigentlichen Wirtschaftstheorie mit größerer Schärfe heraustritt.

Wirtschaften ist *Erwerten,* Herausholen von möglichst viel Wert im Sinne der Absättigungsmöglichkeit abgewogener Antriebe. Richtet sich die wirtschaftliche, die Ausnutzbarkeit der Dinge mit immer gesteigerter analytisch-synthetischer Durchdringung erschließende Abwägung einfach auf einen gegebenen Bestand, der auf die ergiebigste Gebrauchsverwendung durchgesehen und durchgerechnet wird, sollte man *„Aus-*

---

[3] Soweit der menschliche Wille in Frage kommt, wird also das Verhältnis von Bedarf und Deckung *einerseits* durch die *„Wirtschaft"* bestimmt, die bei innerlich gegebener Bedarfshaltung „erwertend" auf die äußerlich gegebene Deckung geht, um möglichst viel aus ihr herauszuholen, und die als bloße Wirtschaft, bzw. Wirtschaftlichkeit die grundsätzlich bestimmte Bedarfshaltung sozusagen nur unter der Hand mit Sparsamkeitsüberlegungen unterminieren kann, um den „Bestand" größer zu halten. *Anderseits* beeinflußt selbstverständlich jede autonome, aus der Wesenshaltung bestimmte *Veränderung der Bedarfshaltung* notwendig auch das gegebene Deckungsverhältnis und führt, ohne Wirtschaft zu sein, zu einer veränderten Wirtschaftslage. Am augenfälligsten ist die Wirkung etwa der christlichen Bedarfshaltung unter der Formel „Bete und arbeite", Einschränkung der Sachbedürfnisse bei gesteigerter Produktions- und Berufsleistung. Das ist, wenn das Erwirtschaftete nicht für kirchliche Zwecke abgeleitet wird, ein notwendiger Weg zum wirtschaftlichen Erfolg, der sich in der Geschichte des Christentums entsprechend geltend macht, und der in der Zeit aufsteigender kapitalistischer Konjunktur ein Weg zum *kapitalistischen* Erfolg christlicher, insbesondere sektierischer Kreise wird. Aber deswegen entsteht der Kapitalismus gewiß nicht aus christlichem Geist.

werten" sagen. Auswerten war also die Tätigkeit Robinsons gegenüber seinen Getreidesäcken in den kostbaren Beispielen der Grenznutzentheorie. Die sorgsame Hausfrau wertet den Inhalt von Keller und Schränken aus.

Muß der Bestand geopfert werden, damit erst durch seine durchgreifende Veränderung der Wertgewinn erreicht wird, ist der Ausdruck *„verwerten"* vorzuziehen. So kommen wir zur *Tauschverwertung* und zur *Produktivverwertung,* verlassen damit aber auf jeden Fall das Gebiet einer etwa geforderten reinen Wirtschaftstheorie, weil Produktion *Technik* ist und der Tausch sich in der Tausch*gesellschaft* abspielt. Es ist eine folgenschwere Einsicht, daß erst der *Verwertungstausch* und die *Verwertungsproduktion* Gegenstände der Wirtschaftswissenschaft sind.

Bei der *Tauschverwertung* wird der aufgeopferte Bestand fortgegeben, bei der *Produktivverwertung* durch Verarbeitung umgeformt, zunächst aber für die Verarbeitung „ausgewertet". Da die Auseinanderhaltung der beiden Verwertungsformen, Tauschverwertung und Produktivverwertung, wichtig ist, empfiehlt es sich, die *Tauschverwertung* als *„Verwertung im engeren Sinne"* zu bezeichnen und für *Produktivverwertung „Auswertung"* im Sondersinn der über den ganzen Produktionsvorgang gehenden „Produktivauswertung" zu sagen. Verwechslungen mit der einfachen Auswertung für den Verbrauch kommen dabei kaum in Betracht.

Wir sind demnach mit den scheinbar abliegenden Ausführungen über die Stellung der eigentlichen Wirtschaft im Gesamtleben des Menschen und seiner Gesellschaft unmittelbar auf die Kernfrage dieses einleitenden Aufsatzes gegangen: auf das *Wesen von Geld und Kapital.* Wollen wir *Geld und Kapital* wirtschaftlich definieren, so müssen wir den Gebrauch beider als *Erwertungstätigkeit* fassen. Das Geld erscheint dann einfach genug als *Tauschverwertungsmittel,* das Kapital als Tauschverwertung des Tauschmittels selbst, als *Selbstverwertungsmittel,* wo das Mittel zum Selbstzweck geworden ist. Verwertung ist beider Wesen. Daß dabei „Mehrwert" herauskommt, wenn die Verwertung Erfolg hat, ist schon darum das Allerselbstverständlichste von der Welt, weil jede Wirtschaft auf Mehrung des Wertes ausgeht.

Damit wird der ganze Unterschied zwischen einem *Produktionsmittel* und dem *Verwertungsmittel* deutlich. *Produktionsmittel* sind als solche technische Dinge, die aber außerdem unter der wirtschaftlichen Überlegung von Verwertung und Auswertung stehen. *Verwertungsmittel* sind technisch aus Metall oder Papier hergestellt, sind aber in ihrer Aktion wirtschaftliche Dinge schlechthin, Eigenerzeugnisse der Wirtschaft, herausisolierte Träger rein wirtschaftlicher aus Wert und

Wertung erwachsender Funktionen. Das ist die Sonderstellung von Geld und Kapital unter allen übrigen Dingen. Deshalb müssen die Hauptstufen der bisherigen Wirtschaftsentwicklung *Geldwirtschaft* und *Kapitalismus* heißen. Deshalb ist es so irreführend und unvernünftig, produzierte Produktionsmittel, also einen wesentlich technischen Begriff mit dem Geld in seiner Steigerung zum Selbstverwertungsmittel unter der einen Bezeichnung „Kapital" zusammenfassen zu wollen, das dann als „Kapital im privatwirtschaftlichen" und „Kapital im volkswirtschaftlichen Sinne" verworren genug unterschieden werden soll. *Produzierte Produktionsmittel zur dauernden Verwendung* müssen nach Produktion heißen. Also: „*Produktal*"! Der natürliche Gegenbegriff dazu sind die (obwohl es Wohnhäuser usw. gibt!) von der Theorie noch kaum erwogenen *produzierten Konsumtionsmittel zur dauernden Verwendung: „Konsumtal"*.

Als letzter vorwegnehmender Hinweis sei noch gesagt, daß natürlich auch der *„Tausch" keine reine wirtschaftliche Kategorie* ist, sondern die allgemeine zwischenmenschliche Wechselbeziehung des gegenseitigen Geben-Nehmens, die als solche einen Hauptplatz in einer allgemeinen Beziehungslehre verdienen würde. Man „tauscht" Meinungen und Erfahrungen, Gruß und Kuß, Gaben, Blut in der Magie der Blutsbrüderschaft, aber auch etwa die Kleidung für eine lustige oder politisch beabsichtigte Maskerade. Erst der *Verwertungstausch*, der geschichtlich wohl aus dem Gabentausch herauswächst, jedoch erst durch die beiderseitige Verwertungsabsicht sein Wesen bekommt, ist das eigentliche Objekt wirtschaftswissenschaftlicher Behandlung.

Schon mit der sachgemäßen Fachbezeichnung „Sozialökonomik"[4] ist doch die doppelte Aufgabe begründet, einerseits eine gesellschaftliche Struktur einschließlich der durch den Gemeinwillen der Gesellschaft geregelten Rechtsherrschaft über die Sachenwelt zu analysieren, anderseits die in dieser Gesellschaftsstruktur auf der Unterlage ihres technischen Könnens ablaufenden Erwertungsbestrebungen, die Wertverhandlungen des Verkehrs und die sich aus alledem ergebenden Wertausgleichsverhältnisse und Verwertungslagen.

Ich werde nach diesen Ausführungen kein Mißverständnis zu besorgen brauchen.

---

[4] Vor dreißig Jahren stellte mich die gerade herausgekommene „Theoretische Socialökonomik" (Leipzig 1895) von Heinrich *Dietzel* gegen Ende meiner Studentenzeit vor die für meine Weiterentwicklung entscheidende Frage, wie die darin vertretene methodische Auffassung mit der mir gewohnten Stufentheorie von *Schönberg (Bücher)* zu vereinigen sei. Diese Einleitung enthält die grundsätzliche Antwort.

Der Ausdruck „Produktal" geht auf dieselbe Zeit zurück.

Wirtschaft ist durchaus ein Teil der Gesamtgesellschaft und so untrennbar mit diesem Ganzen verflochten, daß sich die *scheinbar sichersten Ausgangsbegriffe der Wirtschaftstheorie* als *überökonomische Kategorien* erweisen. Demnach ist Wirtschaftswissenschaft eine Teilwissenschaft der Lehre von der Gesamtgesellschaft und muß bewußt auch als solche getrieben werden.

Es würde aber eine ganz falsche Folgerung sein, daß darum die Unterscheidung von Wirtschafts- und Gesellschaftswissenschaft aufhören und ein verschwommenes Gemenge von Soziologie und vermeintlicher „Philosophie" allgemeinster Menschheitsproblematik an die Stelle treten soll. Im Gegenteil, der Volkswirtschaftler soll wissen, wie lange er *Nationalökonom* ist, und wo er *Soziologe* wird oder in die Technik herübergeht.

Auch die einfachste Fassung der Wirtschaftstheorie hat die Wirtschaftsstufe unserer Zeit in ihrer untrennbaren Einheit mit Gesellschaft, Technik und Bedarfshaltung im typischen Schema zu zeigen.

Das umfassende wissenschaftliche Ziel unserer Periode muß aber der anschauliche Aufriß jener *universalen gesellschaftlichen Betrachtung* sein, die es ermöglicht, Stellung und Beziehung der einzelnen Gesellschaftsbereiche, in die sich die ganze Gesellschaftsbetätigung auf ihrer zusammenhängenden Gesamtstruktur auseinanderlegt, überschauend abzugrenzen.

Dieser Aufgabe sollen meine dynamischen Schemata dienen. Die soziologisch-philosophischen Schemata und die wirtschaftswissenschaftlichen Schemata bilden ein einziges Ganzes. Die *Wirtschaftstheorie* ist darin so die *Theorie eines besonderen Organzusammenhangs in einem Gesamtorganismus,* wie etwa die Lehre vom Stoffwechsel nur einen Teilzusammenhang des Lebens neben der Darstellung seines Traggerüstes, der Fortpflanzung, des Nervensystems und etwa der Bewegung gibt. Würde man die ganze lebendige Menschengesellschaft so in den Hörsaal holen können, wie der Biologe den lebendigen Körper zeigt, dessen Teilvorgänge er demonstriert, hätte die Fiktion der isolierbaren Wirtschaftswissenschaft niemals Bestand haben können.

Darum sind auch die dynamischen Schemata erheblich mehr als nur eine *pädagogische* Methode. Sie sind Forschungs- und Erkenntnismittel, das dem Universalsoziologen und den einzelnen gesellschaftswissenschaftlichen Fächern die für ihre Arbeit notwendige Gesamtübersicht gewährt und durch diese Übersicht neue Einsichten und Aufgaben geben kann. Sie reißen zur Totalität der Anschauung weiter, weil die Sichtbarkeit, mit der ein gesellschaftliches Teilsystem vor Augen steht, zu der Frage drängt, wie geht der Zusammenhang weiter, wie ist dieses sichtbare Ganze seinerseits als Teil in ein größeres und weiteres Ganzes eingeordnet.

Ich habe versucht, bis an die letzten Grenzen zu gehen, und halte auf Grund dieser Erfahrungen für möglich, die Welt, in der die Menschengesellschaft als in ihrem Wirkungs- und Erkenntnisfelde steht, in dieser Ganzheit anschaulicher zu machen, als es durch das bloße Wort einschließlich des gedruckten Wortes erreichbar ist.

Für die erste Einführung in diese Methode in einer Zeitschrift muß man gegen ihren eigentlichen Sinn statt mit dem *Ganzen* irgendwie mit dem *Anfang* beginnen. Wo ich zu dem wirtschaftlich gerichteten Leserkreis des Weltwirtschaftlichen Archivs spreche, muß das Teilgebiet der Wirtschaft dem Gesamtzusammenhang der Gesellschaft vorangehen.

Und auch für die Darstellung der Wirtschaft muß wieder ein solcher „Anfang" das erste sein, weil das Ganze nicht auf einmal gezeigt werden kann.

Dieser Anfang ist jetzt begründet.

Die Wirtschaftstheorie unserer Zeit muß als Theorie des *Kapitalismus* gegeben werden.

Kapital als Steigerung des Geldgebrauches ist nur eine besondere Ausprägung der „Erwertung", also die *geschichtliche Erscheinung des innersten Prinzips der Wirtschaftlichkeit.* Darum ist das Kapital der zweckmäßigste Ausgangspunkt für die Erörterung unseres Wirtschaftssystems, und zwar vor dem Gelde, weil wir Heutigen das Geld fast nur noch als Steigerung zum Kapital kennen und die Voranstellung seiner ohnehin aus dem Alltag unbewußt gewohnten Einzelfunktionen künstlich und umständlich wirken muß. Das Kapital ist dabei nicht nur als *innerliches Prinzip* der Erwertung von Mehrgeld, sondern als *äußerlich durchgeführtes Prinzip* in seiner wirklichen Erscheinung, d. h. in der Bilanz und im Gewinn- und Verlustkonto zu sehen. Damit wird das grundsätzliche Verständnis des Kapitals, wie es auch sein muß, ebenso der Ausgangspunkt der Privatwirtschaftslehre wie der Ausgangspunkt der Volkswirtschaftslehre, und erst an dieser Stelle kann man von Kapital im volkswirtschaftlichen und im privatwirtschaftlichen Sinne sprechen. Es kennzeichnet die Haltung der überlieferten Wirtschaftstheorie, daß dieser gemeinsame Ausgangspunkt ihrer notwendigen Zweige verfehlt wurde, obwohl man lehrt, daß die Volkswirtschaft ein Zusammenhang von Einzelwirtschaften ist. Man ist noch nicht darüber erschrocken, daß im Wirrwarr der sogenannten Kapitaltheorien so gut wie übersehen ist, daß das wirkliche Kapital in Bilanzen lebt und nach den Regeln einer Beobachtungswissenschaft nur nach dem Leben studiert werden darf. Aber man vergleiche daraufhin *Karl Marx, Böhm-Bawerk,* auch *Knies* usw., ja *Passow,* der sowohl über das Kapital wie über Bilanzen geschrieben hat.

Die Nachzeichnung des wirklichen Kapitals ist aber nur als der Anfang einer Neudarstellung des Kapitalismus gedacht. Die weitere Ausführung ergibt nach der Natur der Sache die Trennung der Hauptaufgabe in *Aufbau des Kapitalismus* und *Prozeß des Kapitalismus*, weil bei der Darstellung jedes großen Gesellschaftszusammenhangs die Beschreibung seiner Struktur und die Darstellung des Funktionsablaufs auf der Unterlage dieser Struktur so notwendig unterschieden werden müssen, wie bei den Organismen Anatomie und Phsyiologie.

Diesen beiden festzusammengehörigen Teilen des Gesamtbildes muß, im weiteren Ausbau der gemeinsamen Grundlage für Volkswirtschaftslehre und Privatwirtschaftslehre, die Darstellung der *Unternehmung mit dem Betrieb* als des immer wiederkehrenden Untergliedes des volkswirtschaftlichen Zusammenhangs vorangehen. Wer aber Unternehmung und Betrieb verstehen will, muß daran *Technik* und *Organisation* von der Wirtschaft im engeren Sinne zu unterscheiden wissen.

Im Hörsaal kann ich *alle diese Tafeln* nebeneinander aufhängen lassen und einem intelligenten Hörerkreis in einem Überblick zeigen: *„Aufbau"* und *„Prozeß"* des Kapitalismus ist das Ziel! Von *„Kapital"* und *„Geld"* über die *„Grundzusammenhänge des Gesellschaftslebens"* durch das Verständnis der *„Unternehmungsorganisation"* geht unser Weg. So läßt sich in einem Vortrag die einheitliche Gesamtanschauung des ganzen Kapitalismus vermitteln, wie man auf der Karte oder mit einem System von Karten einen neuen Kontinent mit einem Blicke überspannt und die wichtigsten Gliederungen sofort als die gegebenen großen Teile dieses Ganzen sieht.

Ich habe hier den Nachteil, mit dem gedruckten Wort in eine Methode einführen zu müssen, die über das gedruckte Wort weit hinaus ist und die einen großen Teil dieser Ausführungen überflüssig oder doch sehr viel leichter verständlich machen würde, wenn ihre Ergebnisse mit einem Schlage gezeigt werden könnten, statt daß ich nun mit dem Anfang anfangen muß.

2. Das Kapital[5]

a) Die Formel

Wer die Theorie unserer Wirtschaft als Theorie des Kapitalismus darstellt, fordert den Vergleich mit *Karl Marx* heraus: Entweder Marxismus oder über Marx hinaus.

---

[5] Kapital- und Geldtheorie dieses Aufsatzes liegen schon meinen „Von der Diskontpolitik zur Herrschaft über den Geldmarkt" (Berlin 1913) zugrunde, nachdem ich sie zwischen 1905 und 1913 in meinen Leipziger Vor-

Weil man die Wirtschaft der Gegenwart nur als Kapitalismus verstehen kann, wird es zum Prüfstein der Wirtschaftstheorie des 19. Jahrhunderts, wie sie zu *Karl Marx* steht. Er hatte die Aufgabe versucht, um die es sich eigentlich handelte: Der Kapitalismus als die Wirtschaftsstufe des 19. Jahrhunderts. Die Entwicklung von den *Physiokraten* über *Adam Smith* und *Ricardo* zu *Marx* ist so der Hauptstrom der Wirtschaftstheorie. *Friedrich List* ist der wichtigste Nebenfluß. Die *historische Schule* kommt durch die Stufentheorie aus der Versandung in die Einzelheiten wieder heraus, gelangt aber bei *Hildebrand* nur zur Kreditwirtschaft und bei *Schönberg (Bücher)* und *Schmoller* nur zu dem verworrenen Bild der „Volkswirtschaft". Die subjektive Werttheorie behält ihre grundsätzliche Bedeutung, aber auch ihren kargen Inhalt.

Marx ragt so mit der grundsätzlichen Bedeutung seines Versuches einsam auf. *Rodbertus* verdient neben ihm als Theoretiker des Kapitals kaum erwähnt zu werden.

Aber sosehr man *Karl Marx* als Todfeind der Bourgeoisie empfunden hat, so schwächlich war doch eigentlich die gegen seine wissenschaftliche Position gerichtete Aktion trotz aller Kritik an der Mehrwerttheorie und an den angeblichen Entwicklungstendenzen des Kapitalismus. Gewiß ist jetzt geschichtlich erwiesene Wahrheit der Marxschen Prognose, daß man in einer Zeit, die neue besitzlose Massen entfesselt, mit diesen Massen eine neue Revolution machen kann, aber der politische Instinkt dieser „Weltrevolution" hat sich wirklich zu lange durch das Bewußtsein versteifen können, die fortgeschrittenste soziologische und ökonomische Doktrin zu haben[6].

Die wichtigsten Themata für eine positive Kritik am Marxismus heißen: „Die Technik bei Marx", „die Organisation bei Marx" und „das Kapital bei Marx". Es ist die Dreiheit der Probleme, die überhaupt bei jeder vermeintlich rein wirtschaftlichen Frage wiederkehrt. Die erste Untersuchung zeigt die oberflächliche Fundamentierung der materialistischen Geschichtsauffassung auch da, wo sie richtig ist. Die zweite Untersuchung ergibt den ungenügenden Blick für die Hauptaufgaben der Zukunft. Die dritte Untersuchung beweist die unzulängliche Analyse der Wirtschaftszusammenhänge.

Ich habe diese Untersuchungen durch eine leider nur zum Teil zur Veröffentlichung gelangte Reihe von Arbeiten aus dem Schülerkreis

---

lesungen und Übungen über Geld und Kredit vorgetragen hatte. Sie sollte ursprünglich auf Wunsch von Max Weber im Grundriß der Sozialökonomik veröffentlicht werden. Daher die Widmung meines Diskontbuches, das mir wegen seiner unmittelbar praktischen Bedeutung damals notwendiger erschien.

[6] Vgl. *meine* Schrift: Die Revolutionierung der Revolutionäre. Leipzig 1917.

des vormaligen Staatswissenschaftlichen Instituts Münster durchführen lassen und damit heute die Bahn für den Weiterbau an den von Marx versuchten Theorien frei[7].

An dieser Stelle ist der Ausgang von der Kapitalformel von *Marx* ganz unvermeidlich. Sie ist der notwendige Anfangspunkt für jede Erörterung des Kapitals. Man muß das anerkennen und jede Verdunkelung ausschließen.

Marx' ganzes Erleben war mit *Hegel*schem Denken durchsetzt. Alle Wirklichkeit war also für ihn *gegensätzliche und über Gegensätzen zu neuer Einheit aufsteigende Bewegung*. Das blieb die Grundanschauung seines sogenannten „Materialismus" als Weltformel.

Somit erlebt er auch das *Kapital* sofort als *gegensätzliche und aus Gegensätzen zur neuen Einheit aufsteigende Bewegung*, als Erwirtschaftsbewegung, als Erwirtschaftung von Mehrwert, die vom Gelde ausgeht, das Geld in Ware verwandeln läßt und dann wieder die Ware in Mehrgeld.

$$G—W—G^1$$

Man darf in der Tat das Kapital nur in der Bewegung sehen. Jeder Praktiker weiß das. Es ist ein grundsätzlicher Irrweg, Kapital als einen irgendwo vorhandenen Bestand irgendwelcher Dinge zu definieren. Das hat gar keinen Sinn. Kapital ist tätige Bewirtschaftung von Geld als mobilem Verkehrseigentum durch Tausch auf mehr Geld.

Die bürgerliche Nationalökonomie war aber dafür zu unbeweglich. Und unter der verhängnisvollen Wirkung der Theorie der Produktionsfaktoren sah sie das „Kapital" in einem Fach neben „Natur" und „Arbeit" irgendwie als *Produktionsmittel,* statt es als das machtschwangere *Erwertungsmittel* herauszuheben, das die Produktionsmittel für seine Zwecke zusammengreift. *Marx* seinerseits hat das von ihm richtig gesehene Kapital nur in der grundlegenden Formel anschaulich gemacht, aber nicht begrifflich von den Produktivkräften abgegrenzt. Das

---

[7] Die drei für die Kritik des Marxismus entscheidenden Kernfragen behandeln die Dissertationen: F. *Eberstein,* Die Organisation bei Karl Marx (Essen 1921), H. *Ellinghaus,* Die Technik bei Karl Marx (1921, ungedr.), W. *List,* Das Kapital bei Karl Marx (1922, ungedr.). Die mehr negative Aufgabe der Entwirrung der Mehrwerttheorie hatte, ausgehend von *meinem* „Marx und Hegel" (Tübingen 1911), E. *Lukas* in seiner Habilitationsschrift: Spekulation und Wirklichkeit im ökonomischen Marxismus (Essen 1922).

Die Stufentheorie des Marxismus wurde durch B. *Odenbreit,* Die vergleichende Wirtschaftstheorie bei Karl Marx (Essen 1919), untersucht, die allgemeine Stellung von Marx zur Soziologie durch die Dissertation: *Lipgens,* Die Gesellschaftslehre bei Marx (1922, ungedr.). Zur weiteren Ergänzung sei noch die Dissertation von F. *Stricker,* Die kriegstechnische Geschichtsauffassung (1921, ungedr.), erwähnt, in deren Fragestellung schon Friedrich Engels die unweigerlich notwendige Ergänzung der materialistischen, d. h. produktionstechnischen Geschichtsauffassung hätte sehen müssen.

Kapital war dabei für ihn nicht „Produktivkraft", sondern „Produktionsverhältnis", eine Beziehung der vergesellschafteten Menschen zueinander und zu den von ihnen beherrschten Dingen. *Marx* hätte daraus aber die Folgerung ziehen müssen, daß dieses so entscheidende Produktionsverhältnis nicht nur „Oberbau", sondern die eigentlich zusammenhaltende, wesentlich notwendige „Bindeform" gesellschaftlicher Produktivkräfte ist, und das hätte unweigerlich zur Berichtigung seiner ganzen Gesellschaftslehre geführt. So bleibt das Helldunkel, in dem der Kapitalbegriff bei *Marx* schimmert, charakteristisch für die Agitationsabsicht, die seine ganze „Wissenschaft" im geheimen durchtränkt.

Tafel 1

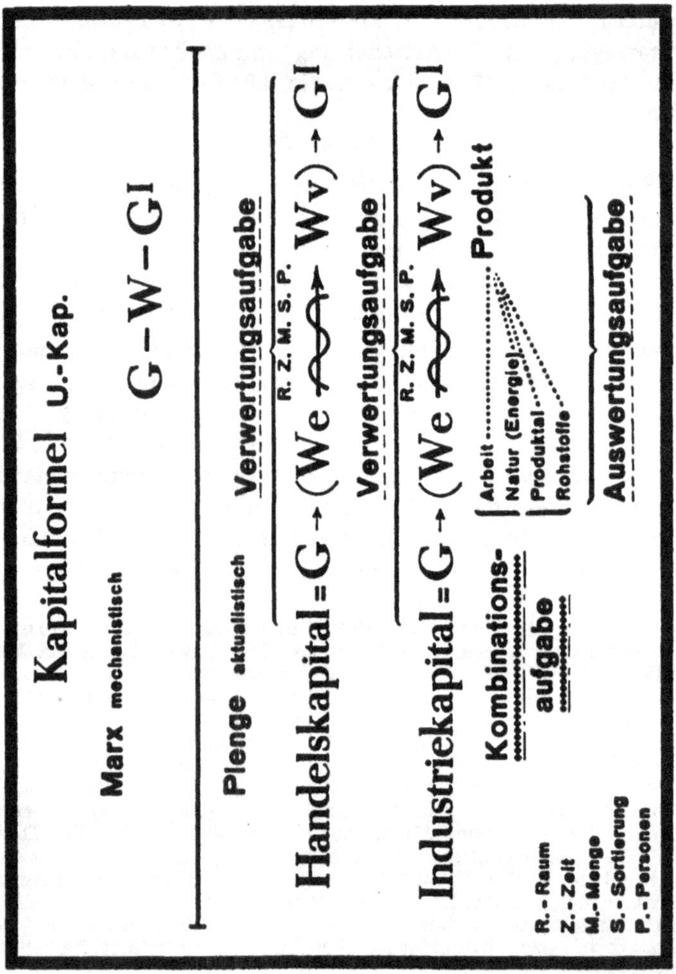

Aber hier ist das Wichtigste, daß Marx mit seinem G—W—G[1] die erste Grundformel des Kapitals gegeben hat.

Die notwendige Verbesserung, die auf der beigegebenen *Tafel I* durchgeführt ist, ist im Grunde sehr einfach. Bei *Marx* ist die Bewegung des Kapitals ein *mechanistischer* Ablauf. Die Entstehung von Mehrwert soll als die automatische Ausbeutung der Arbeit durch das Kapital erscheinen. Ganz von selbst wird durch die Weitergabe der eingekauften Ware im Verkauf aus Geld mehr Geld. Wie die ganze *Hegelsche* Dialektik durch ihre Umformung zu einer in Gegensätzen bewegten Außenwelt (Materie) bei Marx rein mechanistisch wurde, so mechanistisch ist seine Kapitalformel.

Aus dem mechanistischen Ablauf muß eine *aktualistische* Betätigung der rechnenden, sich umtuenden und erwertenden Intelligenz werden. Der Gewinn liegt, wie jeder weiß, zwischen *richtigem* Einkauf und *richtigem* Verkauf. W bleibt in der Formel von Marx starr. Man muß es spalten. We, der Wareneinkauf, und Wv, der Warenverkauf, sind zu unterscheiden! Dazwischen das Symbol für die zweckgerichtete, lebendig bewegte Kaufmannstätigkeit, die gespannt danach ausschaut: finde ich den höheren Preis für den Absatz am andern Ort, finde ich ihn zu anderer Zeit, wenn ich mit meiner Voraussicht die Ware lagere, finde ich ihn durch die Vereinigung der Waren zu *einem* auf einmal greifbaren Sortiment, das den Käufer lockt, finde ich ihn bei Kleininteressenten, deren Bedarf für den Großbezug nicht reicht, und die mir einen Aufschlag für das Risiko meiner Zwischenstellung bewilligen, finde ich ihn schließlich, weil ich der Mittelsmann als solcher bin, ohne den Käufer und Verkäufer trotz örtlicher Nähe nicht zusammenkommen.

Wie marktfremd ist dagegen die Formel von Marx!

Über die Wirkung der verbesserten Formel für die Verlebendigung des Kapitalbegriffs habe ich weiter nichts zu sagen. Es kommt auf den Betrachter an.

Der eigentliche Inhalt dieses Aufsatzes sind die Tafeln, nicht der Text. Man soll nicht die Begleitworte zu dynamischen Schemata lesen, man soll die Tafeln selbst ansehen, verarbeiten und im Kopf behalten.

Aus der *Formel für das Handelskapital* ergibt sich als *Grundfunktion* des Kapitals die *Verwertungsfunktion*, die Erzielung von mehr Geld aus Geld. Diese Verwertungsfunktion des Einzelkapitals ist gleichzeitig im Gesamtzusammenhang der gesellschaftlichen Wirtschaft durch die Bildung von Unternehmergewinn die zentrale *Verteilungsfunktion* (Distribution), aus der die übrigen Verteilungsvorgänge als Lohn, Zins und Rente verständlich werden.

Die Verwertungsfunktion bleibt auch bei *Industriekapital* die Leitfunktion, aber weil das Industriekapital nicht nur einkauft und mit Gewinn verkauft, sondern die zur Verarbeitung eingekauften Bestände mit sparsamster Auswertung in einen Produktionsprozeß hineingibt und diesen Produktionsprozeß dann mit sparsamster Auswertung durchführt, ist beim Industriekapital die *Auswertung* als Unterfunktion der Verwertung im weiteren Sinne besonders hervorgehoben.

Gleichzeitig ergibt sich mit einfachster Anschaulichkeit das Verhältnis von Kapital und Produktionsmittel. Das Industriekapital *kombiniert* die drei sogenannten Produktionsfaktoren, neben denen als *Grundbeständen* die Rohstoffe usw. als *Durchgangsbestände* besonders herauszuheben sind, in der nach der Kaufkraft des Geldes möglichen und nach den ganzen Wirtschaftszielen der Unternehmung zweckdienlichen Menge. Das sind eigentlich sehr einfache Tatsachen. Jeder Produktionsfaktor kann also in Verkörperung von Geldkapital zu Realkapital werden und dementsprechend in einer Bilanz als Teil eines Kapitals auftreten.

Es ist ebenso einleuchtend, daß Produktivkräfte, die nicht durch ein Kapital in einer Unternehmung in Kombination gebracht werden, schlechterdings einen andern *Kombinationsfaktor* brauchen — vielleicht harten staatlichen Zwang, der aber mit organisatorischem Können verbunden sein muß, vielleicht für den kleinen Besitz von Arbeitern genossenschaftlicher, straff disziplinierter Zusammenschluß —, daß aber Produktivkraft ohne einen solchen neuen Kombinationsfaktor und das dahinterstehende organisatorische und erwertende Geschick nach Zerstörung des Kapitals ein zusammenhangloses Auseinander ungebundener Kausaltatsachen sind.

Schließlich ist selbstverständlich, daß jede Geldwertänderung sich auch als veränderte Kombinationskraft der gegebenen Kapitalien zeigen wird und Zerstörung dieser Kombinationskraft die besonders zersetzende Wirkung einer Inflation sein muß.

Auch die Kombinationsfunktion des Kapitals wirkt sich wie die Verwertungsfunktion sowohl in jeder Einzelwirtschaft wie im *volkswirtschaftlichen* Gesamtzusammenhang der Einzelwirtschaften aus. Im Sprachgebrauch einer „Arbeitsarmee" kann man das In-Kombination-Treten der damit „aktivierten" Produktivkräfte ihre „Mobilisierung" nennen. Die „Reservearmeen" der verschiedenen Produktionsfaktoren und des Organisationsmittels selbst, die Panik und der Streik, sind also Kombinationsvorgänge. Die besondere Bedeutung der Panik in der Konjunktur ist die Kombinationserschütterung, die sich als allgemeine Strukturerschütterung der Marktgesellschaft auswirkt.

Tafel 2

Die Entwicklung der Tauschverwertung

Die Tauschverwertung (Plenge)

I. Naturaltausch

unmittelbare Verwertung

$W - W^{I}$

2. Geldwirtschaft

mittelbare Verwertung

$W - G - W^{I}$

G = Tauschverwertungsmittel

3. Kapitalismus

a. Tauschmittelverwertung
(Mittel als Selbstzweck)

$G \rightarrow (We \rightsquigarrow Wv) \rightarrow G^{I}$

b. Kapital = Tauschverwertung
Leih-Kap. | Finanz-Kap. | Untern.-Kap.

G Kap. = Selbstverwertungsmittel

Die zweite Tafel zeigt nur in aller Kürze die *Entwicklung* der *Tauschverwertung* von der unmittelbaren Verwertung eines theoretisch durchgeführten Naturaltausches, bei dem wechselseitig die eigene „Ware“ W in die höherwertige W^1 umgewandelt wird, über die mittelbare Verwertung durch das Dazwischentreten des Geldes als Tauschmittel bzw.

Tauschverwertungsmittel zum Kapitalismus, wo die Verwertung des Verwertungsmittels Geld Selbstzweck wird und damit das Kapital als Leihkapital und in der Vermittlungstätigkeit des Finanzkapitals (Banken) zum höchsten Tauschobjekt.

Tafel 2 faßt also zusammen, daß „Erwertung", die Erzielung von mehr Wert, die Grundabsicht aller Tauschwirtschaft, ja aller Wirtschaft überhaupt ist, und zeigt schon als *einfache geschichtliche Kategorientafel* den Vorzug der Begriffsvergleichung auf der Tabelle gegenüber langen Textausführungen. Sie ist ein Ausschnitt aus dem großen Schema „Der wirtschaftliche Wert", mit dessen Veröffentlichung ich aber bis nach der Veröffentlichung von „Aufbau" und „Prozeß" des Kapitalismus warten möchte, die für die Praxis wichtiger sind.

Marx gegenüber ist noch festzustellen, daß er in der auffälligsten Weise unterlassen hat, seine Formel $G—W—G^1$ durch die Formeln $W—G—W^1$ und $W—W^1$ zu unterbauen, obwohl die einfachste Logik diese Gegenüberstellung fordert. Allerdings wird die Mehrwerttheorie im Sinne des Marxismus durch diesen Vergleich erledigt. Aber Marx wollte nicht die „Erwertung" als tatsächlichen Vorgang der Wirklichkeit untersuchen, sondern das Dogma von Mehrwert als Ausbeutung der Handarbeit agitatorisch behaupten.

b) Das Grundschema

Das Grundschema des wirklichen Unternehmerkapitals muß auf der Bilanz aufbauen, denn das Kapital lebt nach seiner Natur als durchzurechnendes Verwertungseigentum in der Bilanz und in der Gewinn- und Verlustrechnung. Die Denktechnik der kapitalistischen Praxis hat sich ja auch in der Bilanz ein primitives „dynamisches Anschauungsbild" geschaffen. Das durch den Wirtschaftswillen erstrebte und durch seine Abrechnungsverfahren von ihm beeinflußbare Gleichgewicht der beiden Bilanzseiten, in denen die natürliche Doppelbrechung des Kapitals zum Ausdruck kommt, ist „anschauliche Dynamik"[8].

Bei solchem Ausgang von der Praxis wird besonders deutlich, wie das *dynamische Schema* auf einer natürlichen Gegenüber- und Nebeneinanderstellung von Begriffen und ihren Untergliederungen aufbaut und diese Begriffe und Begriffsgruppen durch Beziehungszeichen und Beziehungslinien verbindet, die dynamische Zusammenhänge oder wenigstens eine Bewegung als äußere Erscheinung dynamischer Zusammenhänge symbolisieren. Die Symbolik dieser Linien und Zeichen wird im Weiterbau des Verfahrens grundsätzlich festgelegt werden müssen,

---

[8] Ähnliche Vorlagen kann die dynamische Anschauungsmethode auch aus der Denktechnik der Organisationspraxis übernehmen.

um die Gemeinsamkeit der wissenschaftlichen Arbeitsmittel zu sichern. Zunächst muß eine gewisse Freiheit des Versuches bleiben, um erst einmal den ganzen Umfang der Aufgaben und der Möglichkeiten kennenzulernen.

Für das Grundschema ist die *Bilanz auf ihren wesentlichen Aufbau vereinfacht.*

Sie erscheint als das vorübergehende Gleichgewicht eines im Bewirtschaftungsprozeß befindlichen Kapitals, in das die Erwirtschaftung des Gewinns und sein Verbleib als die Bewegung des Kapitals eingezeichnet ist. So haben wir „Aufbau" und „Prozeß" des einzelnen Unternehmerkapitals auf unserer *Tafel 3* in ihrer lebendigen Einheit.

Bei der Erörterung der Tafel müssen Aufbau und Prozeß des Kapitals nacheinander behandelt werden.

Für den *Aufbau des Kapitals* ist die Doppelbrechung des Kapitals die Grundtatsache. Jedes Kapital erscheint nach seinem Wesen zweimal: als *Aktivkapital* und als *Passivkapital.*

Als *Aktivkapital* unter der Frage: „Wodrin" steckt das Kapital? Hat es noch Geldform oder steckt es in Ware, Maschine, kreditierter Ware oder was sonst, in dem wir seinen Geldwert weiter verkörpert sehen und aus dem dieser Geldwert im Falle des Bedürfnisses oder der Not auch als wirkliches Geld wieder heraustreten soll? Daß sich dieser Geldwert bei laufender Wirtschaft ohne unser Zutun ändern kann, oder daß seine Ansetzung bei dauernd gebundenen Beständen im hohen Maße Sache des abwägenden Ermessens wird, woraus dann schwierige und kunstvolle Buchungsfragen entstehen, geht uns hier weiter nicht an. Wir bleiben auf der Grenze zwischen Privatwirtschaftslehre und Volkswirtschaftslehre.

Derselbe Kapitalbetrag, der im Aktivkapital, teils in seiner *Geldform,* teils in seiner Geldwert verkörpernden *Realform* zur effektiven Erwertung dient, erscheint als Passivkapital unter der Frage „Woher". Von wem stammt der Geldbetrag? Zu welchem Recht steht er dem Unternehmen zu? Wem wird er gegebenenfalls geschuldet?

Durch diese doppelte Betrachtungsweise wird das Kapital zweifellos nicht körperlich verdoppelt, aber es erscheint ebenso zweifellos rechnerisch zweimal.

Jedes Kapital muß in irgend etwas stecken und von irgendwoher kommen. Das gilt sogar von allem „Fiktivkapital". Es wird fingiert, daß es als Geldwert irgendwo drinsteckt, und der Anspruch auf diese fiktiven Aktiva tritt wie das Recht eines effektiven Kapitalgebers auf, der wirkliches Geld in die Erwertung gegeben hat. Die Doppelerscheinung oder Doppelbrechung des Kapitals gilt schlechthin. Man muß alle

Tafel 3

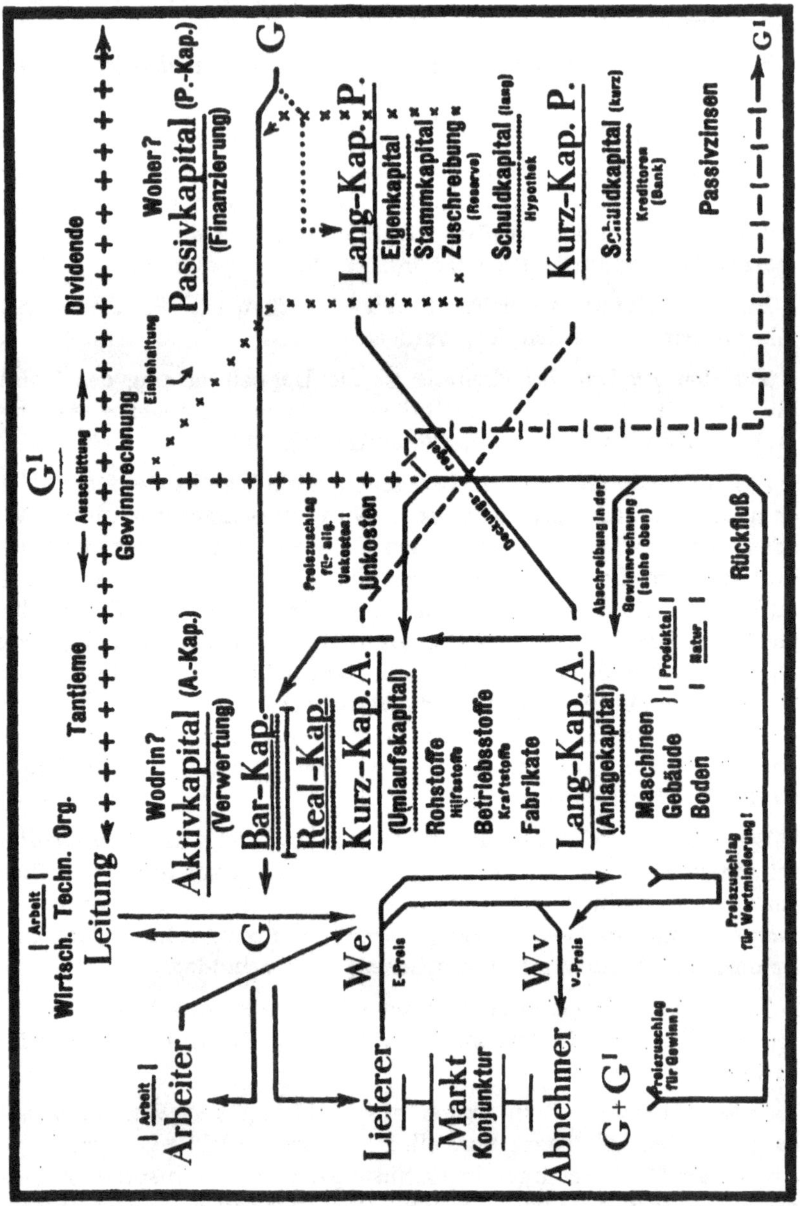

Das Unternehmerkapital
Arbeiter
Lieferer
Markt
Konjunktur
Abnehmer
G+G'
Wirtsch. Techn. Org.
Leitung
We
Wv
E-Preis
V-Preis
Wodrin?
Aktivkapital (A.-Kap.)
(Verwertung)
Bar-Kap.
Real-Kap.
Kurz-Kap. A.
(Umlaufskapital)
Rohstoffe
Hilfsstoffe
Betriebsstoffe
Kraftstoffe
Fabrikate
Lang-Kap. A.
(Anlagekapital)
Maschinen
Gebäude
Boden
Tantieme
G'
Gewinnrechnung
Ausschüttung
Einbehaltung
Dividende
Unkosten
Rückfluß
Woher?
Passivkapital (P.-Kap.)
(Finanzierung)
Lang-Kap. P.
Eigenkapital
Stammkapital
Zuschreibung
(Reserve)
Schuldkapital (lang)
Hypothek
Kurz-Kap. P.
Schuldkapital (kurz)
Kreditoren
(Bank)
Passivzinsen
G

Kapitalbeträge unter der Frage Wodrin und unter der Frage Woher aufzählen. Die Bilanz als das Gleichgewicht des doppelseitigen Kapitals gehört zum Wesen des Kapitals.

Deshalb ist doppelte Buchführung für das Kapital kein bloß äußerliches Abrechnungsverfahren zu bloßen Kontrollzwecken, sosehr sie auch darin ihren Nutzen hat. Sie wächst aus der Natur des Kapitals heraus.

Anderseits bauen sich auf der Doppelbrechung des Kapitals seine *widerspruchsvollsten Rätsel* auf.

Die Passivseite steht unter der Frage „Woher". Sie verweist auf Rechte und Ansprüche von Kapitalgebern verschiedenster Art: Teilhaber, Aktionäre, Hypothekengläubiger, Kontokorrentgläubiger usw. Diese Rechte und Ansprüche erscheinen aber nicht nur in den Zahlen der Bilanz, sondern verkörpern sich größtenteils in *Kapitalpapieren:* Aktien, Obligationen, Wechseln usw. Diese Kapitalpapiere werden selbständige Handelsobjekte, bekommen Preis und Kurs. Also arbeitet dasselbe Kapital auf der Aktivseite durch Kauf und Verkauf von Waren an der Erwirtschaftung von Unternehmergewinn und wird anderseits durch die äußerlich seine Passivseite verkörpernden Kapitalpapiere Objekt des Börsenverkehrs. Und die beweglichsten Vertreter der auf der Passivseite stehenden Beträge, Schulddokumente von Banken, werden als Banknoten, Schecks usw. zu Geldsurrogaten. Die „Kreation" von zuschüssigem Geld und Leihkapital durch den Kredit ist nur eine Weiterbildung auf der Grundtatsache der Doppelbrechung des Kapitals.

Und notwendig gehört zum Wesen des Kapitalismus, daß der gedankenlose Statistiker eines Volksvermögens leicht zu Doppelzählungen kommt, wenn er irgendwie denselben Kapitalbetrag als Aktivum im Kapitalwert irgendwelcher Realbestände und als Passivum im Werte der auf diese Realdinge verweisenden Kapitalpapiere berücksichtigt. Wir werden später sehen, daß durch das äußere „Entfaltungsgesetz" des Kapitals aus dieser höchst natürlichen Doppelerscheinung jedes Kapitals der Tendenz nach sogar eine höchst natürliche Versechsfachung wird. Der weitere Ausbau des Kreditsystems und der Finanzierungsmethoden für die Konzernbildung usw. läßt denselben Kapitalbetrag sogar noch öfter als mitwirkenden Wirtschaftsfaktor auftreten, ohne daß bei dieser Vielerscheinung desselben Kapitals von Fiktion gesprochen werden könnte.

Die Doppelbrechung des Kapitals gehört also zu den elementaren Grundeinsichten.

Die Praxis kennt die *Passivseite* des Kapitals als die *Finanzierungsseite*. Demgegenüber ist die *Aktivseite* als die eigentliche *Verwertungsseite* zu bezeichnen, obwohl wieder einleuchtend ist, daß die Finanzierungsseite durch das Geschick der Finanzierungspolitik, z. B. durch das Verhältnis der mit festem Zins abgefundenen Kredite zum eigenen Kapital, auf das der verbleibende Ertrag als Unternehmergewinn verrechnet wird, zur privatwirtschaftlichen Ergiebigkeit dieses Eigenkapitals erheblich beitragen kann.

Aktiv- und Passivkapital haben nach der Natur der Dinge jedes ihre *Sondertheorie.*

Es ist ihnen aber *gemeinsam,* daß bei beiden kurzfristiges und langfristiges Kapital zu unterscheiden ist. Man kann diese gemeinsame Grundtatsache als das innere *„Gliederungsgesetz“* des Kapitals aussprechen, muß dabei aber beachten, daß die Gründe für die Fristunterscheidung auf beiden Seiten der Bilanz verschiedene sind. Auf der *Passivseite* geht der Unterschied wesentlich darauf zurück, daß man sich Kapitalien durch kurzfristige oder langfristige Kredit- bzw. Leihkapitalgeschäfte hereinholen kann. Beim *Aktivkapital* beruht die Unterscheidung sehr viel organischer auf der natürlichen Zeitdauer des Verwertungsprozesses, der bei dem einfachen Umschlag von Handelswaren in der Regel kurz ist, während bei der Produktion selbstverständlich die dem Handel noch einigermaßen entsprechende schnelle Weitergabe der Rohstoffe von dem Aufgebrauch der nach und nach in fortgesetzter Verwendung zur Verwertung kommenden Maschinerie usw. zu unterscheiden ist. Es sei aber angemerkt, daß die Konjunktur etwa einer Ausstellung oder eines Krieges die „Verwertung“ auch von technisch an sich weiter benutzbaren Gebäuden und Maschinen in einer einzigen Wirtschaftsperiode privatwirtschaftlich fordern kann. Nach dem Grundunterschied von Wirtschaft und Technik sind eben auch Wertminderung und technische Abnutzung zweierlei.

Auf jeden Fall gehört neben der Doppelbrechung zur Grundstruktur jedes Kapitals, daß es sich der Tendenz nach auf beiden Seiten der Bilanz in Kurzkapital und Langkapital gliedert.

Demnach wird es die *dritte Hauptfrage der Grundstruktur jedes Kapitals,* wie sich Kurzkapital und Langkapital auf beiden Seiten der Bilanz zueinander regeln. Die Norm dieses Verhältnisses ist als die *Zweckmäßigkeitsregel* auszusprechen: Langfristige Aktiva *müssen* durch langfristige Passiva gedeckt sein, kurzfristigen Passiven *können* kurzfristige Aktiva entsprechen. Bekanntlich baut auf dieser Regel die Bilanzkritik auf, weil sich langfristige Aktiva nicht in kurzer Frist zur Rückzahlung gekündigter Kredite flüssig machen lassen, während kurzfristige Aktiva bei normaler Marktlage als liquidierbar gelten dürfen.

Für die *besondere Struktur des Passivkapitals* ist die Unterscheidung von *fremden* und *eigenen* Mitteln grundlegend, die mit der Unterscheidung von kurzfristigem und langfristigem Kapital nicht zusammenfällt. Fremde Mittel bedeuten fremde Machtansprüche, besonders wenn Banken die Kapitalgeber sind. Fremde Mittel bedeuten weiter einen Unsicherheitsfaktor der Kapitalstruktur, weil sie gekündigt werden können. Fremde Mittel im eigentlichen Sinne als fest verzinsliche Schulden sind, wie schon erwähnt, ein Mittel der Finanzierungspolitik. Fremde Mittel sind endlich ein Saugrohr, das die Erträge aus der Unternehmung beinahe automatisch absaugt, auch wenn sie dringend zur Stärkung der Kapitalstruktur benötigt wären. In diesem Sinne gehört auch das eigene Aktienkapital zu den fremden Mitteln.

Beim *Aktivkapital* fällt die wichtige Unterscheidung von *Umlaufskapital* und *Anlagekapital* mit der Unterscheidung von Kurzkapital und Langkapital im wesentlichen zusammen. Die Kapitaltheorie sollte stets hervorheben, daß Umlaufskapital und Anlagekapital nicht Kapital schlechthin, sondern immer nur Teile eines Aktivkapitals sind. Kapital schlechthin ist immer nur die Einheit von Aktiv- und Passivkapital.

Aber der Kernunterschied im Aktivkapital ist der von *Geldkapital* und *Realkapital* oder, in der Sprache der Buchhaltung, Kassakonto und Warenkonto i. w. S. Denn die Bewegung in der Verrechnung der Werte von Kassakonto auf Warenkonto, von Warenkonto auf Kassakonto ist doch die Bewegung von G in W und wieder von W in G^1 in der kapitalistischen Wirklichkeit. Und die Geschichte der kapitalistischen Buchführung hat ganz natürlich mit der Festhaltung der Bewegung zwischen Kassakonto und Warenkonto begonnen und ist von da mit innerer Notwendigkeit zur Bilanz als ihrem Schlußbild aufgestiegen.

Kasse bedeutet Bereitschaft für geschäftliche Möglichkeit und bevorstehende Zahlung. Zahlungsfähigkeit ist Grundvoraussetzung der kapitalistischen Wirtschaft. Zahlungsunfähigkeit bedeutet kapitalistischen Tod. Kassendisposition ist so der Wachtdienst der Kapitaldisposition.

Aber Kasse kostet. Kleinere Kasse bringt größere Gefahr, aber höheren Gewinn, weil nur das Realkapital die Verwertung durchführt und der in Verwertung befindliche Kapitalteil um so größer wird, je kleiner die Kasse ist.

Aus der Bewegung zwischen Kassenkonto und Warenkonto, Geldkapital und Realkapital kommen wir so zum *Verwertungsschema überhaupt*.

Auf unserer *Tafel 3* kommt von rechts mit roter* Linienführung Geld in das Unternehmen hinein und tritt nach dem „Brechungsgesetz" not-

* Die farbige Gestaltung im Original konnte aus druchtechnischen Gründen leider nicht übernommen werden. — *H. L.*

wendig zugleich als Passivum und Aktivum auf. Die rote Linie teilt sich dementsprechend.

Für die Passivseite sei auf die Auseinandersetzung über die Kapitalstruktur zurückverwiesen.

Das körperliche Geld kommt als Barkapital in die Kasse, bleibt aber nicht in der Kasse, sondern geht als Zahlung für Sachwaren (Rohstoffe), einfache Arbeitskraft und Leitungsarbeit zu seiner Zeit wieder in den Markt, aus dem es irgendwie kommt. Bei der Leitung ist angedeutet, daß Unternehmertätigkeit ein Ganzes von wirtschaftlichen, technischen und organisatorischen Aufgaben ist und so jene bekannte grundlegende Dreiheit ihrerseits wiederholt.

Die blauen Linien des Schemas zeigen, wie als Gegenwert des Geldes Rohstoffe, einfache Arbeit und Leitungstätigkeit, die im weiteren Sinne alle unter den Begriff der Ware gehören, in das Unternehmen hereinkommen, beim industriellen Unternehmen auch Boden, Gebäude, Maschinen usw. Die Rohstoffe gehen unter Einwirkung der Arbeit durch das Unternehmen und treten als fertige Produkte durch Verkauf wieder in den Markt. Dabei nehmen selbstverständlich die Durchgangsstoffe einen der Wertminderung entsprechenden Wertteil des für längere Zeit im Unternehmen verwendeten Anlagekapitals mit.

Das Schema lehrt auch den Anfänger, daß nicht nur verkauft, sondern mit sachgemäßer *Kalkulation* verkauft werden muß. Den Verkaufspreisen liegen ja zunächst die Preise der in diese Produkte einverleibten Stoffe und Arbeitsmengen zugrunde. Anderseits ebenso notwendig die *Wertminderung* des Anlagekapitals und die nicht dem einzelnen Produkt zuzurechnenden *allgemeinen Unkosten,* für die also notwendig *Preiszuschläge* gemacht werden müssen, zu denen ein weiterer *Preiszuschlag für den Gewinn* kommt.

Alle diese Dinge sind noch keine Privatwirtschaftslehre, sondern allgemeine Kapitaltheorie und werden darum im Grundschema des Unternehmerkapitals zusammengefaßt.

Die blaue Linie der verkauften Ware läuft also in den Markt hinaus. Dafür kommt aus dem Markt die rote Geldlinie mit einem positiven oder negativen Erwertungsergebnis in das Unternehmen zurück und vollendet den Kreislauf des Kapitals. Im Rückfluß ersetzt das wiederkehrende Geld die Unkosten und die Wertminderung, fließt bei erfolgreicher Wirtschaft mit seinem Ausgangsbetrag in die Kasse, um von da den Kreislauf neu zu beginnen, und stellt sein Ergebnis durch die Gewinn- und Verlustrechnung zur Entscheidung der Kapitalberechtigten.

Allerdings bedeuten die fest zugesicherten *Zinsen* für fremde Gelder, die volkswirtschaftlich natürlich ein Teil von G^1, Erwertungsergebnis des im Unternehmen arbeitenden Gesamtkapitals sind, privatwirtschaftlich Unkosten und werden darum im Schema auf der Höhe der Unkosten nach der Seite der Kapitalgeber hinausgeleitet.

Für den verbleibenden Gewinn ist die Hauptfrage: *Einbehaltung*, um das erwertende Kapital zu stärken, oder *Ausschüttung*.

Das Schema geht der Einfachheit halber vom Typ der Aktiengesellschaft aus. Die *Ausschüttung* teilt sich dann in Dividende für die Kapitalgeber als solche, und Tantieme für die Unternehmung, Leitung als solche. Die *Einbehaltung* zur Stärkung des arbeitenden Kapitals erscheint als Bildung einer sogenannten Reserve, bei der aber sichtbar ist, daß sie nicht als Rückgriffsbestand für den Notfall *neben* dem Kapital steht, sondern einfach das in der Erwertung kreisende Kapital verstärkt und somit ihrer Realerscheinung nach irgendwie unter den Wertbeständen der Aktivseite stecken muß.

Es ist nur das Notwendigste in das Schema aufgenommen. Die *Finanzpolitik des Aktivkapitals*, Kredite und Beteiligungen, ist beiseite gelassen. Ihre grundsätzliche Einfügung macht aber kaum Schwierigkeiten.

So bestätigt das Schema, daß man das Kapital nur in der lebendigen Bewegung sehen darf, wie sie schon in der Kapitalformel zum Ausdruck kommt. Kapital ist Bewegung, nicht ruhendes Ding. Es ist *Verwertungsmittel und Kombinationsmittel, nicht Produktionsfaktor*.

Darum ist noch mit kleinem Druck mit brauner Unterstreichung angedeutet, wie die *Produktionsfaktoren* durch das Kapital zusammengefaßt werden und seinen Geldwert in der Form des Realkapitals vorübergehend verkörpern. „Produktal", das verhängnisvolle „volkswirtschaftliche Kapital" der alten Theorie, erscheint etwa auf „Maschinen- und Gebäudekonto". „Natur" auf Grundstückkonto und etwa als Betriebsstoffe (Kohle). „Arbeit" wird als ausführende und leitende Arbeit in das Unternehmen hineingegeben, erscheint aber nach der Eigenart der kapitalistischen Buchung nicht als solche in der Bilanz, sondern nur einverleibt in die Rohstoffe auf „Warenkonto" und für sich selbst etwa in dem Sonderfall, daß vorgeschossene Löhne zu berücksichtigen sind. Die Herausarbeitung der Kombinationsfunktion des Kapitals durch die Einfügung der Produktionsfaktoren zeigt also gleichzeitig eine der charakteristischen Grenzen der kapitalistischen Abrechnung und Bilanzierung, die im wesentlichen nur geldwerte *Sachbestände* und geldwerte *Sachbewegung*, nicht aber den dahinterstehenden *Willen*, das *persönliche Können* und die die Sachbewegung tragende und durchführende *Organisation* sichtbar machen. Das liegt außerhalb der eigentlichen Kapitalpraxis und Kapitaltheorie als der Praxis und der Theorie des als Selbstzweck erscheinenden Verwertungsmittels.

Schließlich bringt das Schema noch zum Ausdruck, daß jedes Kapital nur im *Marktzusammenhang* verstanden werden kann. Aus dem Markt bzw. in Abwendung von andern Möglichkeiten der Marktverwendung kommt das Geld in das Unternehmen und wird Unternehmerkapital. Aus dem Markt, Rohstoffmarkt, Arbeitsmarkt, Maschinenmarkt, Bodenmarkt, Baumarkt usw., werden die benötigten Produktionselemente geholt, für die das Geld wieder in den Markt hinausgeht. Dann schlägt die Bewegung in ihr Gegenteil um. Durch den Verkauf geht das Produkt in den Markt. Das Geld strömt aus dem Markt zurück. Überall Markt! Überall Preis! Überall Interessengegensatz und Kampf um den Preis!

Mit dem Markt ist die Beweglichkeit des Marktes aus innerster Notwendigkeit gegeben. Das Kapital steht grundsätzlich allseitig in der *Konjunktur. Mehrwertbezug ist also Konjunkturfrage und Frage der Wirtschaftsgeschicklichkeit in der Ausnutzung von Konjunkturmöglichkeiten.*

Da aber der Erwertungswille der kapitalistischen Zeit alle Markt- und Produktionsmöglichkeiten entfesselt, wird das Jahrhundert des Kapitalismus zum Jahrhundert der unbegrenzten Möglichkeiten des Wertgewinns und äußerlich zu einer Zeit schrankenlosen stürmischen Wachstums, in der kein Tag dem andern gleicht, und in der es das Gleichgewicht der Märkte, von der die Mehrwerttheorie des Marxismus ausgeht, überhaupt nicht geben kann.

c) *Die Symbole*

Kapital verstehen, heißt die Ausgliederung seiner Struktur und den Gang seiner Bewegung mit der Wertabrechnung ihres Ergebnisses verstehen. Kapital als einzelnes Triebrad der großen Gesamtwirtschaft erleben, heißt seine Bewegung in ein ganz gedrängtes Bild zusammenpressen, wo nur der ständige Eindruck seines unablässigen Kreislaufs und der von diesem Kreislauf hereingeholten und wieder herausgegebenen Warenbewegung bleibt.

So kreist in der roten Linie der linken Seitenfigur von *Tafel 4* das einmal zum Unternehmerkapital gewordene Geld immer von neuem und erwertet mehr Geld. Und immer von neuem schlingt sich durch die rote Geldlinie die blaue Warenlinie hindurch. We wird eingekauft, Wv verkauft. Der zusammengedrängte Eindruck rastloser Bewegung ist der Zweck des aus dem Grundschema vereinfachten Symbols. Die Zeichen oben in der Mitte des roten Kreises erinnern dabei in aller Kürze an die wesensnotwendige Ausgliederung der Kapitalstruktur in Aktivkapital und Passivkapital mit der beiderseitigen Untergliederung in Kurzkapital und Langkapital.

Tafel 4

Kapitalsymbole

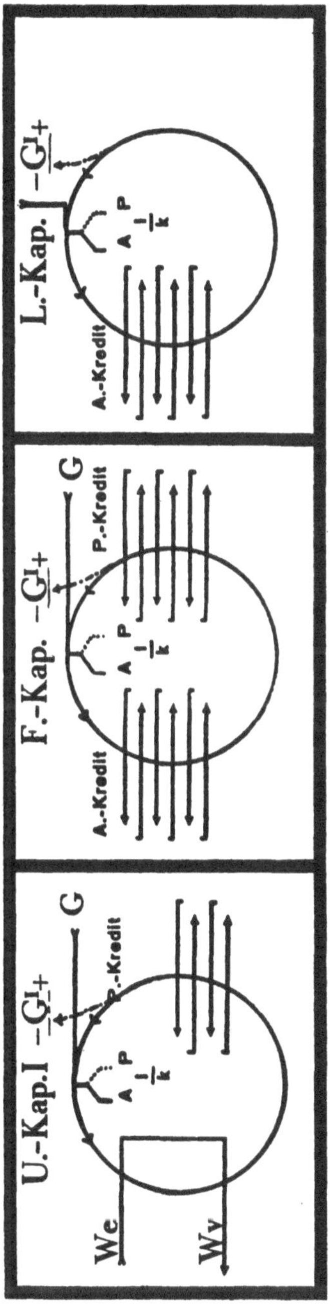

Soweit wird nur Bekanntes vereinfacht wiederholt.

Es ist aber wesentlich, das in der Konjunktur stehende Kapital grundsätzlich als *wechselnde Gesamtgröße* zu sehen, niemals als ein für allemal bestimmte feste Größe. Das Unternehmerkapital wird je nach der Wirtschaftslage durch Kredite vergrößert oder stößt genommene Kredite wieder ab; es gibt seinerseits Kredite heraus und holt sie wieder herein. Das ist auf der Passivseite unseres kleinen Symbols durch die Pendelpfeile aufgenommener und wiederabgedeckter Kredite zum Ausdruck gebracht.

Das „natürliche Symbol" für das Hin und Her der Kredite ist die *Pendelbewegung*. Das „natürliche Symbol" für das Unternehmerkapital ist der *Kreislauf*. Wir werden noch sehen, daß das „natürliche Symbol" der Geldbewegung des Haushalts als *Durchlauf des Geldes* gefaßt werden muß. Das sind die Geldbewegungen der Einzelwirtschaften, zu denen natürlich auch die Wirtschaft des Staates als riesenhafte Ausprägung des Haushaltungstypes gehört. Aus diesen Geldbewegungen der Einzelwirtschaften setzt sich die *Geldbewegung der gesellschaftlichen Gesamtwirtschaft* zusammen. Damit weist unsere Symboltafel über ihren nächsten Inhalt hinaus und macht jede Kapitalbewegung auch für das innere Auge ein für allemal zu einem eigentümlichen Teil einer Gesamtgeldbewegung.

Im Rahmen dieser Gesamtgeldbewegung wird leicht verständlich, was man am besten das *„äußere Entfaltungsgesetz"* des Kapitals nennen kann.

Kapital ist grundsätzlich das *äußere Nebeneinander der drei Kapitalformen Unternehmerkapital (U Kap) und Leihkapital (L Kap) mit dem Mittelglied Finanzkapital (F Kap).* Dieses dreifache Nebeneinander des Kapitals ist der Tendenz nach überall vorhanden und für das Kapital wesentlich. Kreditwirtschaft ist nicht etwa eine Potenzierung von Kapitalwirtschaft, sondern nur eine besondere Seite des Kapitalismus.

Die Herleitung ist überaus einfach. Geld ist Tauschverwertungsmittel. Kapital ist Verwertung von Geld auf Mehrgeld. Was selbstverständlicher, als daß auch das Selbstverwertungsmittel Kapital als Ware im Markt verwertet, ausgeliehen wird, und daß für dieses Handelsobjekt Kapital in den Banken und Sparkassen ein besonderer Zwischenhandel als das Finanzkapital auftritt.

Unsere *Symboltafel 4* stellt in ihren drei kleinen Figuren dieses der Tendenz nach überall auftretende Nebeneinander dar. Im Einzelfall wird damit zur Frage, ob ein Unternehmer mit eigenem Kapital arbeitet, ob er es unmittelbar vom Leihkapitalisten oder mittelbar durch das Finanzkapital erhält.

Die drei nebeneinander stehenden Kapitaltypen haben grundsätzlich dieselbe Struktur und dieselbe Abrechnungsbewegung. Auch der Leihkapitalist muß grundsätzlich bilanzieren, wenn er es auch praktisch nur selten durchführt, und muß dabei das „Woher" seines Leihkapitals dem „Wodrin" gegenüberstellen: Wieviel ist ererbtes Familienvermögen, anderweitige Erbschaft, Eigenersparnis, Wertzuwachs, Mitgift usw. Auch der Leihkapitalist muß bei diesem „Woher" nur vorübergehend ausleihbare Bestände, z. B. den eigentlichen „Kassenüberschuß" der noch zur Verausgabung bestimmten Einkommensgelder, als sein passives Kurzkapital von den dauernd ausleihbaren Beträgen als passivem Langkapital unterscheiden.

Ebenso muß grundsätzlich jede der drei Kapitalformen in *Bewegung* gesehen werden, obwohl natürlich manche Kapitalanlage zu einer dauernd festen Bindung zwischen Kapitalgeber und Kapitalnehmer erstarrt.

Deshalb ist das gleiche Kreissymbol für alle drei Kapitalformen angewendet, um die wesentliche Identität der Erwertungsstruktur anzudeuten. Aber beim Finanzkapital treten natürlich auch auf der Aktivseite die Pendelpfeile des Hin und Her von Kredit an die Stelle der blauen Warenlinie des Unternehmerkapitals. Das Leihkapital erscheint in der Vereinfachung des Symbols als Herausgeben und Wiederzurückholen von Kredit nur auf der Aktivseite.

Schon oben wurde kurz angedeutet, daß die Entfaltung des Nebeneinanders dieser drei Kapitalformen zur Folge hat, daß irgendein Kapitalbetrag als natürlichste Folge seiner Inwirtschaftsgabe und der damit verbundenen Abrechnung *sechsmal* erscheint und *sechsmal* in besondere wirtschaftliche Überlegung und Betätigung genommen wird. Dem Aktivum Warenbestand kann das Passivum Bankkredit entsprechen, das bei der Bank natürlich als Aktivum erscheint und als passiven Gegenposten vielleicht eine Einlage mit monatlicher Kündigung hat. Diese Einlage rechnet dann der zuständige Leihkapitalist zu seinen nicht ganz flüssig, aber auch nicht ganz fest angelegten Mitteln, die im Notfall noch schnell genug zu greifen sind.

Dieser eigentlich überaus einfache Tatbestand birgt eine Fülle möglicher theoretischer Mißverständnisse und statistischer Irrtümer und kann natürlich für den Fall der Wirtschaftsstörung Anlaß stärkster Spannungen und Reibungen werden, wenn der Leihkapitalist sein vermeintlich schnell greifbares Geld wirklich bei sich haben will und es aus der Kombination reißt, in der es die lebendige Wirtschaftsbewegung ermöglicht. Aber das alles ist nur die natürliche Kapitalstruktur einer allerdings stark vergeistigten, „entkörperten" Wirtschaftsverfassung und nicht etwa „Fiktivkapital"[9].

Unsere Symboltafel läßt aber die Frage *offen*, wo kommt das Kapital her, und verlangt nach einer Ergänzung.

Diese Ergänzung wird durch das kleine Schema „Haushalt" auf der oberen Hälfte von *Tafel 5* gegeben, das in seiner natürlichen Größe so über das Symbol des Leihkapitals paßt, daß die *Ersparnis* des Haushalts gewissermaßen in die empfangsbereite obere Öffnung der G-Linie des Leihkapitals hineintropft.

Natürlich gibt es außer Ersparnis noch andere *Entstehungsformen von Kapital:* Die Einbehaltung von Gewinnen, die als Finanzierungsmethode so wichtig ist, die Bewertung von Geldertragsquellen wie Grund und Boden als das Stammgeld ihres Ertrages, was bei Fiktivbewertung den Ausdruck „Fiktivkapital" statthaft macht, und schließlich die Kreation von Leihkapital durch die Kreation von Geldsurrogaten.

Aber es handelt sich an dieser Stelle nur um den einfachen Grundvorgang.

Wir finden also im Haushalt bei der Entscheidung über die Verwendung der Einnahmen die Ersparnis als Kapitalquelle.

Wir sehen außerdem im Haushalt den *Typ des Geldurchlaufs*. Einnahmen kommen herein, Ausgaben gehen heraus, stehen aber selbständig nebeneinander und sind vor allem nicht zu der Gewinn- und Verlustrechnung eines durch die Folge von Einkauf und Verkauf in seiner Substanz zu erhaltenden, ja zu mehrenden, in der Wirtschaft kreisenden Kapitals verbunden.

Für die Ausgaben werden auch beim Haushalt „Waren" (W) aus dem Markt genommen. Aber indem sie in den Haushalt treten, überschreiten sie die Marktgrenze, verlieren ihre Wareneigenschaft und werden „Güter" zu Verbrauch und Gebrauch. Anderseits kommen die Geldeinnahmen nicht von selbst. Der Haushalter muß irgend etwas hinausgeben, irgend etwas leisten, Unternehmer sein, ein Handwerk betreiben, eine Bauernwirtschaft führen, als Arbeiter arbeiten, seinen Besitz ausleihen, um so oder so Geldeinnahmen zu beschaffen. Was so als Leistung aus dem Haushalt herausgegeben wird, wird an der Marktgrenze „Ware" (W) in der Konjunktur.

Weiter ist zum Ausdruck gebracht, daß im Mittelpunkt des Haushalts die *grundlegende Wirtschaftsentscheidung* steht: Wieviel Erspar-

[9] Über die „Verkörperung des Geldes" vgl. *mein* „Von der Diskontpolitik zur Herrschaft über den Geldmarkt", a.a.O.

Tafel 5

Haushalt und Unternehmerkapital

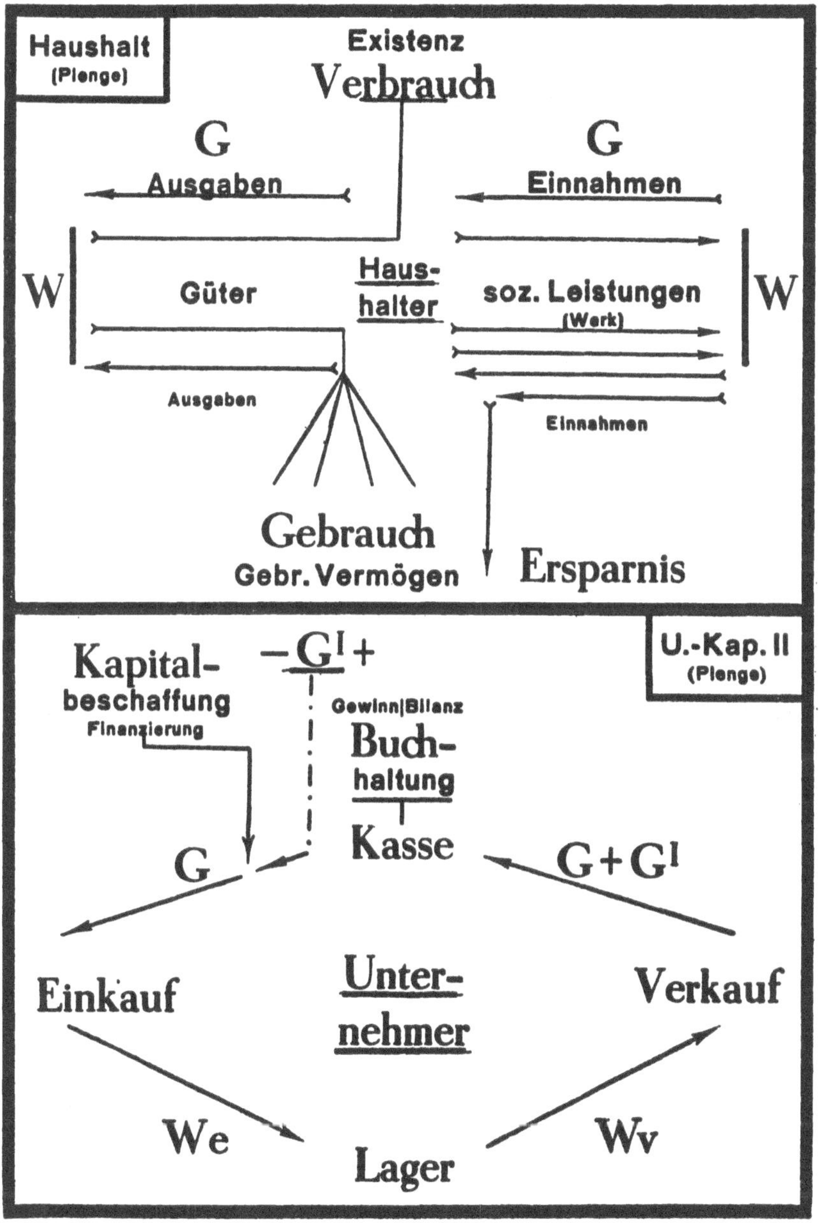

nis, wieviel zum Verbrauch für die eigentliche Existenz, wieviel zur Beschaffung dauernder Gebrauchsgüter als Kleidung, Gerät, Heim und etwa Schmuck. Dieses „Gebrauchsvermögen" ist insoweit latentes Kapital, als es wieder veräußert und damit in Ersparnis verwandelt werden kann.

Es ergibt sich aber aus dem kleinen Schema des Haushalts auch noch eine volkswirtschaftliche Grundansicht. *Ersparnis und Haushaltsausgaben strömen verschieden* ab. Die Haushaltsausgaben gehen irgendwie an Läden und Geschäfte und weiterhin an die Produzenten und an der Produktion Beteiligten, die ihrerseits nach Maßgabe ihres Unternehmergewinnes, Lohnes oder Zinses zu Konsumenten werden, ihrerseits Ausgaben machen und so irgendwie auch unsern ersten Haushalt für seine „Leistung" bezahlen, womit auch von ihm aus dieses Kauf- oder Geschäftsgeld seinen Weg durch die Gesamtwirtschaft von neuem wieder beginnen kann. Der Wert dieses Kaufgeldes wird durch die Waren gemessen, die es erwirbt.

Ersparnis dagegen muß durch den Kapitalmarkt und die Vermittlung des Finanzkapitals vom Kapitalgeber zum Kapitalverwender und fließt darum mit anderm Gefäll und durch andere Kanäle. Ersparnis ist „leihbares Geld". Den Wert seiner Weitergabe in dieser Eigenschaft bestimmt nicht die Kaufkraft, sondern der Zins. Es leuchtet ein, daß nach der Feststellung von *Lahn*[10] der große *Gesamtkreislauf* des Geldes, dessen typische Einzelbewegungen durch die Einzelwirtschaft wir vorhin kennenlernten, ein *doppelter Kreislauf* sein muß: Kreislauf des Kauf- und Geschäftsgeldes zwischen den Haushaltungen und dem System der die Haushaltungen beliefernden Unternehmungen einerseits; anderseits Kreislauf des Leihgeldes vom Kapitalgeber durch den Kapitalmarkt und den Kapitalhandel zum Kapitalnehmer, der dann schließlich die so erhaltenen Mittel als *neuen Kapitalbestandteil in neuer Verwendungsrichtung* zur Vergrößerung und zum Aufbau seines Unternehmens, vielfach zur Schaffung neuer Produktionsfaktoren verausgabt.

Zum *Abschluß der elementaren Kapitaldarstellung* ist auf der unteren Hälfte von *Tafel* 5 der Geldbewegung des „Haushalts" das „Unternehmerkapital" (U Kap) in einem möglichst entsprechenden Vergleichsschema gegenübergestellt, damit der Unterschied der beiden polaren Typen der Einzelwirtschaft im kapitalistischen System verständlich wird.

Statt der Entscheidung zwischen Ersparnis, Verbrauch und Gebrauch das herrschende Ziel Geldgewinn aus der Bewirtschaftung eines Geld-

[10] J. J. O. *Lahn*, Der Kreislauf des Geldes und Mechanismus des Sozial-Lebens. Berlin 1903.

grundbetrages, der durch die Finanzierung zu beschaffen und dann im Hin und Her der Erwertung zu erhalten ist. Darum Bilanz, Gewinn- und Verlustrechnung, um das problematische Plus oder Minus an Erwertungsergebnis festzustellen und darüber zu verfügen. Hinter der aktiven Wirtschaft sozusagen als *Beobachtungsposten* die Buchhaltung, die von jedem die Verwertung betreffenden Vorgang einen Beleg als Unterlage ihrer Aufzeichnungen braucht. Einkaufen und Verkaufen mit Kalkulation und Verhandlungsgeschick als zum Beruf gesteigerte Kunst. Kasse und Lager als die jeder nach seiner Art sorgsam zu hütenden Bestände, zwischen denen das Kapital hinüber und herüber wechselt, bald in seiner Geldform, bald in seiner Realform.

Beide Teile der Tafel 5 bringen schließlich die Binsenwahrheit zum Ausdruck, daß *im Mittelpunkt jeder Wirtschaft* als Unternehmer oder Haushalter mit seinem Willen und seiner Voraussicht *der lebendige Mensch* steht, dessen dienende Mittel alle Wirtschaftsbestände, auch das Kapital, schließlich sind.

3. Das Geld

Wer das Kapital verstanden hat, weiß, wie das Geld bei allseitig durchgeführtem Geldgebrauch mit innerlicher Notwendigkeit verwendet wird, und daß durchgeführter Geldgebrauch Kapitalismus ist.

Die *Tafel 6* über die Elementarfunktionen des Geldes zerfällt in drei Teile: *Rechts Kapital, links Geld* und *darüber das Grundsystem der Bedingungen, das sich das Geld schafft.*

Der *rote Pfeil in der Mitte* symbolisiert die Steigerung des Erwertungswillens, die aus den Verwertungsmitteln G das Selbstverwertungsmittel Kapital werden läßt. Dem folgt die bekannte Kapitalformel mit Verwertungsfunktionen und Kombinationsfunktionen. Mit dem Kapital aber ist durch das Brechungsgesetz und das Gliederungsgesetz seine Innenstruktur gegeben, durch das Entfaltungsgesetz seine Außenstruktur mit dem Nebeneinander von Leihkapital, Finanzkapital und Unternehmerkapital.

So und nicht anders wird das Kapital aus der durchgeführten Geldwirtschaft herausgeformt. Alles hängt in sich zusammen. Kein Zug darf in dem Bilde fehlen.

Es kommt im Kapital auch keine neue Eigenschaft oder Funktion zum Gelde hinzu, außer daß in Ausnutzung von Marktmöglichkeiten unter genauer Abrechnung von Geld auf mehr Geld gewirtschaftet wird. Darin liegt auch die ganze Härte des Kapitals.

Was das Geld aber ist, ehe es durch die veränderte Spannung der Wirtschaftszwecke zu Kapital wird, läßt sich dadurch feststellen, daß

Tafel 6

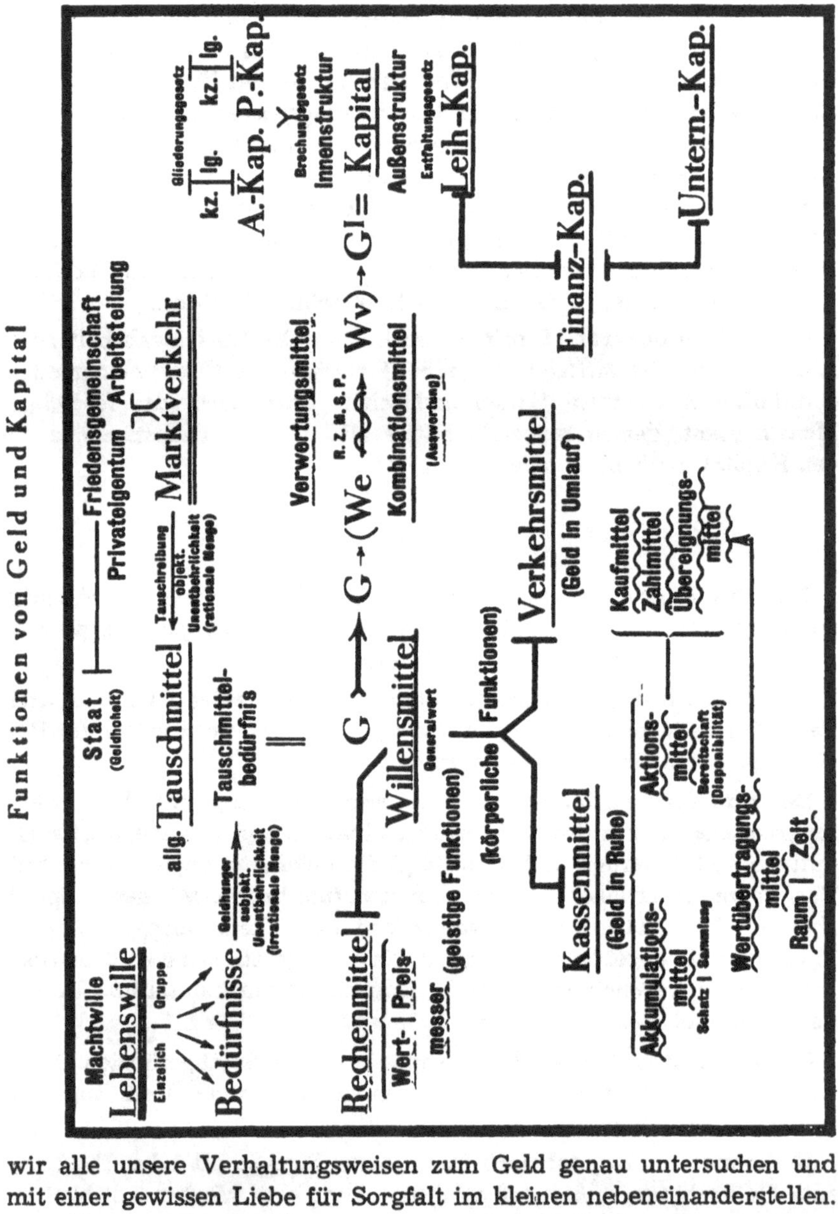

wir alle unsere Verhaltungsweisen zum Geld genau untersuchen und mit einer gewissen Liebe für Sorgfalt im kleinen nebeneinanderstellen.

Funktionen des Geldes für sich selber kann es nicht geben. Geld für sich selbst, das irgendwo liegt, ist ein totes Stück Metall oder auch Papier. *Es gibt nur elementare Funktionen oder Verhaltungsweisen vergesellschafteter Menschen in bezug auf ihr Geld.*

Darum gibt es *körperliche* und *geistige* Funktionen des Geldes, wenn man diesen jetzt richtig verstandenen Ausdruck der Einfachheit halber weiter anwendet, je nachdem der Mensch sein Geld *äußerlich* braucht oder sich *innerlich* auf Geld richtet.

Es ist dabei selbstverständlich, daß das Geld als Tauschverwertungsmittel geistigen und gesellschaftlichen Ursprungs ist und nur als Träger von Verwertungsaufgaben im Tausch einen Sinn hat.

Als allgemeines Verwertungsmittel, gegen das alle Dinge umgesetzt werden, ermöglicht es rechnerische Vergleiche und wird so zum *Rechenmittel.* In der durchgeführten Geldwirtschaft und im Kapitalismus ist die Verwendung des Geldes im Kopfe unendlich viel häufiger als die körperliche Verwendung des Geldes. Jede Kalkulation, auch die flüchtigste der schnellen Wertüberlegung, ist ja darauf aufgebaut. Man kann nun einerseits wirkliche Preise und Preisforderungen im Schaufenster, auf Grund von Offerten, auch nach dem Marktbericht vergleichen. Oder man kann mit den Normalpreisen einer Wirtschaftslage als sogenannten „objektiven wirtschaftlichen Werten" rechnen. Auf die möglichen Unterscheidungen bei der Veranschlagung „objektiver Werte" für Bilanz, Versicherung oder Steuerzwecke braucht hier nicht eingegangen zu werden. Genug, daß sie, in Geld veranschlagt, vergleichbar und in diesem Sinne meßbar werden. Es ist einleuchtend, daß bei der Bilanzierung nicht *Preis*bemessungen, sondern *Wert*bemessungen in Frage kommen. So geringfügig dieser Unterschied dem Praktiker erscheinen mag, so wichtig ist seine grundsätzliche Bedeutung. An „Wert" im Sinne der marxistischen Arbeitswerttheorie, d. h. an ein Wertgleichgewicht, das aus wissenschaftlichen Gründen hinter die Normalwerte des Marktes zu konstruieren ist, um sie als ein Naturgesetz exakt zu erklären, ist dabei freilich nicht zu denken.

Schon durch seine Natur als Tauschverwertungsmittel ist das Geld in seinem tiefsten Kern selbstverständlich Willensmittel, Willensbeweger, weil wir das Geld brauchen, um mittelbar an die erstrebten Güter heranzukommen. Die universale Austauschbarkeit des Geldes macht es zum allgemeinen Willensbeweger, und der Wille zur Macht steigert den Willen zum Geld. Auri sacra fames! Im Kapital wird das Mittel zum Selbstzweck: Geld *soll* auf mehr Geld bewirtschaftet werden. Das wird zur Zwangsregel im Lebenskampf der Konkurrenz.

Bei den Überlegungen über den volkswirtschaftlichen Geldbedarf pflegt nach *Menger*[11] von den weiter Blickenden hervorgehoben zu werden, daß die erforderliche Menge nicht einfach durch das in der

---

[11] Geld. (C. *Menger.*) Handwörterbuch der Staatswissenschaften. 3. Aufl. Jena. IV (1909), S. 555 ff.

Verkehrsbewegung den Waren entgegenlaufende Geld zu bestimmen ist, weil jede Wirtschaft einen ihren Umständen entsprechenden Kassenbestand braucht. Dann muß die Geldtheorie auch die entsprechenden elementaren Funktionen des *Geldes in Ruhe* von dem überwiegend beachteten des *Geldes im Umlauf* unterscheiden. Das Geld als *Wertübertragungsmittel in Raum und Zeit,* also die gewohnte Tatsache, daß wir durch das Geld von den örtlichen und zeitlichen Bindungen einer Naturalwirtschaft befreit sind und mit der Kaufkraft eines wertbeständigen Geldes in den Markt eingreifen können, wo und wann wir wollen, wird erst bei dieser Unterscheidung ganz deutlich. Die selbständige Bedeutung dieser Funktion zeigt sich beim Geld in Ruhe, das in der Kasse seines Besitzers bleibt, wenn er es mitnimmt oder am Orte zurückhält. Daneben ist mit jeder Verkehrsbewegung des Geldes von einer Wirtschaft zur andern, die sich doch nun einmal unvermeidlich in Raum und Zeit abspielt, eine dimensionale Wertübertragung verbunden. Das Schema bringt das zum Ausdruck.

Das Geld in Ruhe ist aber vor allem das zu jeder Verwendung bereite *Aktionsmittel,* dessen schon bei der Bedeutung des Kassenkapitals gedacht wurde. Ein alter Bankier prägte einmal den schönen Satz: „Etwas Geld hat jeder anständige Mensch." Zahlungsfähigkeit bedingt in der Marktwirtschaft die wirtschaftliche Existenz sowohl im Bereich des Geschäfts wie im Bereich der Lebensfristung. Geld gibt diese Sicherheit. Geldbesitz ermöglicht wirtschaftliches Handeln. Geldbesitz steigert sich zu der Sprungbereitschaft, im kühnen Vorgehen oder mit berechnendem Abwarten eine Konjunktur im richtigen Augenblicke auszunutzen.

Hinter der Funktion als Aktionsmittel steht jene in ihrer Auswirkung von *Karl Marx* besonders beachtete Funktion des Geldes als *Akkumulationsmittel,* daß Geld zu Geld einheitlichen, gleichmäßig vermehrten, gleichmäßig verwendbaren Geldbestand gibt, gleichmäßig konzentrierbare, nicht zerfallende Wirtschaftsmacht, die allmählich oder durch den plötzlichen Zusammenfluß einer Sammlung die Aktionskraft des Geldes zu jeder gewünschten, zur riesenhaften Stärke steigert.

Eine ausführliche Ausführung der Geldtheorie als solcher könnte weitere Erläuterungen bringen.

Auch die Unterscheidung von drei Unterfunktionen des Geldes als Verkehrsmittel in *Kaufmittel, Zahlmittel* und *Übereignungsmittel* entstammt keiner bloßen Freude an theoretischer Begriffsspaltung. *Kaufen* im Sinne des Barkaufs und *Zahlen* als Ableistung einer aus Kauf oder sonstwie durch Verpflichtung, Verschulden oder staatlicher Auflage geschuldeten Summe ist zweierlei. Beim Barkauf bekommt der Verkäufer das irgendwie dinghaft gegebene Geld, das er sieht, will und — nimmt.

Bei der von der Leistung des Verkäufers abgelösten Zahlung des Käufers und in den sonst entsprechenden Fällen muß sich der Verkäufer bzw. Geldempfangberechtigte auf den Wert des Geldes verlassen können. Die Bestimmungen über die *Währung*, über das, was als *Zahlung* allgemein angenommen werden muß, bekommen aus dieser Funktion des Geldes ihre letzte Bedeutung. Gegenseitige Zahlungen führen zur Verrechnung. Zahlungen lassen sich dann auch auf bestimmte Termine zusammenlegen, so daß ein Gegeneinander der Verrechnung im großen möglich wird. Kurz, die Funktion des Geldes als Zahlmittel hat eine ganz andere volkswirtschaftliche Triebkraft als die Funktion als Kaufmittel.

Die Funktion als *Übereignungsmittel* erinnert daran, daß es beim Schenken und beim freiwilligen Beitrag zu einer Sammlung u. dgl. zahlreiche Geldbewegungen gibt, die wir mit der Bezeichnung des Geldes als Kaufmittel oder Tauschmittel notwendig aus dem Auge verlieren. Es ist also einer der nützlichen Hinweise, daß man den Gesamtumlauf des Geldes zu einfach sieht, wenn man glaubt, aus der Menge und dem Wert der durch Geld umzusetzenden Ware folge der volkswirtschaftlich notwendige Geldbetrag so eindeutig, daß man die eine Größe in ihrer Veränderung von der andern abhängig machen könne. All die kleinen nüchternen Beobachtungen am Alltag, was man mit dem Gelde macht und wie man es verwendet, ergeben ja vereinigt das wirkliche Bild des gesamten volkswirtschaftlichen Geldprozesses.

Zusammengefaßt hat also das Geld *zwei körperliche* und *zwei geistige Hauptfunktionen* mit im ganzen *zehn Unterfunktionen*. Es ist *Willensmittel*, das die Potenzierung zum Kapital erfährt, im übrigen mit bekannter Einfachheit wirkt. Es ist *Rechenmittel* und als solches Preismesser und Wertmesser. Es ist als *Kassenmittel* Aktionsmittel, Akkumulationsmittel, Wertübertragungsmittel im Raum und Wertübertragungsmittel in der Zeit. Als *Verkehrsmittel* dient es dem Kauf, der Zahlung und der Übereignung.

Geld ist es als Ganzes dieser Funktion, und als Ganzes dieser Funktion geht es in die Erwertung von Geld auf mehr Geld und wird Kapital. Deshalb ist das Kapital zugleich aktionsfähige Barkasse und nur Geldwert verkörperndes Realkapital. Deshalb kann Kapital von verschiedenen Kapitalgebern zusammenfließen und weiter akkumulieren. Deshalb hat es seine Schlagkraft in Raum und Zeit. Kurz, es ist Geld im intensivsten Gebrauch aller Funktionen und unter genauester Berechnung seiner Verwertung und seiner Verwertungsmöglichkeit.

Der Schritt vom Geld zum Kapital ist also beinahe selbstverständlich, wenn ein Wirtschaftssystem einmal ganz vom Geldgebrauch ergriffen ist.

Die Entstehung des Geldes mit seinen Funktionen geht dem ebenso natürlich voran.

Nach der für alle menschlich-sozialen Zusammenhänge geltenden Grundunterscheidung „innen" und „außen" sind in dem oberen Teil der *Tafel 6* die wirkenden Faktoren einander gegenübergestellt: *Äußerer Mechanismus des Marktverkehrs* und *innerer, durch Machtwillen gesteigerter Lebenswille.*

Wo unter Menschen Friedensgemeinschaft mit Privateigentum und Arbeitsteilung gegeben ist, sei es zwischen den Stämmen, sei es in der Großsiedlung des einzelnen Stammes, kommt der Marktverkehr und mit dem Marktverkehr die Tendenz, die bei direktem Tausch unvermeidliche Tauschreibung durch allgemeine Tauschmittel auszugleichen. Bildet sich aber ein allgemeines Tauschmittel aus, braucht jeder Marktgenosse Geld, um weiter reibungslos am Tausche teilnehmen zu können. Das wird die objektive Unentbehrlichkeit des Geldes, der sich auch der Asket nicht entziehen kann, wenn er als Mitglied einer Tauschgesellschaft leben will. Seine durchgeformte Gestalt bekommt das Geld durch den staatlichen Geldbedarf.

Und natürlich braucht eine Tauschgesellschaft einen einerseits der Zahl und der Wirtschaftsführung ihrer Tauschgenossen, anderseits dem Umfang ihrer Tauschhandlungen nach Menge und Wert der Waren entsprechenden Geldbestand, der dann für das normale Austauschverhältnis zur Ware der gegebene Gleichgewichtsfaktor wird. Seine Vermehrung ist Inflation, seine Verminderung Deflation.

Hinter diesem *äußeren Schematismus des Marktverkehrs* wirkt der *lebendige Wille* seiner Teilnehmer, der je nach der kulturbestimmten Art ihrer geistigen Haltung in die Fülle der Bedürfnisse ausstrahlt, die sie als einzelne oder als Gruppe, Gemeinschaft, Organisation befriedigen wollen. Seine stärkste Kraft für die Wirtschaft bekommt der Lebenswille je nach der Gier des Machtwillens, wobei noch in Frage kommt, *ob* der Machtwille ganz auf wirtschaftliche Macht geht oder sich wesentlich politisch auswirkt. Daß Religion und Ideen den Machtwillen zähmen oder ablenken können, bleibt dabei bestehen.

In einer Tauschgesellschaft wird aber die Gesamtheit der Bedürfnisse so oder so im *Tauschmittelbedürfnis* zusammengefaßt, und dies Geldbedürfnis wird in der Steigerung des Machtwillens zum Geldhunger. Das ist die subjektive Untentbehrlichkeit des Geldes, die die volkstümliche Illusion erzeugt, unbegrenzt viel Geld als Geld sei das Wirtschaftsideal. Deshalb immer wieder die Verblüffung des Laien, der zuerst von der rationalen Menge des volkswirtschaftlich nötigen Geldbetrages hört, wenn er nicht die zeitgemäße Erfahrung einer Inflationsperiode hinter sich hat.

Das ist in kurzen Zügen der Gang der Erläuterung, die ich meinen Tafeln in einem Vortrag oder in der Vorlesung gebe. Die Tafeln selbst hängen gleichzeitig vor den Augen der Hörer. Ihre Begriffe und Linien werden in der Besprechung lebendig und fügen sich in dieser Lebendigkeit zu dem in Wechselwirkung bewegten Ganzen zusammen, weil jede Einzelheit auch nach ihrer Besprechung dauernd sichtbar bleibt. Erst damit wird der Zweck der Tafeln erreicht.

Die Erläuterung hat dabei den ganzen Vorzug des vollkommen freien Vortrags, der zurückgreift, wie er will, der je nach Bedürfnis auf einer Einzelheit länger verweilt, und der von jeder Abschweifung in diese oder jene Nebenfrage immer wieder zum anschaulich lebendigen Ganzen zurückfindet, das auch der Hörer ständig vor Augen hat.

Es ist das Schlußergebnis der hier besprochenen Tafeln, daß mit unaufhaltsamer Lebendigkeit aus dem Ineinander menschlich gesellschaftlicher Kräfte das Geld entsteht und aus dem Geld die Tendenz zum Kapital mit seiner ruhelosen Energie und seiner ganzen Brutalität. Kapital ist kein Zufall, der etwa durch die Juden oder durch kalvinistischen Geist auf die Welt gekommen wäre oder sich durch irgendeine harmlose Äußerlichkeit der Wirtschaftsverfassung oder durch den anders gearteten Machtwillen einer äußeren Revolution wieder beseitigen ließe. Kapitalismus ist zügellos gewordener Erwertungsdrang, aber als solcher in den Untiefen der Menschennatur ewig verwurzelt. Darum ist die Tendenz zum Kapital in allen genügend geldwirtschaftlich durchsetzten Perioden herausgetreten, in Babylon und im Hellenismus, in Indien und China, wie in der Welteroberungsperiode der weißen Rasse. Es ist also nicht zu untersuchen, wie es zu dieser Tendenz als solcher kam, denn die Tendenz ist nur zu begreiflich. Es steht nur zur Erörterung, aus welchen Gründen diese Tendenz in der Welteroberungsperiode der weißen Rasse, in Fortsetzung des in den vorhergehenden Jahrhunderten gewonnenen Anlaufs, im 19. Jahrhundert so schrankenlos verwirklicht werden konnte.

Das führt indessen weit über unsere elementare Tafel hinaus. Die Tafel zeigt aber die Grundgesetzlichkeit, wie das Geld wird, was das Geld ist, und wie das Kapital aus dem Gelde herauskristallisiert.

Zur Ontologie der Beziehung

(1930)

...Das ist die Grundwahrheit der materialistischen Geschichtsauffassung, die mit der Feststellung, daß jederzeit die Objektsubjektbeziehungen auf die Intersubjektbeziehungen zurückwirken, aus deren auf das Objekt gerichteten Coaktion sie entstanden sind, schlechterdings eine soziologische Elementartatsache ist, während es andererseits die gewisse Begrenztheit dieser Theorie genannt werden kann, daß sie nur diese wesenswichtige Elementartatsache der Menschengesellschaft behauptet, ohne die Struktur der über das Objekt übergreifenden Intersubjektbeziehungen mit genügender Sorgfalt und Vollständigkeit zu untersuchen. Aber es ist allerdings eine ebenso große Kurzsichtigkeit, eine sogenannte reine Gesellschaftslehre ohne Berücksichtigung der Sachbeziehungen für in sich genügend zu halten. Denn die Menschheit lebt weder in der Luft noch im luftleeren Raum. S. 17/18.

...Die „Dimensionsstufen des Wirklichkeitsbildes" deuten in aller Kürze an, wie die schwankende Erscheinung der Wirklichkeit aus dem Dämmern des primitiven Erlebens zuerst mit dem Beginn der ältesten Kulturen in stetigem Gedanken befestigt wird, wie Raum und Zeit ihr Maß bekommen, wie Schritt für Schritt das Bewußtsein von unserer Erde in ihrem kosmischen Gesamtsystem wächst, bis wir Heutigen nur zu leicht in blinder Naturwissenschaftlichkeit die entscheidende Grundtatsache übersehen, daß der Strom des Wirklichkeitsprozesses in seinem ektropischen Ablauf und in seinem ekmorphischen Aufstieg zwar seit unzähligen Milliarden von Jahren laufen mag, aber erst seit wenigen Jahrtausenden angefangen hat, in geltenden Begriffen die bestimmte Wirklichkeit unserer Menschenerfahrung zu werden. ... S. 22.

Die Kritik der reinen Vernunft erscheint dann als die Darstellung der Cointelligenzbeziehungen des reinen Cosubjektes, die Lehre von der praktischen Vernunft als der nicht gerade glückliche Versuch, die Coaktionsbeziehungen des reinen Cosubjektes zu bestimmen. Daß der eigentliche Fehler Kant's darin besteht, Cosubjekt und Coobjekt zu trennen, während wir doch eben in Einem Coobsubjekt sind, braucht kaum weiter erörtert zu werden. Aber gerade dieser Hinweis führt zur Korrealität zurück, zur richtigen Erfassung des permanenten Wir als theoretische Hilfskonstruktion hinter dem coaktuellen Wir und zur

Begründung der Einsicht, daß das wichtigste Wissensziel für uns Menschen nicht das „exakte“ Wissen vom reinen Objekt, sondern die Bescheidenheit des bestmöglichen Wissens von uns selber ist, die über unserer Endlichkeit und Begrenztheit nicht hinaus will, weil sie es nicht kann. S. 22/23.

Und gleichwohl läßt sich noch sagen, daß wir die Gottheit, wenn wir sie irgend in Analogie unserer korrealen Wirklichkeit denken wollen, einerseits als so übergeistig wie übernatürlich und andererseits nur als Beziehung, d. h. Insichbezogenheit denken können, weil das rein für sich Eine, und nun gar in der Bedeutung als Seinsgrund mit der Fülle des Lebens, für uns völlig undenkbar ist. So bekommt das christliche Dogma der Trinität in seiner letzten Wesentlichkeit eine gewisse Begreiflichkeit für die Vernunft, obwohl alle menschlichen Worte, die diesen Tatbestand aussprechen, selbstverständlich Verendlichungen sind. Die Gottheit wird für unser Denken synthesis in aeterno und ihr Handeln „Zusammenwirken“. S. 24/25.

Soziologie und alle wirkliche Philosophie sind als solche politische Wissenschaften, weil der Mensch ein politisches Wesen ist, und wirken sich notwendig in dieser Rolle aus, auch wenn der Forscher mit der Distanz seiner Aufgabe nur seine Aufklärungsarbeit leistet. S. 30.

Zum Ausbau der Beziehungslehre

(1931)

Aus dem „Beziehungsgewebe" als dem Ausgangsgegenstand in vergleichsweiser Ruhe ist die Beziehungslehre i. e. S. als die Lehre von dem Wirklichkeitsband zwischen Menschen herauszulösen. ... Jede Einzelbeziehung steht also immer in individuellen Beziehungsfeldern und ist nicht ohne ihre Träger denkbar, die sie zu Gebilden zusammenfaßt oder von denen aus sie innerhalb des betreffenden Individualfeldes nach neuen Bindungen tastet. In vereinfachstem Ausdruck: keine Beziehung ohne Gebilde, kein Gebilde ohne Beziehung. S. 272.

Haben wir diese methodischen Schritte getan und die „isolierte Beziehung" herauspräpariert, so hat die isolierte Beziehung als das Ganze eines zwischenmenschlichen Erlebnisses, als kleiner Geschichtsvorgang natürlich ihren Ablauf und in diesem Ablauf jeweils ihren Aufbau oder ihre zuständliche Struktur. Das sind die Aufgaben für die Sonderuntersuchung der „isolierten Beziehung".

Wollen wir nun diese isolierte Beziehung, diese stets veränderliche Lebendigkeit sozusagen anatomisch greifen, müssen wir vom „Beziehungsbogen" ausgehen, von dem, was sich als diese gegebene Beziehung von einem Träger zum anderen in anscheinender oder wenigstens augenblicklicher Dauer „objektiv" hinüberbrückt. Das ist das „Menschenband" im engern Sinne.

Und ein Unterteil der Lehre vom „Beziehungsbogen" ist dann die Lehre von den „Beziehungsrichtungen" und zwar ein Unterkapitel aus der Lehre von dem Bindegehalt oder der Qualität des „Beziehungsbogens", von der besonderen Art der wechselseitigen Verflechtung. S. 273.

Und so ist der Ausgangspunkt festzuhalten, daß es sich bei allen Beziehungen und Beziehungsrichtungen um *„Innenabstände"* zwischen Menschen handelt, und daß zwischen zwei Innern dieser Abstand bzw. die Ausrichtung und Bemessung des gegenseitigen Verhältnisses von *beiden Seiten verschieden* ist, auch wenn die konventionell oder politisch angepaßte Äußerung dieses Verhältnisses von beiden Seiten gleich erscheinen kann. ... S. 275/276.

... Der Mensch ist wie seine ganze Wirklichkeit „Art" und als Art das Wiederkehren desselben *Allgemeinen* (A) *im Einzelnen* (E), das sich aber um so mannigfaltiger *besondert* (B), je komplizierter das Artgebilde ist. Das gibt sechs elementare Kombinationsmöglichkeiten, weil sowohl die wesentlich äußere Bindung, wie die wesentlich innere Bindung überwiegend auf A, E oder B gerichtet sein können. Darum haben wir für größere Menschenzusammenhänge das Sechsersystem der *Aggregationsmöglichkeiten:* drei Formen der Gruppen i. e. S. nämlich: Masse (A), Kräftesystem (E) und Gliederungsgefüge (B), drei Formen der Kreise i. e. S., nämlich: Gemeinschaft (A), Gesellschaft (E) und Organisation (B). Als entsprechende Möglichkeiten der *„Adalterate"* zunächst zwischen zwei Menschen möchte ich die Bezeichnungen vorschlagen: für die drei Unterformen der wesentlich äußeren Bindung — Haufengruppe (A), Meßverhältnis (E), Zuordnung (B), für die drei Unterformen der wesentlich inneren Bindung — Kameradung (A), Verträgnis (E), Ergänzungsbund (B). ... S. 277/278.

... Natürlicherweise ist das mit der ersten Berührung einsetzende Spiel der Beziehungsrichtungen, das zum *Wesensklang* den *Richtungston* hinzubringt, seinerseits zum guten Teil bestimmend für die nächste Fixierung des Wesensklanges. ... S. 278.

Was wir hier geben wollen, ist ein *dynamisches Grundschema,* das sich plastisch an die allerverschiedensten Möglichkeiten anpaßt und immer neue Fälle dem praktischen Lebensverständnis erschließt. Soziologie ist grundsätzlich die allgemeine Fassung des gleichzeitig unendlich Einzelhaften, und so muß sie überall verstanden werden. S. 279.

Und damit eröffnet sich *das Wunder des „Für",* die Veränderung der Beziehungsbasis nach oben, das Herauswachsen der höheren Lebenseinheit des „Wir" über der Welt der „Iche". Jedes Für ist ein Teil Wirverbundenheit und Heraushandeln aus dem Bereich des Andern, als wenn es ein Teil des selbsteigenen Bereiches wäre. Nicht mehr *Beziehung,* sondern *Einbeziehung.* Aber die eigentliche Lehre vom Gemeinselbst des Wir, in dem unser gemeinsames Leben wurzelt, geht über die Sondertheorie von den Beziehungsrichtungen weit hinaus, wenn sie auch in ihrem Mittelpunkt aufleuchtet. S. 284/285.

Und da diese Zuspitzung den theoretischen Sinn hat, daß die verschiedenen Beziehungsrichtungen in ihrer gegenseitigen Verklammerung und Zusammengehörigkeit, in ihrem Ineinanderspiel und in ihren Spannungen gezeigt werden sollen, so kommt es in der Zusammenfassung alles Gesagten wieder darauf hinaus, *daß in jeder noch so einfachen Beziehung jederzeit der Möglichkeit nach alle Beziehungsrichtungen nebeneinanderliegen* und mehr oder weniger nebeneinander wirken. Es gibt m. E. also keine reine Ab : An-Beziehung, keine reine Über : Unter-Beziehung, keine reine Für : Gegen-Beziehung, sondern immer und stets nur Mischbeziehungen, in denen alle diese Töne irgendwie auch vorkommen. Selbstverständlich entsprechend dem Wesensklang und dem Lebensreich, dem Einzelbetreff und der Individualität der Beziehungsträger.

Wohl aber ist natürlich, daß sich die zwischenmenschlichen Beziehungen und damit die Gebilde, Gruppen und Mehrschaften *nach dem Überwiegen der einen oder anderen Richtung* charakterisieren lassen, und damit kommen wir auf den Typ der überwiegenden Ab : An-Beziehungen und der zugehörigen Gebilde, ... S. 285.

Zum Ausbau der Beziehungslehre (Schluß)

(1932)

Die einzelne Beziehung für sich, wie sie zum Ausgangspunkt der „reinen" Beziehungslehre gemacht werden soll, ist eine Fiktion oder die illusionäre Herausisolierung eines Wesensvorgangs zwischen irgend zwei Menschen, die ihn zueinander hingerissen erleben, als ihrer einzigen und alleinigen Wirklichkeit. S. 320.

... Wir stellen die Menschengesellschaft mit diesem Begriff „Handlungsfeld" als ein Objekt vor uns hin, an dem wir selber als reine Beobachter soziologischer Zusammenhänge gar nicht mitbeteiligt wären. ... So ist der eigentliche Standkern, um den sich das Treiben des menschlichen Handlungsfeldes bewegt, stets und immer die organisatorische Gemeinschaft. ... S. 320/321.

Daraus ergibt sich die Einsicht, daß die „isolierte Beziehung" nicht nur stets und immer mitten in der Verflechtung eines Handlungsfeldes steht, so daß überall wie mit der Gartenschere hart und gewaltsam andere Bindungen zerschnitten und gekappt werden müssen, wenn man eine Einzelbeziehung ganz allein für sich beobachten und durchverfolgen will, sondern daß diese „isolierte Beziehung" außerdem stets und immer mit den Normen und Regeln einer organisierten Gemeinschaft rechnen muß, in der sie sich abspielt oder von der aus sie in das Gebiet einer anders organisierten Gemeinschaft hinüberreicht. Also mit Sittlichkeit, Konvention und Recht. ... S. 321.

Die Soziologie braucht also ein Schema der isolierten Beziehung, das den in der *realen* Wirklichkeit außergewöhnlichen Ablauf zum *formalen* Hilfsmittel macht.

Das gibt ein Schema der Isolierung, das eine einzige Beziehung für sich durchverfolgt, als wenn sie auch für die Beteiligten das Einzige und Ausschließliche wäre. Bei dieser methodischen Behandlung läßt sich alles herausheben, was mit dem Aufbau und dem Ablauf irgendeiner Beziehung wesentlich vorhanden ist, und darum an jeder Beziehung, wenn sie sich entsprechend entfalten kann, und man sie aufmerksam verfolgt, mehr oder minder deutlich heraustreten wird. ... S. 324.

... Man kann als Leiter einer Organisation die Privatbeziehungen ihrer Glieder nicht mehr übersehen, wenn sie zur Schiebung werden oder den Betrieb gefährden. Und das Gesellschafts- oder Gemeinschaftsband als solches ist doch auch nur ein System von spezifischen Beziehungsbindungen, durch das die Glieder dieser Gemeinschaft oder dieser Gesellschaft einerseits mit der erlebten Gesamtheit als solcher, insbesondere mit dem Führer dieser Gesamtheit als ihrem Haupt, andererseits aber als diese Mitglieder einer festen Verbindung nicht nur in isolierten freien und selbständigen Einzelbeziehungen, sondern eben von Glied zu Glied verknüpft sind. Eine Gemeinschaft als Gemeinschaft (und ebenso alle anderen Mehrschaftsformen!) hat also die Einzelbeziehung nicht nur als feinere Verästelung menschlicher Zusammenhänge in sich und unter sich, sondern wiederholt in ihrer eigenen Struktur und in ihrem eigenen Ablauf, wenn auch in vielgestaltiger Ineinanderschachtelung derselben Grundtatsachen, doch nur das, was sich schon an der isolierten Beziehung theoretisch feststellen läßt. Dadurch bleibt dann die Beziehungslehre nicht ein Vorkapitel der Soziologie, sondern wird eben die Darstellung ihres prinzipiellen Baugliedes. S. 325.

Diese methodische Formulierung schützt uns vor dem Grenzenlosen, das sich hinter der allereinfachsten soziologischen Frage öffnen kann, weil hinter jedem allgemein gefaßten Menschenzusammenhang unvermeidbar die ganze Menschheit steht. Daran ist nichts zu verstecken. ... S. 327.

Zugleich wird für uns lebendig, was die Beziehungstheorie für die Musik, oder auch die Musik für die Beziehungstheorie bedeuten kann, weil die Verwandtschaft so vollkommen ist. Denn der Ton als geäußerte und geformte Stimme eines Innen entspricht Verhältnissen und Beziehungen dieses Innen und hat darum ein für allemal „Seele", auch wenn er zugleich einen ganz sachlichen Zweck hat, mit bestimmten Organen oder auf einem bestimmten Instrument mit gut beherrschter Technik erzeugt wird und formale Ordnungsverhältnisse mit anderen Tönen eingeht. Musik ist lautgewordene Beziehungstiefe! ... S. 330.

... Es ist wesentlich, daß die Sachbeziehungen, auf denen die Soziologie des Marxismus ihre Theorie von der Herrschaft des Instrumentals über seine Träger aufbaut, auch von einer noch so „rein" gedachten Soziologie der bloßen Intersubjektbeziehungen niemals ganz vergessen werden. ... S. 334.

Der räumliche Ort der Beziehung ist zugleich eine besondere Landschaft mit ihren Menschen, die laufende Zeit der Beziehung zugleich ein geschichtlicher Abschnitt mit seinen besonderen Stimmungen und Haltungen. Auch bei jeder einzelnen Beziehung wie beim ganzen Handlungsfeld ist also grundsätzlich die Frage, wie viel sie von ihrer Landschaft und von ihrem geschichtlichen Augenblick mitbekommt. ... S. 337.

... Es gibt keinen Menschen ohne Beziehungsfeld, auch wenn es für den einsamen Waldarbeiter oder für die zerriebene und durcheinandergewürfelte, abgetriebene Menschenspreu der Großstadt bis zur Armseligkeit verkümmern kann. Und so schlägt das Beziehungsfeld im Veränderungsgang der Beziehung ohne weiteres durch und bestimmt wesentlich ihren Lauf. ... S. 338

... Kein Menschenband ist ein für allemal dasselbe, so fest Freundschaft und Liebe an ihre eigene Ewigkeit glauben mögen. Beides kann ein ganzes Leben aushalten, aber die Bindung bleibt dabei so wenig genau dieselbe, wie der Fluß, in dessen Wasser man nach Heraklit nicht zum zweiten Male steigen kann, weil es ständig vorüberfließt, auch wenn der Fluß durch Jahrtausende hindurch derselbe Fluß bleibt. ... S. 341.

Während das Beziehungsbild die innere Spiegelung einer Beziehung in ihren Trägern ist, will die *Beziehungsrichte* die tätige Gestaltung von Rechten und Pflichten, von gegenseitigen Bedingungen des einander zukommenden und geschuldeten Verhaltens, die zu inneren Grenzen werden, über die der andere nicht hinausgehen darf, ohne die Beziehung zu zerbrechen oder doch zu gefährden. Das ist das eigene Recht der Beziehung als solcher. ... S. 343.

Die echte Beziehung ist in ihrer „Synheteronomie" natürlich polyphon, weil jeder Beziehungsträger zu seiner Zeit zu führen hat. Darum ist jede echte Beziehung wie jede in gegenseitiger Steigerung ineinandergreifende Unterhaltung, in der nicht einfach Ja gesagt oder die Schleuse der einseitigen Beredsamkeit geöffnet werden soll, echt kontrapunktisch und stellt die Aufgabe, die eigene Dynamik der geistigen Stimmführung in die Dynamik des anderen einzupassen, verstehend aufzunehmen und doch selbständig weiterzugestalten. S. 348.

Ist das Geisteswissenschaft?

(1931)

1. Das Menschheitserlebnis der hohen Neuzeit

2. *Soziologie und Geschichtsschreibung in Deutschland.* S. 322.

... Denn der Kern dieser Unzulänglichkeit ist eben die Fachzersplitterung der Wissenschaft einschließlich der bloßen Fachauffassung in den Kreisen der Soziologie. Der entscheidende Fluch der Fachzersplitterung ist die Aufspaltung der einheitlichen Gesamtwissenschaft von der lebendigen Gesellschaft in die disparaten Geisteswissenschaften und die nur aus diesem Zustand heraus verständliche geradezu unvernünftige Vertiefung der Kluft zwischen Geschichte und Soziologie unter der Vorherrschaft der philologischen Methode, die über den Einzelergebnissen der Akten die Vollständigkeit des Lebens übersieht.

Der Sieg der „Pedanten" über die „Dilettanten". Um mit Ibsen zu sprechen, der Sieg Jürgen Tesmanns über Eilhard Lövborg. ...

Tatsache ist (und diese Tatsache hat Dr. Lehmann weder erwähnt noch gesehen!), daß das 19. Jahrhundert vor allem in Deutschland den Historikern gehört hat und nicht den Soziologen. ... S. 323.

... Wie sollte die Gegenüberstellung des Besonderen (B) auf seine Abweichungen und seine regelmäßige Wiederkehr zu seinem eigentlichen Recht kommen, wo die Soziologie schlechthin das ganz Allgemeine (A) der Gesellschaftsentwicklung wollte und die Historie das ebenso Einzelne (E), das in seiner Einmaligkeit vorübergeht. S. 324.

Und weil es in der erst werdenden Soziologie im wesentlichen um die großen naturhaften Gesetze ging, wie sie sich aus dem Gesamttreiben der Individuen zu ergeben schienen, fehlt mit den ganzen Unterschieden der sozialen Strukturformen vor allem die Grundlehre von der Organisation, von der der Staat der zentrale Unterfall ist. ... S. 325.

Es darf wieder angemerkt werden, daß es eine besondere geistesgeschichtliche Blindheit des für das noch erst Werdende so verständnislosen Hegel war, daß er das grundsätzliche Wesen der „Organisation" als Zusammengliederung von Menschen zur Tat nicht begriff, obwohl er schon in seiner bayerischen Zeit über „Verorganisieren" scherzen konnte, und der Begriff auch in philosophischen Kreisen (sein Gegner Schleiermacher!) schon so etwas wie ein Modewort wurde. Aber Hegel kreiste mit seinem politischen Denken um den kleinen deutschen Ständestaat, statt den Begriff des Staates auf die auch damals schon erreichbare letzte Allgemeinheit zu treiben. Hätte er dieser Aufgabe genügt, wäre die Soziologie nicht so staatslos geworden.

Aber so war Hegel in diesen Dingen recht eigentlich der Vorläufer Treitschkes, der das deutsche geschichtliche Denken endgültig in die binnendeutsche Sackgasse führte. ... S. 326.

... Aber es ist die schwere Unterlassung der werdenden Soziologie, daß sie nicht einmal eine klare Methode der Stufentheorie geschaffen hat und nicht zur vollen Übersicht über die ineinandergreifenden Lebensgebiete der Gesellschaft und ihrer Entsprechungsdynamik gekommen ist. ...

Jedenfalls ist sowohl die Soziologie wie die Geschichtsschreibung des 19. Jahrhunderts hinter der eigentlichen Aufgabe der Zeit erstaunlich zurückgeblieben. Die „Ideologie" paßt sich eben der Tatsachenlage einer Gesellschaft nicht so von selbst an, wie es bei Marx erscheinen möchte, sondern nur durch geistige Leistung. So wird die eigene Geschichte der Soziologie Gegenstand ihrer eigentlichen und wesentlichen Erfahrung: wie weit versteht die menschliche Gesellschaft oder auch eine nationale Gesellschaft im unmittelbaren Weitergang ihres geschichtlichen Lebens sich selbst in der Arbeit ihrer aufbauenden Organisation? S. 327.

So ist abschließend nur noch einmal festzustellen, daß der Durchschnitt der deutschen Historiker in keiner Weise weiß und lernt, daß man, um Geschichte schreiben zu können, klare Grundbegriffe über gesellschaftliche Beziehungen und Verhältnisse braucht, und daß es für unsere Zeit die wesentliche Aufgabe der Geschichtsschreibung ist, zu einem Gesamtüberblick über die Weltgeschichte zu kommen. S. 329.

3. Die Perioden der Soziologie. S. 329.

Und darauf folgt dann die entscheidende Frage: Was entspricht zeitlich und dem Problemzyklus nach Comte und Spencer in Deutschland? Und die klare Antwort heißt: Karl Marx. Niemand wird bereitwilliger zugestehen wie Tönnies, daß Marx der wahre Begründer der deutschen Soziologie war. Das deutsche bürgerliche Denken, das, ein wenig unter der amtlichen Polizeiaufsicht, den Sozialismus gar zu sehr in die Ecke der Verachtung verwies, muß endlich lernen, daß jeder Sozialismus auch seine theoretische Seite hat und dadurch zur Soziologie gehört. Auch einseitige Theorien gehören zur Gesamtgeschichte des Denkens und wirken auf seine Probleme.

... Aber man kann die geistige Stellung von Marx in der Geschichte des 19. Jahrhunderts kaum übertreiben. Marx hat auch als Theoretiker eine dreifache Bedeutung in der Geschichte des deutschen Geistes und damit des Denkens überhaupt. Er bedeutet einen Wendepunkt in der Geschichte der Philosophie, einen Wendepunkt in der Geschichte der Wirtschaftstheorie und einen Wendepunkt in der Geschichte der Soziologie. ... S. 331.

Marx hat die Philosophie aus der verstiegenen Höhe des Idealismus in die Wirklichkeit der kämpfenden Menschheit hinübergebracht, um den dumpfen Willen der Masse auf ein klares Ziel zusammenzuballen, und seitdem ist alle Philosophie, die nur auf irgendwelche Abgelöstheiten des abstrakten Menschengeistes geht, sei es Wert, Kategorie oder Begriff, ... eine etwas gleichgültige Nebenangelegenheit abseitiger und außerhalb der eigentlichen Wirklichkeit stehender Intelligenzschichten, ... S. 331/332.

Marx hat in der Volkswirtschaftslehre die zentrale Aufmerksamkeit auf die furchtbare, explosive innere Spannkraft des Kapitals und des Kapitalismus gelenkt, die außerhalb der Betrachtungen sowohl der historischen Schule wie der Grenznutzentheorie oder auch irgendwelcher Isoliermethoden gestanden hat und ebensowenig in den kleinen Reformvorschlägen der praktischen Nationalökonomie und der Sozialpolitik behandelt wurde, die aber gleichwohl das entscheidende Schlüsselproblem für das wirtschaftliche Verständnis unserer Zeit gibt, wenn man die Theorie von der Einseitigkeit des Marxismus befreit und mehr Wissen von den technischen Grundtatsachen und von der „Organisation" hinzubringt.

Marx hat der Soziologie mit seiner wieder nur einseitigen Lehre vom Klassenkampf eine die Listsche Lehre vom Nationenkampf ergänzende Weiterbildung der Kantischen Grundauffassung vom Aufstieg durch Kampf zum Völkerfrieden gegeben und so in die Stufentheorie des 18. Jahrhunderts die gegliederte Dynamik des von den Physiokraten entdeckten Klassengegensatzes hineingebracht. ... S. 332.

Und es muß einmal gesagt werden, daß der soziologische Versuch Oppenheimers in seinem Kerne nur eine aus unangemessenem Ehrgeiz geborene, eigentlich gehaltlose Konkurrenztheorie gegen den Marxismus ist, wo statt Kapital Bodeneigentum gesagt wird, ...

... Aber Max Weber hat nicht die systematische Kraft gehabt, das allseitig durchzuverfolgen, ... so daß die eigentlich aus dem Marxismus erwachsene Aufgabe einer systematischen Behandlung der Entsprechungsdynamik der gesellschaftlichen Lebensreiche trotz dieses Hauptversuches der Kultursoziologie noch ungelöst ist. S. 333.

... Und dann draußen in der Welt die harten Tatsachen von Bolschewismus und Faschismus handgreiflich den Beweis führen, daß wir ein Gesellschaftsverständnis brauchen, das Organisationswissen ist! ... S. 335.

Hegel und die Weltgeschichte

(1931)

... Die Lehre von dem Ineinandergreifen der „Artmomente" A, E, B, des Allgemeinen, des Einzelnen und des Besonderen, auch bei der arthaften Gemeinstruktur unserer darüber zum Bewußtsein kommenden Menschenart als die Grundformel für Staat und Gesellschaft. ... S. 16.

... Die „Setzungsmomente" vom An-sich zum An-und-für-sich sind gegenüber der inhaltlosen Formaldialektik der konkret lebendige endliche Geist, wie er keimhaft entsteht und sich durch seine eigene Tätigkeit vollendet, darum die wahrhaft anschauliche Formel einer aus sich aufbauenden Bewegung und das wirklichkeitsnahe Grundschema für eine Theorie, die nicht einfach das in seiner Dauer beharrende *Sein*, sondern aufsteigendes *Werden* lehren will. Darum trotz des äußeren Übergewichtes der Ja-Nein-Ja-Dialektik wohl das innerste Denkerlebnis Hegels, in dem er Objekt und Subjekt zur tätigen Einheit zusammenbindet, und seinem Herzen am nächsten! ... S. 17.

... Im „Staat" im Hegelschen Sinne *handelt* die Gesellschaft in ihrem jeweils gewordenen Sein. In der Geschichte vollzieht sich der Ablauf dieses Seins durch den über die Generationen hinweggehenden Schicksalsgang gesamtbedingter, innerster Werdenotwendigkeiten. Beides zusammen die eine Gesamttatsache der Menschheitsentfaltung. S. 19.

... Man sieht Hegels Bedeutung für die Soziologie viel zu eng, wenn man sich an die Darstellung von Staat und Gesellschaft in seiner Philosophie des Rechtes hält.

... im kollektiven Handeln muß das Einzelne und Besondere neben dem Allgemeinen zu seinem Recht kommen. Das ist der Kern Hegel' schen Staatsdenkens, mit dem er uns heute nützen kann, während seine Ausführung dieses Kernes heute veraltet ist. S. 20.

Wie wir aber für die gesellschaftswissenschaftliche Facharbeit *Autosoziologie* und *Diasoziologie* trennen müssen, um die durch die wechselnden Träger hindurch fortlaufenden gesellschaftlichen Vorgänge von den bewußt getätigten Wechselbeziehungen der einzelnen Selbste zu unterscheiden, so müssen wir, wie oben bei dem Grundverhältnis von Staat und Geschichte vorwegnehmend angedeutet wurde, mit einer Gegenüberstellung, die Hegel selbst noch nicht in voller Klarheit hatte, *Auto-*

historie und *Diahistorie* wohl auseinanderhalten. Das Ineinandergreifen der bewußten politischen Aktion geschichtlicher Helden und etwa den großen Gang der geschichtlichen Entwicklung. ... S. 25.

...Historie geht für uns nach geltender Überzeugung *idioskopisch* auf die Sicht des ganz Einmaligen an diesem Existenzablauf, Soziologie *typologisch* auf die Herausarbeitung der allgemeinen und wiederkehrenden Grundzüge daran. ... S. 26.

...Weder Hegel, noch die Nachahmer seiner Methode haben die Hauptstrukturen des „Wir" mit dialektischen Mitteln aufgespürt, wie Hegel auch die Beziehungslehre mit der synheteronomen Grundstruktur des Wirklichkeitsbandes durch seine Dialektik nicht entdeckt hat. S. 29.

...Und wie die Menschengesellschaft aus allen geordneten oder als Ordnung hingenommenen Gesamtregelungen ihrer Verhältnisse hinausgerissen wird, geht die geschlossene Übersicht über die Gesamtwirklichkeit verloren. Man hat keine Weltanschauung mehr. Man hat Wissenschaften! Fachwissenschaften ohne zusammenhängende Ordnung ihres Gesamtsystems, so daß die Berufung der Zeit auf „die Wissenschaft" als den geistigen Grund ihres Erlebens eigentlich gehaltlos ist. ... S. 37.

...Er (Hegel — *H. L.*) wollte für sich das absolute Sein mitten in der Endlichkeit zurückgewinnen, wo er doch eigentlich, wie kein anderer, die große Einsicht Heraklits „das Werden sehe ich" zu dem vollen Wissen gesteigert hatte: „Im Werden stehe ich." ... S. 39.

...Der Begriff des Geschichtskörpers ist eigentlich so wesentlich, ja so selbstverständlich wie der des *Gesellschaftskörpers*, mit dem er aber nicht zusammenfällt. ... S. 40.

...Über dem bloßen Entwicklungsgedanken, gegen den sich die Kulturkreislehre mit Recht gewendet hat, wurde die Fülle der kulturellen Absonderungen vergessen, die bis in unsere Zeit weitergehen. Aber noch mehr die harte Tatsache, daß die Entstehung des Menschheitsgebildes nicht einfaches organisches Hervorgehen, sondern zum guten Teil gewalttätiger Verwachsungsprozeß widerspenstig gegeneinander gestellter Sondergruppen ist. Ein eminent Hegel'scher Gedanke! ... S. 42.

Hegel hält demgegenüber an den tief erlebten unmittelbaren Eindrücken aus zeitgenössischen Berichten und heiligen Traditionsschriften fest und verachtet in dem vielleicht begreiflichen Bewußtsein, damit in den allerwesentlichsten inneren Kern der Zeiten zu treffen, alle gelehrte und übergelehrte Kritik am äußeren Bestand des Geschichtlichen mit manchmal eiferndem Zorn. S. 44.

... Vor der Geschichte liegt für ihn das völlige Dunkel. Hegel erlebte auch nur die allerersten Anfänge der Entzifferung der Hieroglyphen und der Keilschrift. Er muß sich sein Ägypten aus den bunten Geschichten Herodots zurechtmachen, sein Babylon aus biblischen Verwünschungen und dem wenigen, was die Griechen überliefert haben. ... Beim Buddhismus versagt Hegel überhaupt. Die besondere weltgeschichtliche Vergleichsaufgabe mit dem Christentum ist nicht erfaßt, obwohl die dialektische Methode auch in diese Tiefe hätte hineinführen müssen, wenn sie das wirklich war, was ihr Begründer von ihr glaubte. S. 44/45.

Das ist, wie im Kreise einer wirtschaftswissenschaftlichen Fakultät gesagt werden darf, sozusagen eine Art Buchhaltung über alle Kräfte hinter der Weltgeschichte, über den Faktor Erde, den Faktor Rasse, über die Bedeutung des Einzelnen und der soziologischen Grundstrukturen, über die Werdereihen mit ihren Trägheitsmomenten über die inneren Spannungen der Gesellschaftsstufen und vor allem auch über die Wechseldynamik der gesellschaftlichen Lebensreiche. Es geht ja in aller Wissenschaft zunächst um das richtige und vollständige Kontensystem, um die Vorgänge ordnend zu buchen und ihr Ergebnis festzustellen. Und so braucht die *Dynamik* der Geschichte zunächst eine *Schematik* des historischen Kontensystems, deren Grundzüge die Gesellschaftslehre durch die Ausarbeitung und Erfüllung ihres eigentlichen Problemsystems zu liefern hat. Und dann die Abschätzung und Berechnung der vergleichsweisen Bedeutung der einzelnen Faktoren, soweit diese Aufgabe überhaupt lösbar ist! ... S. 46.

Was Hegel eigentlich will, ist nur die dialektische Gegenüberstellung des bewegenden Innen der Geschichte zum erscheinenden Außen, oder wie wir es ... nennen, die *Kernhaltung im Wesen der Völker*. ... S. 48.

... Wie ungenügend sind die einfachen Wiederholungen gleichmäßiger in sich ganz selbständiger Entwicklungsabläufe mit verschiedener Kulturseele, wie Spengler sie über einen zu einfachen Leisten schlagen will. Spengler ist ja derjenige, der das Hegel'sche Problem neuerdings am bewußtesten wieder aufgenommen hat, obwohl er auch da den Zusammenhang einigermaßen verdunkelt. Spengler will die *Kulturseele* bloßlegen! Hegel den *Volksgeist*. Und beide übersehen, daß es immer beides gibt. ... Das Verhältnis ist also keineswegs konstant, und schon Hegel hätte erkennen können, daß gerade das Christentum in seiner von Hegel doch anerkannten Bedeutung als Kulturseele das Volksgeistproblem völlig umbog und die eigentlich von ihm beabsichtigte Fassung geradezu unmöglich machte. S. 49/51.

... Der Naturalismus unserer Zeit mit der Gefahr einer Wiedervertierung des Menschen gehört in denselben Zusammenhang, zu den man auch noch das Verhältnis des Menschen zu seinen technischen Mitteln als Steigerung seines Überlegenheitsbewußtseins, aber auch als Steigerung des Gebundenheitsgefühls unter ein unwiderstehliches Gesamtschicksal hinzurechnen kann. ... S. 53.

Hegel aber hat es nicht so gemacht, wie wir es beziehungstheoretisch machen müssen, sondern projiziert *die dreifache Dialektik* des Allgemeinen, Einzelnen und Besonderen, des An-sich, Für-sich und An-und-für-sich und des über diese noch lebensnahen Zusammenhänge hinweggehenden formalen Ja-Nein-Ja sozusagen *in die Herzen der Völker* hinein! Und offenbart damit in der Gegenüberstellung des organischen An-sich in China und der Zerrissenheit des dinglich auseinander gespaltenen Für-sich in Indien, des den lebenden konkreten Dingen nahen, dem Dunkel feindlichen Lichtdienstes der Perser, des ... Für-sich der Ägypter, dem in abstraktester Grundsätzlichkeit neben und über der Welt stehenden Monotheismus der Juden, dem wie das schöne Leben in organischer Geistigkeit aufblühenden Individualismus der Griechen, dem abstrakten Persönlichkeitsbewußtsein der Römer die allererstaunlichsten Dinge, um schließlich im Christentum, das sich in der Neuzeit vollendet, das An-und-für-sich zu finden. ... S. 54/55.

Weder Wirtschaft und Technik, noch Wissenschaft und politische Ideenbildung oder auch nur Erziehung spielen für Hegel in der Entfaltung der verschiedenen Kulturformen eine irgendwie erhebliche Rolle. ... S. 55.

... Wäre Hegel nicht der große Empiriker gewesen, wäre seine Methode die schauerlichste Verirrung auf dem kahlen Exerzierplatz des reinen Begriffsdenkens. ... S. 61.

... Für Hegel war die Triebkraft von Asien und Afrika notwendig erschöpft. Er zieht aus seinen guten geographischen Beobachtungen über Amerika, deren wir schon gedacht haben, keine Folgerung für eine nahe geschichtliche Zukunft und stellt nicht die Frage, wie sich der doch schon sichtbar vollzogene Eintritt Rußlands in die europäische Geschichte als äußeres und inneres Problem auswirken muß. Für uns Heutige so ganz unbegreiflich, wie die Blindheit gegen die beginnende Technik. S. 63.

Fachdisziplin, Totalgesellschaft und Pantologie

(1932)

Weil aber meine abschließende Auffassung über das Problemsystem der Soziologie aus einer vor über 30 Jahren begonnenen Auseinandersetzung mit dem Problemsystem der Nationalökonomie herausgewachsen ist, werde ich ... das System der Sozialökonomik in der ganz ausdrücklichen Fassung einer gesellschaftswissenschaftlichen Teildisziplin einer möglichen Gesamtlehre von der Gesellschaft behandeln.

... Dietzel sucht zu begründen, daß sich die Sozialökonomik nur als Teildisziplin einer idealen, aber als wissenschaftliches Ganzes unmöglichen Sozialwissenschaft verstehen lasse. ... S. 25.

... Im übrigen ist mir persönlich das „Ran an die Tatsachen" für den Soziologen und namentlich für den jungen Soziologen wichtiger wie das überlieferte Philologenprinzip: „Zuerst die vollständige Literatur." Denn das Leben der Gesellschaft quillt immer neu und ist in seinen Formen unerschöpflich. Nur die Grunderkenntnisse können wir aus Büchern lernen. Das Einzelne muß jeder für sich, wie übrigens auch der Praktiker des Lebens, immer neu erarbeiten und muß dabei imstande sein, einfache Regelmäßigkeiten immer wieder neu zu entdecken.

... Dieser Wille, der Gesellschaft durch die sachliche Klarlegung ihrer Lebensbedingungen zu dienen, ist ein inneres Regulativ, das vor zu subjektiver und verstiegener Problemstellung schützt. Soziologie als Organ der Gesellschaft bedeutet doch gemeinsame Selbsterkenntnis von uns Menschen, um die Kräfte des gemeinsamen Lebens nach Möglichkeit in Selbstzucht zu beherrschen. ... S. 30.

... Ich werde definieren: Anthroposoziologie heißt die Lehre von den „Ich-Wir-Beziehungen zwischen uns Menschen". ... S. 31.

Diese den „Logos" in seiner entwickelten existentiellen Gestalt erst konstituierende Verbundenheit des bewußten „Ich"-„Wir" ist aber das Wesen unseres endlichen Geistes, den als isoliertes Ich in der Weise des alten Rationalismus sehen zu wollen schlechterdings nur eine der möglichen Fehlstellungen seines eigenen Abstraktionsvermögens bedeutet. Nur in seiner d. h. unserer Mehrpersönlichkeit ist der Geist für uns Menschen erfahrbare Wirklichkeit. Der Geist ist also in sich selbst Gesellung und menschliche Gesellung ist auf der Unterlage der biologischen, naturhaften Organstruktur überall von Geist durchwirkt. Wirtschaft, Menschenfamilie und Staat sind genau so geistdurchwirkt, wie Kunst, Wissenschaft, Ideenleben und Religion. Die beste Wirklichkeitsannäherung einer Formel für „Geist" ist so Kernaufgabe für das ganze Gebiet der menschlichen Gesellschaftslehre, wie in der anorganischen Naturwissenschaft die Formel für „Energie". S. 31/32.

Es gibt andererseits eine *Gesellschaftslehre als besondere Fachdisziplin* von den zwischenmenschlichen Strukturen, deren Kernstück die eigentliche Organisationslehre und, noch enger gesehen, die organisatorisch verstandene Staatslehre als die Lehre von der die gemeinsame Existenz sichernden Grundordnung dieses zwischenmenschlichen Lebenszusammenhanges ist. ...

Alle besonderen Geistes- und Gesellschaftswissenschaften brauchen die Gesamtdarstellung der Gesellschaftszusammenhänge, um ihren besonderen Platz im Ganzen richtig zu bestimmen, müssen aber auch mit den allgemeinen Ergebnissen der Strukturlehre einer besonderen soziologischen Fachwissenschaft vertraut sein, weil Wirtschaft, Kunst, Religion usw. zwar jede ihr ganz besonderes geistiges Wesensprinzip hat, das der Fachspezialist in allen seinen Bestimmungen herauszuarbeiten hat, aber dieses Wesensprinzip doch immer nur gemäß den Bedingungen der besonderen Gesellschaftsstruktur einer Geschichtsepoche zur Auswirkung kommt. ... S. 33.

... Wenn schon die Struktursoziologie mit den weiten Ausmaßen ihres Gegenstandes von vornherein hohe Anforderungen an Welt- und Menschenkenntnis stellt, die alle Schreibtisch- und Feuilletonsoziologie von vornherein zu üblen Mißgebilden macht, bringt die Forderung einer auch nur die allgemeinsten Tatsachen zur Anschauung bringenden Gesamtwissenschaft von der Menschengesellschaft ein *Bildungsideal von höchster Humanität,* weil man alle sozialen Lebensreiche in ihrem eigensten Kern verstehen muß, um über ihr Ineinanderspiel zu urteilen. Die Forderung wirkt sich in einem Ausbildungsprogramm für unser ganzes Schulwesen aus und wird gerade dadurch für die praktische Bedeutung der Gesellschaftslehre fruchtbar. S. 34.

... Das ist der grundsätzliche *Bruch mit der historischen Schule* und mit der Wissenschaft aus zweiter Hand, der Papierwissenschaft einer Urkunden- und Quellenforschung ohne eigene Lebensnähe. Ich habe diesen Standpunkt seit über 30 Jahren mit aller Energie auch schon für die Volkswirtschaftslehre vertreten, in der die historische Schule für unser Volk die verhängnisvolle Folge hatte, daß wir mit ungenügender Kenntnis der heutigen Wirklichkeit in den Weltkrieg hineintaumelten. Nachdenkliche Geschichtsschreibung muß doch schon aus sich die Ergänzung durch unmittelbares Wirklichkeitswissen fordern, weil alle geschichtliche Darstellung doch nur als Wiedererneuerung vergangenen Lebens Sinn bekommt, und nur der vergangenes Leben erwecken kann, der wirkliches Leben versteht.

Und es gehört weiter zur unabweisbaren Dialektik des Denkens, daß gerade dieser ausgesprochene Standpunkt der Soziologie als Gegenwartswissenschaft ihre historische Betrachtung als eine *Stufen- und Entwicklungstheorie der Gesellschaft* wiederherstellt. Denn es wird doch zur natürlichen Frage: Wodurch unterscheidet sich die heutige Gegenwart von der gewesenen Vergangenheit und von der werdenden Zukunft? Wie ist sie geworden? Was wird aus ihr? Und das ist auch gut im Sinne der wissenschaftlichen Tradition. Gegenwartssoziologie muß die Einseitigkeit der historischen Schule vermeiden, aber sie braucht ihr volle Erbschaft. ... Denn der Marxismus hat die gesellschaftliche Zukunft zwar endgültig falsch gesehen, aber er war eine Praxis aus ganz weitgestellter Prognose, die zum geschichtlichen Erfolg gekommen ist. Mit dem Vorbild dieser einfachen Tatsache muß auch eine bürgerliche Wissenschaft rechnen und darf die Möglichkeit und Notwendigkeit weitgestellter Ziele nicht leugnen. Wiederum längst vor Spengler St. Simon, mit dem ich mich schon in meiner Habilitationsschrift über die erste Anlagebank auseinandersetzen durfte: „Prévoir, c'est l'art du savant." S. 35/36.

... Die Lehre vom Gesellschaftskörper ihrerseits muß sich nach der Natur der Sache in die Lehre vom *Aufbau der Gesellschaft* und in die Lehre vom *Prozeß der Gesellschaft* untergliedern, eine Unterteilung, deren Wiederkehr in der Lehre von der Elementarstruktur schon mit den eben erwähnten kurzen Schlagworten angedeutet ist. S. 36.

... Aber das den Willen Zwingende in diesem vorgefundenen Sollen wird nur aus eigenem Wollen und Werten verstanden. Die Begründung des sozialen Wollens und Wertens in seiner richtungweisenden Kraft und die Darstellung der technischen Mittel zur Durchführung eines als geltend angenommenen sozialen Willens gehören als Teil der *praktischen oder politischen Soziologie* im engeren Sinne durchaus zusammen und sind in dieser Zusammenfassung das Gegenstück der theoretischen Soziologie. ... S. 37.

... Beide Wissenschaften, Psychologie und Soziologie, wenn man zur Soziologie in grundnotwendiger Ergänzung so die äußere *Individuologie* hinzunimmt, wie die Privatwirtschaftslehre selbstverständlich zur Volkswirtschaftslehre hinzugehört, gehen auf der ganzen Linie auf dasselbe Objekt, das sie nur überwiegend in einer besonderen Region, hier des eigentlichen Innenlebens, dort der gemeinverwobenen Äußerung dieses Innenlebens, erfassen. S. 38.

... Diese Lehre vom Gesellschaftskörper ist ihrer Natur nach *Stufentheorie*, gipfelt in der Lehre von der *bürgerlichen Gesellschaft* mit den in ihr erkennbaren Veränderungstendenzen zu höheren Alterszuständen unseres Zusammenlebens und gibt diese Lehre von der bürgerlichen Gesellschaft als ihren *Aufbau* und ihren *Prozeß*, als Anatomie und Physiologie, wobei die in diesem Aufbau der Gesellschaft herausgegliederten Schichten und der zwischen ihnen spielende Prozeß der Übergänge und des Gegensatzes besonders herausgearbeitet werden muß. ... Diese angebliche Grenze zwischen „Beziehung" und „Gestalt" ist aber für die wissenschaftliche Systembildung nicht brauchbar. ... Die Theorie des Beziehungsgewebes als der Elementarstruktur der Gesellschaft zerfällt dann aber naturgemäß in die Lehre von der Einzelbeziehung, von den Beziehungsfeldern der Individuen, von den Mehrschaftssystemen einer Anzahl von Beziehungsträgern und in die Lehre vom Gesamtgewebe, zu der z. B. die Lehre von der Beziehungsleitung und die allgemeine Grundlehre von der für die ganze Gesellschaft geltenden Konjunktur gehört. ... S. 39.

Sein und Geist

(1947)

Die geistige Kernaufgabe unserer Zeit der Weltorganisation ist eine dreifache Synthese als Aufstieg zu einer universalistischen Grundüberzeugung. Erstens die Synthese von Christentum und allerfreiestem Denken oder nach der Formel von Ibsen in Kaiser und Galiläer „Die Versöhnung von Kreuz und Baum der Erkenntnis". Zweitens die Synthese von Christentum und Sozialismus, durch die jene Ineinigung von Glauben und Erkenntnis gemeinsam aufbauende Lebensgestaltung wird. Drittens aber, zur unmittelbaren Durchleuchtung und Erhellung dieser unserer gemeinsamen Aufbauarbeit: die Synthese des geistesgewissen „Idealismus" als der Vertiefung in das innerste Wesen unseres Selbstes und damit der „Vernunft" mit dem rücksichtslosesten „Realismus" oder sogar „Materialismus" in der Anerkennung und Erfassung aller unbarmherzig gegebenen Tatbestände unseres menschlichen Daseins. ... S. 6.

... *„Der Selbstaufbau der Natur!"* Das bedeutet doch: *„Das Selbst-All aus dem All-Selbst!"* Das bedeutet doch *„Die Welt des Geistes"* und für uns Menschen die Hoffnung auf *„Das Reich des Geistes"* als die Reifezeit der Geschichte. S. 8.

... So stand mein „organisatorischer Sozialismus" schon nach dem ersten Weltkrieg gegen die Untergangslehre Spenglers. S. 9.

„Sein und Geist" — Cogito ergo sumus

... „Daseins-Stand" ist wohl der nächstgegebene deutsche Begriff für das dem innersten Verständnis so leicht entgleitende Fremdwort „Existenz", weil sowohl der innere „Daseinsstand" wie der äußere „Daseinsstand", ziemlich dem entsprechen, was wir gemeinhin unter „Existenz" verstehen. Nur fehlt der Beiklang, der in der Vorsilbe exliegt, der Beiklang des aus einer wurzelhaften Daseinsmöglichkeit Herausgetretenseins, der beim Begriff „Existenz" als logischer Grundkategorie zur Selbstauseinandersetzung mit der Welt, wie er bei Hegel vorkommt, zu weiterem Nachdenken zwingt. S. 11.

Religion als unsere *„Stand-Begegnung"* mit dem für uns jeweils tiefsten „Gehalt" aller Wirklichkeit steht bei einer Auseinanderteilung unserer Grundbegriffe in unserm ordnenden Denken zunächst dem Erleben der reinen „Gestalt“ aller Wirklichkeit als der Auseinandersetzung mit selbstentsprossener „Kunst“ gegenüber: ... S. 12.

Darum ist es so durchschlagend richtig, wenn *Plato*, im Bewußtsein der innersten Zusammengehörigkeit dieser Gegensätze, „Gestalt“ und „Gehalt“ in ihrer Einheit, das Zusammen von Schönheit und Wesensgüte im Seinsbestand des Weltgrundes, sein „Kalos kai Agathos“, als die „Idee“, als das schöpferische Richtbild, zusammenfaßt. ... S. 13.

... *Als das „Allselbst“ das sich in seiner Macht nicht auf unsere Wirklichkeit beschränken läßt, heißt der Seinsgrund: „Gott.“*

„Gott ist die einfachste Annahme für die Grunderklärung unserer Wirklichkeit.

... Unsere andächtige Beziehung zu Gott ist in aller Bescheidenheit und Demut eine Beziehung von Selbst zu Selbst. *Eine Beziehung zwischen Menschen-Selbst und All-Selbst.* S. 14.

... *Wir können das „Eine“ niemals ohne das „Andere“ verstehen,* durch das es aus dem Dunkel einer leeren Übereinheit in seiner Unterschiedenheit als Besonderes heraustritt, und müssen so *das „Eine“ und das „Andere“* immer wieder in ihrem Unterschied und in ihrer Gemeinsamkeit einander gegenüberstellen und zu einer höheren Einheit zusammenfassen. S. 16.

Was für ein *„Sein“* haben wir so in unserm innersten „Selbst“ als den zum mindesten vorläufigen ersten „Stand“ im Gang der unablässigen Veränderung?

Der Mensch vermag nach dem Dichterwort *„das Unmögliche: er vermag, dem Augenblick Dauer zu verleihen“.* — Das ist es!

... *Das Selbst ist in sich tätig zum „Sein“ zusammengeschlossene Dauer. Oder auch: „Sein“ ist die Einheit des Geistes in seinem tätigen Zusammenschluß. Nur im tätigen Geiste, in einer Welt der Tat, ist und erscheint „Sein“.* S. 19.

„Geist“ ist also immer nur im „Mehrselbst“ als das *Einbeziehungsband von Selbst zu Selbst im Wechselverkehr ihrer Verständigung* und zugleich als das „synthetische“, d. h. eben „zusammenfassende“ Band der Ineinselbstung im einzelnen Selbst, das in der Dauer dieser seiner tätigen Einheit sein „Sein“ hat. Damit haben wir seinen Grundvorgang in uns vor unserm inneren Auge. S. 27.

„Geist“ in seinem zusammenfassenden „Sein“ für sich selbst, und damit stoßen wir erneut zur Überwirklichkeit durch, ist also nicht mit *Plato* irgendwie „Idee“ als das im letzten Sein oder im Seinsgrund irgendwo schwebende Richtbild! „Geist“ ist auch nicht „Vernunft“ als im letzten Sein oder im Seinsgrund irgendwie tätige Kraft der Allgemeinerfassung von Sinn- und Richtbegriffen, sondern *„Geist" ist für uns Menschen grundwesentlich „Selbst im Gemeinselbst" in der tätigen Lebendigkeit ihrer Ineinselbstung und nur als „Selbst im Gemeinselbst" der Träger von Ideen und der Träger von Sinn- und Richtbegriffen.*

Unser „Sein" als „Geist" ist also ein in sich wesenhaft verbundenes Daseinssystem und kann bei aller unserer Herauslösbarkeit als Einzelselbst nur so von uns gedacht werden. S. 28.

Als das *„Allgemeine"* A, das durch alles gleichartige *„Einzelne"* E hindurchgeht und es dadurch zugleich in seiner *„Besonderheit"* B herauskommen läßt, die dann wieder in ihrer durch alles zugehörige Einzelne durchzuverfolgenden Sonder-Allgemeinheit zu erfassen und so einer anderen Besonderung gegenüberzustellen ist, steht *unser Denken ein für allemal unter dem* AEB-Gesetz. ... S. 37.

... Denn die wirkliche Welt erscheint in ihrem Ablauf als *fließendes Geschehen!* Es gilt also auch die *Welt der Zahlen durch das Rechnen mit Kleinstübergängen in sich fließend zu machen* und so die fortschreitende Bewegung des Geschehens in ihrer Allgemeinheit mitzurechnen und in ihrer aus der Allgemeinheit ihrer Bedingungen möglichen Wiederkehr durch eine Ablaufsformel als „Gesetz" der Erscheinung vorhersehbar zu machen. ... S. 41.

... *Die Welt des Gedankens hat erst zwischen einer Welt des Klanges und zwischen einer Welt von Licht und Farbe den eigentlichen Platz ihrer Eigenart im baumeisterlich schauenden Welterlebnis unseres Geistes.* S. 43.

Die Altersreife des Abendlandes*

(1948)

Vorwort

In dieser Sicht wird die *Weltgeschichte zur Tat Gottes und zur Wiederholung des großen Grundgesetzes der Schöpfung* als einer Wirklichkeit in „Ab-Stand" von Gott: vom *Auseinander* der kleinsten Anfänge nach den damit gegebenen Grundbedingungen der Endlichkeit und Vergänglichkeit zum äußeren und inneren *„Ineinander"* der Menschheit in der Herrschaft über alle Energien einer begriffenen Wirklichkeit. S. VI.

„Wissenschaft" als Wille zu einer *gemeinsamen Wahrheit* ist ja in sich *Bekenntnis zur gemeinsamen Lebensgestaltung nach gemeinsamem Richtbild.* ... S. VII.

... Es ist ein geschichtlicher Trost für den gesunden Willen des deutschen Volkes, daß die Jahrhundertwende den *„Nationalsozialismus" des Pfarrers Friedrich Naumann* gesehen hat, der in allem den richtigen Ansatz machte, aber freilich *nicht der Geistesführer* war und wurde, den Deutschland gebraucht hätte. Er gründete geistig nicht tief genug, um, wie das nun einmal sein muß, durch eine bessere Lehre von Kapital und Kapitalismus, durch eine bessere Gesellschaftslehre einschließlich der Dynamik der Weltgeschichte und durch einen Blick für die Organisationsaufgaben des wirklichen Sozialismus den *Marxismus in allseitiger Überlegenheit zu überwinden.* Naumann hätte für seine Bewegung einen wissenschaftlichen Generalstab von höchster Leistungsfähigkeit gebraucht und die Generation deutscher Hochschullehrer, die das hätte leisten sollen, ich muß (vgl. S. 156) die Namen Max Weber und Sombart nennen, hat leider versagt und kein Verständnis gehabt. Man darf aber wohl sagen, daß Naumann besonders in den nicht vom Marxismus angerufenen Kreisen der mittleren Intelligenz und des Beamtentums ein gutgläubiges Verständnis für die Aufgaben eines nationalen Sozialismus begründet hat, das das Nazitum dann mißbrauchen konnte. S. XVIII.

---

* In dieser Veröffentlichung sind Abhandlungen und Briefe Plenges aus den Jahren 1945/48 zusammengefaßt. — *H. L.*

Ich wollte nur, ich wäre über den deutschen Enttäuschungen seit Beginn des Buches nicht innerlich so alt geworden, daß der letzte Schluß dieser Altersarbeit, für die ich meine Kraft noch einmal zusammengerissen hatte, den glatten Strich unter manche Hoffnung bedeutet, die ich vor zwei Jahren, vor einem Jahre, vor einem halben Jahre, ja vor drei, vor zwei Monaten noch für möglich hielt. ... S. XXXI.

... Wo ist der Plato für die Ideenlehre des Sozialismus? Wo ist der Aristoteles des 20. Jahrhunderts, der die Erkenntnis unserer Zeit zusammenfaßt? Was sind wir alle für Zwerge oder wie unzulänglich ist auch die stärkste Kraft vor dem Riesenmaß einer Aufgabe, deren Lösung in ihrem unübersehbaren Maß auch noch grundsätzlich gemeinverständlich bleiben muß, weil heute nicht nur eine Ausleseschicht für die gemeinsame Daseinsaufgabe zu sammeln ist. ... S. XL.

... Aber mein Tafelwerk ist eben auch im engeren Sinn nur „Organisation der Erfahrung“: Zusammenfassung nicht von mir selbst neu gewonnener, sondern nur übernommener wissenschaftlicher Grunderkenntnisse im durchgegliederten anschaulichen Begriffsschema wesentlich für übersichtliche Lehrzwecke. ... S. XLII.

... Karl Barth hält denselben problematischen Abstand zur Wirklichkeit, wie der Gott, den er lehrt. *Przywara, der katholische Theologe, war geistig freier und mutiger, wie Barth, der Protestant**. S. XLIV.

... *Geist ist eine auch in die Jahrtausende zur innersten Einheit zusammenfassende Seins-Tatsache im existenziellen Erleben einer noch zur schöpferischen Selbsterhaltung fähigen Gesellschaft.* S. XLVI

Im Juli 1913 kam mein Buch *„Von der Diskontpolitik zur Herrschaft über den Geldmarkt“* heraus, das die deutsche Reichsbank zum erstenmal in ihrer Geschichte nicht mit beflissener Hochachtung „streichelte“, sondern aus gründlicher Beobachtung des Geld- und Kapitalmarktes vor ihre großen und kaum verantwortlichen Unterlassungen als Zentralbank eines in der Mitte Europas von schwerer Kriegsgefahr bedrohten Landes stellte und dabei der Wissenschaft außer einem ersten Grundbeitrag zu einer eigentlichen Konjunkturtheorie die klar umrissenen Begriffe „Goldkernwährung“ und „Schreibgeld“ gab. Die Reichsbank warf binnen 14 Tagen nach Erscheinen meines Buches ihre Politik nach meinen Vorschriften herum und brachte dadurch *bis Juli 1914 500 000 000 Goldmark mehr in ihre Kasse.* Das bedeutete immerhin etwas für die finanzielle Mobilmachung des deutschen Reiches und war der Bewährungsbeweis für einen ersten Versuch zur Theorie einer

---

* Plenge zitiert hier eine Feststellung aus „Zur Ontologie der Beziehung“, Münster i. W. 1930, S. 10. — *H. L.*

Planwirtschaft, die den freien Markt nur ordnend überwacht. S. XLVI/XLVII.

Unser Wirklichkeitsbild und unser Weltgeschichtsbild wird mit uns und wächst mit uns und stellt uns dadurch vor neue Entscheidungen. S. 7.

... Es gibt wirklich eine *„Vorsehung"*. Es gibt ein *„großes Weltregiment Gottes"* neben *seinem „kleinen Weltregiment" über uns Einzelmenschen*, die wir aber alle im Dienst der Geschichte stehen. Und dieses Weltregiment Gottes über die Weltgeschichte ist das Regiment des dreieinigen Gottes. ... S. 10.

... Neue gestaltende Kräfte reckten sich auf. Aber die drohende Zusammenfassung der Wirtschaft zu riesigen Einheitsgebilden erschien wie ein ungeheures Verhängnis, das mit der stählernen Wucht der Technik über den Einzelnen und seine Freiheit hinwegging. Es war klar: *Aus dem Durcheinander des überhitzten Werdens wuchs neue „Organisation" hervor.* S. 15.

Der große Hauptvorgang der Weltgeschichte ist übereinander gestufter Ausreifungswuchs oder Ineinigungswuchs der Menschheit im Nebeneinander und Nacheinander der Sonderkulturen. S. 17.

Die Theologie aus dem Wort Gottes weiß für sich selbst, oder kann es doch wenigstens wissen, daß die *Erlösungsbotschaft* von Mitselbst in Wirklichkeit und Überwirklichkeit *aus radikalster soziologischer Voraussetzungslosigkeit* und damit *in wahrhafter „Klassenfreiheit"* das alte Gesetz durch *das einzige Gebot der Nächstenliebe* erfüllen will und für alle Lebensbewährung in der Welt der Tat Gottes nur immer wieder *die eine Direktive* gibt: *Handle stets aus der Anerkennung des Nächsten und gib damit Gott als der Ineinsverbundenheit über aller Wirklichkeit was Gottes ist, wie auch immer die Daseinsordnung der natürlichen Menschenwirklichkeit als „Welt des Kaisers" beschaffen sein mag. ...* S. 64.

Das ist ein etwas weit auseinandergezogenes geschichtliches Fernrohr, durch das unsere Aufgabe auf der gegenwärtigen weltgeschichtlichen Erde sozusagen auf den weltgeschichtlichen Mond verlegt wird.

Dies Jonglieren mit den Jahrtausenden hat ohnehin mit „Wissenschaft" nicht mehr ganz viel zu tun, so gelehrt sich das Geplauder für amerikanische Leser auch gibt. S. 76.

Aber als dieses *totalitäre Organisationssystem* ist der Bolschewismus doch wahrhaftig keine eigentliche Fremdkultur, sondern stellt wie das Nazitum das Abendland nur vor den Schrecken seiner eigenen entmenschten Möglichkeit bei der diktatorischen Zusammenfassung seiner Kraft zu einer durch die Maschine bestimmten „materialistischen“ Einheit. Der Aufstand des Proletariats bricht doch nicht aus einer Fremdkultur, sondern aus der eigenen Klassenspannung des Abendlandes heraus. ... S. 78/79.

... *Die Hauptkultur der Gegenwart, die mit ihrem Gewaltschritt über die ganze Erde hinweg geht, hat sich gespalten und ihre Hälften ringen in fruchtbarer Dialektik miteinander.* Das ist und bleibt die zeitgeschichtliche Hauptfrage, hinter der *die noch drohendere Frage steht, ob das Abendland aus dieser Kulturspaltung und im Kampf der dadurch entstandenen Gegensätze überhaupt zu seiner „Altersreife“ kommt oder seinem inneren „Untergang verfallen bleibt“.* ... S. 80.

... „Das All-Eine“ hinter aller Wirklichkeit kennt ja auch das Abendland seit den Eleaten und sieht dabei das Gewebe der vordergründigen Wirklichkeit nicht nur in seiner „schleierartigen“ Vergänglichkeit, sondern in seinem ideedurchwirkten schöpferischen Aufstieg aus dem Seinsgrund als synthetischen Geist. Und die christliche Trinität des Selbst, Mitselbst und Gemeinselbst oder auch des Alogos, Logos und Dialogos ist als dieser Seinsgrund echte synthetisch schöpferische Trinität, ... S. 81.

Es war wohl Konrad Hänisch, der, als erster sozialdemokratischer Kultusminister in Preußen, um das Frühjahr 1920 bei mir anfragte, ob ich einen schwerkriegsbeschädigten, hochbegabten jungen Parteigenossen von ihm, Curt Schumacher aus Kulm in Ostpreußen, der wegen des politischen Gegenstandes seiner Arbeit mit seiner Promotion in Berlin auf gewisse Schwierigkeiten stoße, in Münster mit dem Dissertationsthema *„Der Kampf um den Staatsgedanken in der deutschen Sozialdemokratie“* zur Doktorprüfung zulassen würde. ... S. 88.

Sozialismus war und ist für mich aus *seinem innersten Wesen eine große Ausbildungs- und Erziehungsaufgabe!*

Schon Jahre vor dem ersten Weltkriege hatte ich früh erfaßt, daß der entscheidende *Funktionsträger des wirklichen Sozialismus nicht das Proletariat,* das doch nur unter der Führung der Intelligenz die Macht erobern kann, sondern der *Zusammenordner zur planvollen Arbeit,* der „Organisator“, ist, der seine entscheidende Funktion mit freiestem Tatsachenblick und zugleich in bewußtester Gemeinschaftspflicht vollziehen muß, wenn Sozialismus nicht zu dem selbstherrlichen, ja despotischen „Managertum“ werden soll, aus dessen Kennzeichnung Burnham 1940 (?) eine kleine Weltsensation gemacht hat. ... S. 97.

Das gibt der *„Vorläuferrolle“* in der Entwicklung des Sozialismus von einem *„nationalen Sozialismus“* aus christlicher Grundüberzeugung, der doch aus gesundem Menschenverstand für alle Völker gleich möglich oder sogar notwendig ist, zum *„Nationalsozialismus"* des Hitlerschen Parteiprogramms, wie sie Hayek mir zuschreiben möchte, erst ihr wahres Gesicht. S. 100/101.

Schon durch meinen *„Marx und Hegel"* von 1911, der auch nach Hayek ein Neuverständnis für den innersten Ausgangspunkt des Marxismus eingeleitet hat, hatte ich den Anspruch begründet, eine Marx überlegene Darstellung des Kapitalismus und der allgemeinen Gesellschaftslehre geben zu können und hatte diese Aufgabe in der für die Bildungsaufgaben des wirklichen Sozialismus so wesentlichen Form durch anschauliche Lehrmittel gelöst. ... S. 101.

Der „nationale Sozialismus als christliche Weltidee" hätte seine satanische Entstellung in ein Pseudomessiastum für den Alleinmachtrausch eines neuen „auserwählten" Volkes unmöglich gemacht. ... S. 102.

... Nicht nur der Bolschewismus, auch Faschismus und Nazitum sind in ihrer Grausamkeit nur durch diese *„marxistische Drachensaat weltgeschichtlicher Bluterwartung"* möglich gewesen. *Die Weltvorhersage für einen Verwirklichungsversuch des Sozialismus war eine geistesgeschichtliche Sturmwarnung!* S. 103.

Die *einzige geschichtliche Rettung für Deutschland* wäre wohl das gewesen, was man mit einem grundsätzlichen geistesgeschichtlichen Begriff die „Trans-Reformation des Nationalsozialismus" hätte nennen können! ... S. 104.

Meine Haltung zum Sozialismus war immer dadurch bestimmt, daß ich bald nach der Jahrhundertwende in dem unaufhaltsamen Ineinander der Schicksalsgewalt von *„Technifikation"* und der mit äußerem Zwang arbeitenden *„Organisation"*, mit ihren Begleitgefahren von *„Bürokratisierung"* und *„Verjuristung"*, ein Verhängnis über uns kommen sah, das, durch die gar zu blinde Verkennung des zu ihrer Ablösung bereiten „Sozialismus" als vermeintlich harmlos einfachem „Gemeinschaftswillen aus gutartigem Menschentum", schließlich zur erdrückendsten Vergewaltigung der Persönlichkeit werden mußte, wenn der Sozialismus nicht rechtzeitig über den bloßen „Klassenkampf" als sein Machtmittel und über die bloße „Vergesellschaftung" als sein verblasenes Verwirklichungsziel hinauskam. ... S. 110.

... Die *Wahrheitsaufgabe der Persönlichkeit ist nur im Durchgang durch das Verständnis unsereres Gemeinschaftslebens vollziehbar.* ... S. 112.

„Sozialismus" und *„Organisation"* gehören also seit langem zusammen. Auch der Marxismus hätte das von Anfang an wissen müssen, um sich rechtzeitig darüber klar zu sein, wie sich *Organisation und*

Freiheit am besten verbinden lassen. Denn das ist schon aus seinem Menschheitsideal die *innerste Wesensaufgabe des Sozialismus.*

Könnten wir doch wenigstens das Schlagwort „Organisation“ vermeiden, denn um die Sache kommen wir in keinem Fall herum. Das habe ich schon in meinem „Marx und Hegel“ um 1911 mit aller Sicherheit festgestellt.

Vielleicht sollten wir im leichten deutschen Sprachgebrauch statt von „Organisation“ und „Organisatoren“ immer nur von *Arbeitsordnung und Arbeitsordnern* sprechen. ... S. 113.

... *Der Sozialismus muß noch besser wirtschaften und rechnen können, wie der Kapitalismus.* ... S. 118.

Und damit habe ich wohl grundsätzlich Recht behalten, wenn auch für das jetzige Zeitbewußtsein unser „1914“ von dem russischen „1917“ vollkommen überstrahlt wird, wobei allerdings hinzugesetzt werden muß, daß ohne die Tatsachen und die Ideen des deutschen Kriegssozialismus Lenin überhaupt kein irgendwie brauchbares Vorbild für die inneren und äußeren *Notwendigkeiten eines wirklichen Sozialismus im Ausmaß einer riesigen Nationalwirtschaft* gehabt hätte, die nun einmal als Theorie und Praxis „Organisation“ braucht. S. 120.

... Wir sind durch die Naturwissenschaft gewohnt, mit einer Fernbestimmung unseres Wesens aus einer unfaßbaren Tiefe zu rechnen. ...

Denn die Lehre vom Geist als *„Selbst im Gemeinselbst“* macht ja eigentlich nur den bei Kant zu verborgenen Träger der Kategorien und der Wert-Imperative sichtbar und ermöglicht damit eine weit über Kant hinausgehende Lehre von den Kategorien und den Wert-Imperativen, die den ganzen Reichtum der Hegelschen Logik ohne den Zwangsgang der Dialektik in sich aufnehmen kann. ... S. 124.

Das christliche Denken hat mit dem Glauben an die Trinität noch nicht genügend Ernst gemacht, obwohl unser synthetisches Beziehungsdenken doch in seinem innersten Wesen „trinitar“ ist. ... S. 125.

In der Alt-Kultur etwa Ägyptens mit seiner Schreiberverwaltung ist für Hegel nur *„Einer“* frei, der Pharao oben an der Spitze. In der klassischen Kultur Griechenlands, die uns den Begriff der „Humanität“ und auch den der „Demokratie“ gegeben hat, waren *„Einige“* frei, denn diese Kultur war auf Sklaverei aufgebaut. Erst im Christentum und durch das Christentum sind *„Alle“* frei, und die Geschichte der Christenheit baut auf dieser Forderung auf.

Darum steht diese *Forderung der Freiheit als Grundantrieb über dem Willen zum Sozialismus.* S. 127.

„Sozialismus“ ist doch eine *nachindividualistische reorganisatorische Selbstungsstufe einer alten „wissenschaftlichen“ Kultur!*

Das bestimmt die Grundüberlegenheit eines christlichen Sozialismus gegenüber allen etwa „materialistisch“ oder auch rein anthropologisch-ethisch versuchten Fundierungen des Sozialismus. S. 128.

... Denn die *Zeit der ungemessenen Freiheit*, die jetzt hinter uns liegt, war doch eine Zeit der ausbrechenden schöpferischen Gestaltung, die der Erde ein neues Gesicht gab, auch wenn der Mensch über dieser ausbrechenden Gewalt der von ihm freigesetzten Energien die Herrschaft über sich selbst und das sittliche Gleichgewicht seiner Daseinsordnung verlor. *Die Freiheit, die im Sozialismus ihr Daseinsrecht behalten will, muß die Herrschaft über sich selbst zurückgewinnen.* ... S. 129.

So können wir freilich den eigenen Jugendtraum, der nach den allerfreiesten Möglichkeiten der geistigen Lebensführung griff, an die Jugend von heute nicht weitergeben, auch wenn wir ihr das innerste Recht auf Freiheit zugestehen. *Sozialismus verlangt aus der Tiefe seines Wesens planvolles Maß auch für die Freiheit.* S. 130.

... die „Trinität“ ist ja bei Licht besehen und in klarer deutscher Sprache die *Ineinverbundenheit* von *Selbst, Mitselbst* und *Gemeinselbst* in *Wirklichkeit* und *Überwirklichkeit*. Als das *Ewigkeitsfundament* der menschlichen Gemeinschaft und damit des *Sozialismus* aus der vom freien, der Gottheit ebenbildlichen Menschengeist getragenen allerbewußtesten *Selbsterfassung* und *Selbstgestaltung* der *Menschengemeinschaft* auf der *Höhe* der *Weltgeschichte*. ... S. 131.

... Das war kein Ehrgeiz für einen neuen „Marx“, auch wenn ich in jeder Hinsicht mit vollem Bewußtsein über Marx hinaus wollte. Aber das erforderte Schritt für Schritt die entsprechende Zeit. Mit einer Marx überlegenen Darstellung von Kapital und Kapitalismus war es nicht getan. Ein einigermaßen abgerundetes und in sich klares System der Gesellschaftslehre einschließlich der vergleichenden Ideenlehre brachte schon weiter. Die Erweiterung der Gesellschaftslehre zum Wirklichkeitsbild unserer Zeit führte nah an die Lösung heran. ... S. 134.

Die *Kriegsschriften* hatten das nur *fordern* können! Die *Friedensarbeit* mußte trotz der deutschen Niederlage die *mögliche Wirklichkeit* schaffen helfen. S. 142.

Und ich habe *im Ganzen richtig* gesehen. Denn wenn meine Bildungsarbeit von 1919—1923 Erfolg gehabt hätte, wäre *das Nazitum wohl nicht möglich* geworden, und die *innere Weiterbildung des Marxismus wäre ein Stück weiter*. S. 143.

Alle Wahrheit des Marxismus bleibt dabei erhalten. ...

... Der Bolschewismus kann nur in dem Maße aus einer Raubbauform der industriellen Zwangswirtschaft auf widerstrebender agrarischer Grundlage schöpferisch aufsteigende Gemeinwirtschaft werden, als er die Gedanken der staatswissenschaftlichen Erneuerung übernimmt. ...

Noch etwas Tieferes ist zu gewinnen. Wahrhaftes Gesellschaftsverständnis führt aus dem Materialismus zum Geist zurück, denn der Geschichtsbau der Menschheit ist Vernunftbau. ... S. 153.

Deshalb bin ich durch fast fünfzig Jahre *um der Freiheit der Person und der Kultur willen jederzeit auch Kritiker des Sozialismus* geblieben und bin es noch heute. ... S. 155.

Hayek hätte also eigentlich begreifen müssen: da geht es um die Erhaltung von Freiheit, Wahrhaftigkeit und hohem Menschentum! Um die *Erhaltung aller großen Persönlichkeitswerte im Sozialismus* und insbesondere im deutschen Sozialismus. S. 158.

... Den „Sozialismus" als solchen geht Sombarts Entgleisung nichts an, auch wenn Sombart etwa den überindividualistischen Staatsgedanken bei Fichte, Lassalle und Rodbertus als deutsche Überlieferung hervorhebt und die „Ideen von 1789" in der üblichen „materialistischen" Erklärungsweise als „Händlerideologie" der aufsteigenden Bourgeoisie anspricht. Man möchte gerade als Theoretiker des organisatorischen Sozialismus mit der Kriegsschrift von Sombart, der dazu nichts beigetragen hat, nicht in einem Atem genannt werden. Vollends kann von einer *„wesentlichen Übereinstimmung"* zwischen uns *nicht die Rede* sein. S. 158/159.

Alle diese Versuche haben selbstverständlich *aus dem geschichtlichen Beispiel des deutschen Kriegssozialismus* mit seiner praktischen Lösung der „Organisation" durch *Rathenaus Rohstoffversorgung* und mit meiner *theoretischen Klärung der Organisationsidee* als Grundvoraussetzung des Sozialismus gelernt. S. 165.

... — *Warum habe ich zulange geschwiegen?* Weil ich mich nach der Zerstörung meines Staatswissenschaftlichen Instituts durch üble Professorenhändel *1923 verbittert von der Tagespolitik zurückgezogen* hatte und *seit dem blöden Novemberputsch von 1923 die Hitler-Bewegung überhaupt nicht mehr ernst nahm.* In diesem Unterlassen aus einer zu großen Gleichgültigkeit gegen die Tagespolitik sehe ich eine schwer entschuldbare, geschichtliche Verantwortung. ... S. 173.

Der Weg unmittelbar zu Hitler mußte über Goebbels führen, dem meine „Deutsche Propaganda" von 1921, freilich in der Umkehr von der Propaganda der Wahrheit in die Propaganda der Lüge, seine Lebensaufgabe erschlossen hatte und der im Frühjahr 1923, als mein

Staatswissenschaftliches Institut dem Untergang durch akademische Händel entgegenging, bei mir gewesen war, um mich um Rat für die Münchener Bewegung eines nationalen Sozialismus zu bitten. ...

Dr. Goebbels ließ mich zunächst ohne Antwort. Ich schrieb ihm darauf am 19. 6. 1933 wörtlich: „Es handelt sich wohl um *Tatsachen und Erinnerungen, über deren vaterländisch notwendige Behandlung Sie sich noch nicht klar geworden sind.* So überreiche ich Ihnen anliegend eine Zusammenstellung von Auszügen ‚Die Verheißung des nationalen Sozialismus in den Kriegsschriften von Johann Plenge (1914—1918)', die ich in der letzten Woche auch der Presse habe übergeben lassen. ... S. 177.

... *Wir kennen uns doch persönlich.* Sie sind es doch selber gewesen, der durch Vermittlung eines meiner Schüler auf der Durchreise durch Münster eine Unterredung mit mir hatte, um für eine Tätigkeit in der Münchener nationalen Bewegung Ratschläge von mir zu bekommen, und dem ich damals skeptisch sagte: ‚*Sie schaffen es nicht, wenn Sie es nicht fertig bringen, den Leuten das „Dritte Reich" mit allem Zauber seiner weltgeschichtlichen Geheimnisse zu versprechen.*' Es geht über alle Vorstellung, was Sie aus diesem Tip gemacht haben. ... Es ist für Hitler heute ja sehr leicht, *das auszusprechen, was ‚Mein Kampf' zwischen den Zeilen über die Entstehung der Idee als Idee* andeutet. Der philologisch geschulte Leser kann schon jetzt vieles richtig interpretieren. Denn mit dem ‚genialen Begründer' der Idee meint Hitler doch nicht sich selbst, so völlig Recht er damit hat, daß nur der große Redner die Idee verwirklichen kann, nicht der Denker an seinem Schreibtisch. — *Die Klarstellung sollte unbedingt durch Hitler selbst erfolgen.* Ich werde seine Anerkennung meiner Vorleistung bestimmt nicht mißbrauchen und gern bestätigen, daß meine geschichtliche Rolle während der eigentlichen Kampfeszeit der Bewegung im Hintergrund bleiben konnte und mußte. *Erst mit der nationalen Erziehungsaufgabe ist meine Zeit neu gekommen, und ich habe die letzten zehn Jahre gut dafür benutzt."* S. 178.

Aber mein Brief vom 19. 6. 1933 an Goebbels macht es wohl verständlich, daß Hitlers Satz in seiner Reichstagsrede vom 20. 2. 1938 „Es ist auch sicher einfacher und vor allem weniger anstrengend, als geistreicher Einzelgänger durch die Zeit zu wandern und sich im eigenen Innern für einen großen Gestalter der Geschichte zu halten, als die Menschen zu sammeln, mit denen man allein Geschichte gestalten kann" von den wissenden Hörern auf mich gedeutet wurde. Ich habe freilich *kein solcher Einzelgänger,* sondern nur *deutscher Lehrer* sein wollen, dem es beschieden war, aus deutschem Geist die Schicksalsfrage des Abendlandes zu klären. S. 179.

...Dabei* habe ich mich zu der Kühnheit verstiegen (die Nazis dürften das als äußerste „Frechheit“ empfunden haben) öffentlich festzustellen, daß *Hitler ja selbst* zugegeben habe, daß er *nur ein Nachläufer* sei (S. 21) und habe ebenso selbstverständlich daran erinnert, daß er doch auch das Ineinander von Idee, Organisation und Propaganda von mir übernommen habe (S. 11). ... Außerdem habe ich daran erinnert (S. 12), daß *Goebbels den Begriff „Das Dritte Reich“ von mir* habe, womit mein Recht zur geschichtlichen Erläuterung dieses Begriffes wohl am besten nachgewiesen war. S. 182/183.

Der 9. November 1938 mit seiner Untat gegen die Juden, die als eine Aufwallung des Volkszorns ausgegeben wurde, ließ zum erstenmal die ganze satanische Wirklichkeit ahnen. ... S. 188.

...Hitler hat unweigerlich von mir gewußt, ja er hat gewußt, daß er „die christliche Weltidee des nationalen Sozialismus“, wie ich sie verkündet habe, zu seinem engstirnigen machthungrigen „Nationalsozialismus“ eines massenfängerischen Parteiprogramms so entstellt und verkümmert hatte, daß sie dem wahren Sinn des „Dritten Reichs“ ins Gesicht schlug. ... S. 189.

...Man muß sich in seinen Grenzen halten, gerade wenn man sich als Werkzeug fühlt. Ich habe immer nur Lehrer für selbständige Köpfe im Dienst einer aufbauenden Zukunft sein wollen, niemals eigentlicher Politiker oder gar Politiker mit theokratischen Neigungen.

So bekenne ich mich noch einmal zu meiner Aufgabe als Lehrer: mehr darf man von mir nicht erwarten, verlangen oder auch befürchten. S. 194.

So wächst aus dem Geschichtserlebnis des klassischen Humanismus, des christlichen Humanismus und des realen Humanismus das Wesenserlebnis ihrer Spannungsverhältnisse heraus, die sich im realen Humanismus zur innersten persönlichsten Einheit aus eigenstem Nacherleben verbinden sollen. S. 203.

...Dabei bleibt aber grund-wesentlich, daß die zu jedem Humanismus nun einmal mit innerster Notwendigkeit gehörende Welt-*Bürgergesinnung*, so unerwartet das für den Sozialismus auch klingen mag, eigentliche *Bürgergesinnung* bleibt: standfeste innere Sicherheit als freier Mann in einem abgeschirmten Ring freier Männer mit dem Ausblick auf eine durch die gemeinsame Erfahrung vertraute und begriffene Welt, die man nach Möglichkeit durch zweckmäßige Zusam-

* J. Plenge: Meine Anmeldung zum Bund Schlageter e. V., als Handschrift gedruckt, 1933/34. Von Plenge als „getarnte Kampfschrift“ gegen den Nationalsozialismus bezeichnet. — *H. L.*

menarbeit aus persönlicher Überzeugung der vernünftigen Ordnung unterwirft. ... S. 204/205.

... Ein Weltbürgertum des Geistes, das seine eigentliche Kraft in der Zusammenfassung des Wesentlichen zur Ganzheit sucht, kann das Spezialistentum des Fachwissens in sich einschmelzen und in wechselseitiger Ergänzung ein leidlich rundes Menschentum erhalten, das die „humanitas" weiter trägt und sich bei allem Massenbetrieb noch wesentlich als freier Mensch weiß. ... S. 207.

Namenverzeichnis

Stichwortverzeichnis

FSC
www.fsc.org
MIX
Papier | Fördert gute Waldnutzung
FSC® C083411

Kolibri 360 GmbH
Ferdinand-Jühlke-Straße 7
99095 Erfurt, Deutschland
produktsicherheit@kolibri360.de

Druck:
CPI Druckdienstleistungen GmbH
im Auftrag der
Kolibri 360 GmbH
Ferdinand-Jühlke-Str. 7
99095 Erfurt